# ビルマ日記

1965-1967

金色に輝く仏陀の国に赴任して

岩内健二

あるむ

# 発刊に寄せて

大阪外国語大学教授　大　野　　徹

青春。それは、過ぎ去ってみれば、だれにとっても懐かしい想い出だ。ちょっぴりほろ苦さを伴ってはいるものの、全体として甘美で、キラキラとまぶしく輝いている。その青春の一時期を、たまたま外地で過ごす巡り合わせになった人にとってみれば、青春は、常に時間的回顧に加えて、現地での生活体験という、強烈な印象と重なって想い出される。この本の著者もまた、そうした貴重な経験を持つ一人である。大学を出たばかりの昭和40年、著者は、ビルマの首都ラングーンに、日本人学校の教師として赴任した。それから二年間、日本とはまるきり事情の異なるビルマで日本人子女の教育に従事しながら、著者は、自分と直接、間接に繋がりを持つに至った何人かのビルマ人を通して、徐々にだが着実に、ビルマの生活を体験していく。

ビルマは、六十年あまりにわたるイギリスの支配を脱して、第二次世界大戦後、ようやく独立した若い国の一つである。人々の暮らしは、高度の経済成長を成し遂げた日本に比べると、決して豊かとは言えない。近代化によってもたらされた生活上の便利さといった物質文明の恩恵に浴する機会もまだまだ少ない。けれども、ビルマの人々は、心の豊かさだけは、私達と比較にならないぐらい、ふんだんに持ち合わせている。著者は、そうした人々との触れ合いから得た心の糧を、今でも大事に持ち続けている。

この本は、一青年教師の赴任地における克明な生活記録であるが、同時に、赴任地での人々との、ほのぼのとした人間的交流の記録でもある。著者は、独断と偏見を混じえることなく、事物を澄んだ眼で率直に見つめ、あるがままにこれを記している。それがこの本の大きな魅力であり、際立った特徴のひとつともなっている。

ビルマへの認識が、この本によっていくらかでも深められんことを願って。

一九八一（昭和56）年12月

一九九〇年「ビルマ」の国名は「ミャンマー」に、首都の「ラングーン」は「ヤンゴン」に改名・改称されていますが、本書では、その他の地名・人名を含めて、不都合のない程度に旧名・旧称で表記します。

# ビルマ日記（1965－1967）目次

## ◆第Ⅰ部◆　ビルマ日記（1965－1967）

◆第Ⅱ部◆　帰国後の交流〈論文集〉



◆付章◆　ビルマ日記（1965―1967）関連資料

## ビルマ地図

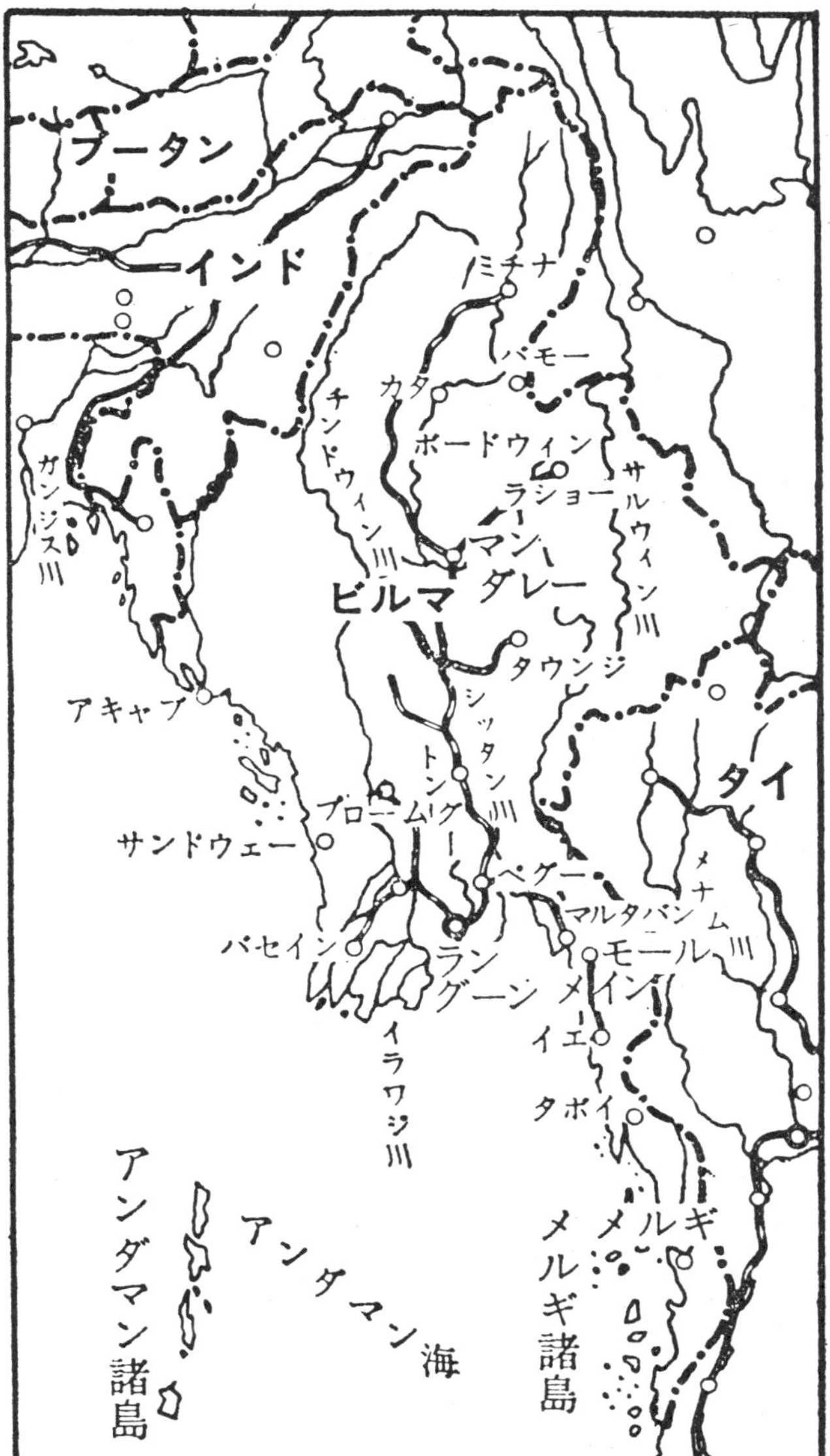


『世界各国便覧叢書ビルマ』（在ビルマ日本国大使館編・外務省アジア局監修、1974(昭和49)年10月10日初版発行）より

# 第 I 部

# ビルマ日記（1965-1967）

# ■第一章■

# ビルマ(ミャンマー)へ

## ――ラングーン(ヤンゴン)日本人学校赴任

5月1日(土)【1965】

### 東京→ラングーン

「人は、その街に一日居れば、その街について話すことができる。一週間居れば、その街について本を著すこともできる。しかし一年居れば、その街について話すことも、本を著すこともできない」

ある人の言葉である。ある特定の場所にあまりにも長く住んでしまうと、食傷気味になってしまい、その場所(街)を体全体で受け止めてしまうため、いざそこを、簡単な語で表現しようとしても、なかなか難しいのであろう。ちょうど私が、自分の故郷名古屋について、統計的な事実の説明は容易であろう。しかし都市の包括的な説明は、むしろ初めて訪問した所の方がヴィヴィドに解説し得る。裏返して言えば、それぞれ少ししか、ものを見ていないとも言える。

外務省アジア局南西アジア課および文部省学術局国際文化課とで建てられているラングーンの在ビルマ日本国大使館附属日本人学校教師として、私は昭和40年より二年間赴任することになった。自身の年齢が二十四歳から二十五歳の時期に当り、中年や老年の二年間とは、同じものを見ても、感激の度合いは、全く違う。他人は、暑く不便な国と言うかもしれないが、逆説的にこのような所こそ、再び行けるかどうか分からないチャンスでもある。

ビルマは、政情が不安定で、現在は軍部が政権を握っており、一般観光客は入国が極めて困難な状況にある。現在ビルマの日本人は、大使館員およびその家族、コロンボ・プラン、国際連合、賠償事業、商社関係等を入れても百名程度しか駐在していないと聞く。このような入国困難なビルマで二年間、一所懸命働き、じっくりとこの自分の眼で現地を確かめておきたい。一青年教師の異国での貴重な体験をまとめておきたい。食傷気味になったり腹をこわしたりせず、帰国後も、自身の生活の栄養源となって、限りないバイタリティを産み出せるように、という気持ちでこの日記を書き始めよう。

出発予定日は、もともと4月24日(土)であったのだが、外務省の佐久間平喜事務官の話では、ビルマの「水祭り」のため、関係官庁が休みとのことで、22日(木)に名古屋駅頭で六十三名の多数の人に見送られて上京したのだが、一旦帰名した。両親の驚きようといったら、母などは私を幽霊ではないか、と、一瞬思ったそうである。

そして、5月1日、東京の兄の家で当日を迎えたわけである。早朝、隣家の家主さんから「岩内さん、お電話ですよ」という連絡で、またもや延期かと心配しながら電話に出てみると、エージェントの阪急交通社が回してくれたタクシーの運転手からであった。

10時25分、羽田空港着。中学校時代の同級生で、運輸省・航空局に勤めている野村好信氏がすでに来てくれていた。阪急交通社の小野氏が荷物を計ってくれたら三十キロほどあった。当時の持ち込みは二十キロまでであったので、自分のショルダー・バッグに慌てて詰め替えたりし、二十三キロに減らす。イギリス航空BOAC機は、幸い空いていたので、三キログラム分の超過は免除してくれた。生まれて初めての飛行機搭乗で冷汗三斗ものであった。小野氏が帰られたので、兄、野村氏の三人で、空港内のスタンドでコーヒーを飲む。

11時頃、いよいよ出発。兄と別れ、税関に入ると、もうそこは日本人よりも外国人の方が多い。税関を過ぎれば、見送り人とは、ガラス越しの穴の空いているところで話し合うので、刑務所の服役者と面会人との会話みたいである。

タラップを上り切って、再びデッキへ向かって手を振る。兄や野村氏が大きく手を振っているのが見える。これで二年間お別れと思うと、家族・友人等の自分と日本との一切の紐帯との切断感に、一種の寂しさが込み上げてくる。

機内は、新幹線の車内をさらに大きく広くした感じ。送迎デッキと反対側の座席のため、もう全く兄達を見ることはできない。スチュワーデスは、日本人一名、中国人一名、英国人二名、日本人は着物を、中国人は支那服を着ている。英国人スチュワーデスの表情の大きさが印象的である。色々注文を聞きに来るのだが、英語がちっとも分からず英和辞典で意味を調べる。コーヒーの頼み方もよく理解できず、真っ黒で砂糖の入ってない冷めたのをもらい、今朝味噌汁を一杯飲んだだけの胃には、こんな濃いコーヒーは飲めないのである。

香港へのカードを書いている中に、飛行機はゴトンゴトンと動き出し、滑走路の最先端まで移動した後、Uターンして突如時速二百から三百キロ程のスピードで滑走し出す。みるみるうちに離陸し、東京湾から千葉県木更津の方へ飛んで行く。干拓地が碁盤の目のように美しく、船が五、六隻、可愛い艀になって浮かんでいる。まもなく海と空とが同じ青色に溶け込んでいく。"**Fasten the Seat Belt**"のランプも消え、機内を大部分の英国人が歩き回る。雲ははるか下の方に、巨大な綿菓子のように浮かび、地上から眺めるのとは、随分趣が異なる。

14時50分、高度はさらに上がり、太陽に近づいたように感じられ、翼に太陽の光が映え、眩しい。機内の温度は、摂氏十五度から二十度とのこと。突然『八十日間世界一周』のメロディが浮かんできたりする。

16時40分頃、香港の啓徳空港へ、高層ビルの上をかすめて無事に着陸。バスで通過旅客室に連れて行かれ、心細い思いをしていると、二人の日本人と知り合いになった。早稲田大学の教授で歌舞伎の件でモスクワまで行くという K先生、もう一人はカイロまで行くというN氏。暑いので、長袖シャツを脱ぐためにトイレへ入る。中国人の男がつかつかと寄って来てタオルを突き出す。チップを要求するので、生まれて初めてのチップ五〇円を渡す。

17時50分、香港出発。機体も座席も元のままだが、便名はＢＡ９１１からＢＡ９２３になっている。20時30分頃、うつらうつらとして、ふと目覚めると、夕陽に映えた雲が素晴らしく美しい。メコン河だろうか、はるか下方にくねくねと蛇のようにうねっているのが見える。

21時、夕靄がこめて来る。下界の景色がかなりはっきり見えて来た。高度も下がり、区画された田圃と民家が近づいて来る。間もなくラングーン到着とのこと。機内が慌ただしくなり、視界がますますはっきりする。

21時過ぎ、ラングーン到着!!　いよいよここで二年間生活するのだ。夕靄のせいか、赤茶けた景色が目に飛込んで来る。男性のビルマ人がスカートのような長い腰巻き（これが後で「ロンジー」という民族衣裳であることが分かった）をはいて、機内にＤＤＴを撒き出す。

飛行機の外へ出ると、ムッと熱気が押し寄せる。（帰国しても、この最初の熱気は、ビルマの鮮明な第一印象として、深く感覚として残されている。）ビルマ人スチュワーデスの言葉がさっぱり分からず小さな空港ビルで困っていると、香港から同乗されると聞いていた大使館の内田書記官一家が同じ大使館の菊池氏を呼んで下さり、菊池氏が入国手続きをすべて代行して下さる。

それにしても暑い。ビルマでは今が最も暑い時期とのことで、手続きをしている最中でも汗がダラダラと流れる。無事、通関を済ませて、日本人学校の小林敏次先生の車に乗り、一路学校の宿舎へ。町並みは、近代的な道路とは異なり、いかにも南国的で、ロンジーを纏った人々が、椰子の葉陰をぞろぞろ歩いている。ミゼット・カーがやたらに多いので聞くと、あれはタクシーとのこと。

十五分位で日本人学校に到着。煉瓦造りの二階建ての立派な邸宅である。先に赴任していた脇田香氏が迎えてくれ、握手をする。これから二年間、彼と共に起居し、仕事をするわけである。二階の広い応接間が自分の部屋として用意されていたので、旅行鞄を下ろす。しばらく小林先生と話をし、先生が帰られた後、脇田氏からサーバント（使用人）の紹介をしてもらう。コックのダース、スイーパー（掃除夫）のキティパ、ダラワン（夜警）。翌日は洗濯婦のナニー、庭師のマリー、いずれもインド人である。彼らに日本の五円玉をあげる。疲れていたので、すぐベッドに就いたが、暑さで寝苦しい。

5月2日(日)【1965】

**ラングーン市内見物**

ビルマで初めての夜を何とか過ごし、六時起床。すでに日は昇り、こんもりした木々が窓から見える。一国の首都ではあっても、緑が豊かでのびのびしている。小林先生が車でラングーン市内見物に誘って下さる。

シェエ・ダゴン・パゴダにて。ひたすら仏陀に祈る男性

最初に訪れたのは、ビルマの紙幣にも載っているアウン・サン将軍の墓地。ビルマ建国の父として崇拝されている将軍と、共にビルマ独立直前に暗殺された他の閣僚が祀られてあり、「ビルマの靖国神社」と呼ばれる。次は、すぐ横のシェエ・ダゴン・パゴダ。国内外に知れ渡ったこの巨大な仏塔は、高さ百メートル、金箔の壮麗な寺院である。裸足で上る。眩いばかりの原色。周りに小さな寝釈迦もある。仏様の顔は、日本のと比較して、極めて楽天的である。

ラングーン・リバーへ。河口のため、泥が多いが、かなり大きな船も入り込んでいる。小さな渡し舟も行き来している。ラングーン第一のストランド・ホテルも見える。側の広場で、子供達がクリケットに興じていた。

5月3日(月)【1965】

**挨拶回り、ラングーン市内買物**

午前中、小林先生と在留邦人諸氏へ挨拶回りに出かける。イギリス植民地時代のストランド・ホテル近くの日綿実業支店長で、日本人会長さんの森田氏と、同社の野田氏、浅井氏に挨拶。浅井氏のお子さんは、学校の生徒とのこと。氏のお部屋で、日本人会の図書『鳥葬の国』をお借りする。ゴールデン・バレーという一画にある日本国大使館へ。小田部大使、梁井書記官、菊池氏他、大勢の大使館員に挨拶をする。菊池氏は、すでに空港でお世話になっているが、やはりお子さんが学校の生徒として在籍している方である。

挨拶回りの後、一旦帰宅。夕方、大使館の車を借りて、ダースと共に街へ買物に出掛ける。市場は楽しい。ズボン姿の日本人とインド人との買物姿が珍しいのか、ジロジロ見られる。街の中心にあるスーレ・パゴダの近くの国営の喫茶店に入る。ビルマの商店や企業は、どんどん社会主義化されているので、ここも国営である。ミルク・セーキをオーダーする。

5月5日(水)【1965】

**教育委員会挨拶・買物と映画**

晴天続きの暑い毎日が続くが、あと十日もすれば、雨が降り出すとのこと。

10時頃、小林先生と脇田氏とで、日綿オフィスへ出向く。そこで、読み終えた『鳥葬の国』を返却する。11時より同オフィスで、在ビルマ日本人会の日本人学校教育委員会が開催された。脇田氏と共に紹介されたので、代表して赴任の挨拶をする。教育委員は、日本人会長の森田氏、日綿の浅井氏、大使館から梁井氏と菊池氏、そして東京銀行の吉沢氏、三菱の早川氏の六名のメンバーから成る。新聞広告で貸しピアノが見つかったとのこと。苦手の音楽担当で、いささか憂鬱だ。

会議は昼頃終わり、帰宅。昼食と昼寝を済ませ、夕方映画を観に行く。ビルマの人の趣味や娯楽は、パゴダ参りを含めての仏教行事と映画を観ることだそうだ。イギリス製の"Follow that Horse!"という勧善懲悪の映画で、善玉が勝ち始めると、場内で一斉に拍手が沸く。ダウン・タウンの裏町を歩いてみる。建物はイギリス統治時代の古びた四階建てのアパートで、街路上で全裸の子供たちが水をかけ合って遊んでいる。自分が異邦人であることを感じる。

僕が日本を出る半月前に、家の近くの岩本氏にタイプで打っていただいた挨拶状を思い出す。

拝啓。春たけなわの候、いかがお過ごしでいらっしゃいますか。

さて、この度、在ビルマ日本人会の招きで、ラングーンの日本国大使館附属日本人学校教師として、ビルマへ渡る事になりました。当地では、一年前に赴任された小林敏次先生(愛知学芸大学附属名古屋小学校)のお手伝いをしながら、小中学生十九人の指導に当たります。任期終了二年後は、愛知県へ再び戻り、教職に就くつもりでおります。

名古屋在住の折は、公私につけ色々とお世話になりました。帰国後も良きご指導とご厚情をお願いしたく存じます。

あなた様もくれぐれも御身御大切に。私も何よりも健康には留意して二年間を送る積りでおります。見るもの聞くものあらゆる事を吸収して帰って来たいと思います。

取りあえずご挨拶とお別れまで。では、ご機嫌よう。

敬具
昭和40年4月15日　岩内　健二

【連絡先（親の住所)】愛知県春日井市神領町
【現地連絡先（在ビルマ日本大使館)】 Mr. KENJI IWAUCHI, c/o JAPANESE EMBASSY No 39, GOLDEN VALLEY, RANGOON, BURMA.

出国前に、知人、友人、親類、先輩や後輩、恩師約二百名近くに投函した。あれ以来、大して日数も経っていないのに、随分昔のように感じられる。

5月7日(金)【1965】

## 火事

ビルマへ着いてちょうど一週間経った。暑さにも少しは慣れた。

午後、大使館の古いダットサンを借りて、街へ買物に行く。屑入れ箱やコップ等を買って帰宅。学校のグランドでソフト・ボールでもしようと思っていると、南の方で大きな黒煙が上がり、ダース達が「火事だ」と庭で騒いでいる。小林先生の家の方角で、火事見物に行く。タクシーもバスも捕えられず、土管の上をフーフー喘いで出かけたが、先生の家とは、かなり離れていた。乾季末期で、空気も乾いているので、火災も多い。

5月8日(土)【1965】

## インヤ・レイク散策

職員会議の予定だったが、小林先生のご都合で中止。午前中、近くの広大なインヤ・レイク（インヤ湖）を散策してみる。ガバエ・パゴダ・ロードより眺めるのとでは、実際はずっと広い。ヨット・クラブの若者と知り合い、冷たい水をよばれ、写真を撮って別れる。ホウホウボクというマメ科の木が真っ赤で今まさに燃えんとして美しい。

夜、ダース、スイーパーと一緒にトランプに興じる。ダースの親父も仲間に入ったが、彼は第二次世界大戦中、日本の兵士に仕えていたとのことで、「おーい、飯ができたぞ」というような乱暴な日本語を話す。兵隊から教わったとのこと。

5月9日(日)【1965】

## 雨季・動物園へ

午前中、カンドージ湖近くのラングーン動物園を見学。ミゼットのタクシーが拾えず、自動車のない不便さを感じる。入園料は、たったの三〇ピア（一〇〇ピア＝一チャット）と大変安い。爬虫類、とりわけ錦蛇が豊富。錦蛇はおとなしいので、来園者に触らせたり、首に巻かせたりしている。動物園の経営も軍人が牛耳っており、有料で驢馬、象、駱駝に人を乗せ、歩かせている。

11時頃、帰宅し、一階のソファーで昼寝をしていると、ザーッと雨が降り出してきた。約半年間の雨季がいよいよ始まる。

5月10日(月)【1965】

## 晴れ後雨・職員会議

9時に小林先生が出校されて、本年度第一回職員会議が開催された。学校の性格、教員、経費、備品、幼稚園の開設について。大体先生の説明を聞く形で11時頃終了。済んで、車に乗せてもらい、大使館へ行く。日本への手紙を出す。

夕方、キャビンという二、三歳位のダースの子供と戯れる。小学生時代馴染んできた講談社の名作全集『西遊記』を読む。子供の作文の添削を行う。

夜になり、雨が激しさを加えてきた。

5月11日(火)【1965】

## ハウス・オーナーに挨拶

いよいよ雨季も本物になってきた。

学校の近くを散策していると、坊主頭のお爺さんがうろ覚えの日本語と英語で話しかけてきた。第二次世界大戦で、「加藤部隊」で働いていたとのことで、この種のビルマ人に以後大変よくお目にかかった。まだまだ戦争の後遺症は、あちこちに残っている。学校周辺は、閑静な高級住宅街で、雨にそぼ濡れた大木が、道路の両側でしっとりと立ち並んでいる。

ハウス・オーナー（家主）の娘さんを見かけたので、日本人形やハンカチ・セット等のお土産を携えて挨拶に出向く。校舎の横手の平屋だが、亡父が故ウ・ソー・ニョンという戦後の初代米国駐在ビルマ大使という、名家であるとのこと。校舎も、日綿の世話で以前、賠償関係でバルーチャン発電所建設で滞在していた日本工営の技術者が住んでいた建物とのこと。ハウス・オーナーの家族と、テープ・レコーダーを聞いたり、日本の都市のカラー写真を見せたりする。娘の弟は、デニス・ソー・ニョンという色の黒い青年で、ダンスや音楽の好きなアメリカナイズされた若者である。

5月12日(水)【1965】

## 佐久間事務官学校視察

7時起床。朝食後部屋を片づけたり、水浴びをしたりする。10時、小林先生、出校。

11時に、外務省の佐久間平喜事務官が学校視察に来校されるので、職員室の整理をする。運動場や教室を見て回られた。東京でのお礼も言う。あと一週間程度、ビルマに滞在されるとのこと。

午後、タクシーで街へ出、初めて散髪をする。日本の理髪店と違い、荒っぽい。最後にマッサージの一つとして、首の関節をガクンガクンと捻り回すのには、大変驚く。近くのスーレ・パゴダを参拝。シュエ・ダゴン・パゴダより遥かに小さいが、街の真ん中にあるので有名である。タイルの上で膝を折って、老婆が一心にお祈りを捧げている。

夜、何百匹という羽虫が飛び込んで来る。

5月13日(木)【1965】

**羽虫・ダース退職**

朝起きてみて驚いた。昨晩の羽虫の羽根が床や通路の至る所に散らばっている。ベッドの回り、机の横は、特にひどく、足の踏み場もない。部屋に入ると、羽根を自分でもぎ取って、雌雄番いになって歩き出す。銀座の街頭で売っている、玩具の遊星人の番いのようだ。生殖行為を終えると、雌は羽根のないまま、どこかへ姿を消す。この羽虫は、雨季の初めと終わり頃の数日間、大挙して押し寄せるとのこと。

朝食が済むと、コックのダースが英文の紙片を持って来て、「自分は長い間お世話になったが、本国のインドへ帰ることにした。ついては、自分の後任として、父親を推薦したい。彼は自分に料理を教えてくれた人であるし、戦時中、日本の軍人に仕えた経験もある」といった旨の内容であった。ビルマ式社会主義政策の煽りからか、インド人排斥が高まって、彼もそのために帰国するのであろうか。彼は、頭も気立ても良いので、行かれてしまっては、ちょっと困るかもしれない。

午後、大使館へ寄って自動車運転免許証用の写真二枚を、受付嬢に託す。梁井氏に依頼する。帰途・市場でロンジーを買う。

5月14日(金)【1965】

**出校日**

今日は、いよいよ出校日。ビルマの男性と結婚された現地採用の上田和子先生、葉山光枝先生の紹介がある。

日本人学校の子供達に、脇田氏と自己紹介をし、お土産の日本のハンカチと教科書を配布する。その後、19日に帰国する階堂武郎くんの送別会になる。小林先生の話し方が、すごくゆっくりと、子供に対して噛み砕くような調子に感心する。子供達に初めて対面し、何か安心感が湧いてくると同時に、これから二年間頑張ろうというファイトも湧き上がる。

子供達を帰らせて、職員会議。昼食後、インヤ・レイクで泳いでみる。底がドロドロ。

ダースがインドへ帰国した後、仕事を探さなければならない。ついては、インドの日本大使館で欠員がないかどうか聞いてもらえないかと言ってくる。彼なら日本人の習慣や生活様式をある程度知っているし、日本人好みの料理も作れるし、タイプも打てる。一度ラングーンの大使館に聞いてみようと言ったら、大変喜んでいた。目の付け所は、彼と自分とで一致している。

5月15日(土)【1965】

## 空港へ

一時帰国されていた小林先生の奥様がＢＯＡＣ機で夕方18時頃、ビルマへ戻って来られるので、タクシーでラングーン空港（ミンガラドン空港）へ迎えに行く。時間つぶしに二階のレストランでソーダ水を飲んでいると、小林先生と二人の娘さんが来られた。飛行機が19時30分到着に遅れるとのことで、ペグーへの国道をドライブしてみる。19時過ぎに空港に戻ると、機はさらに遅れて深夜になるとのこと。赴任する前に、奥様とは名古屋でお会いして、ビルマでの生活等について事前指導を受けたので、是非お迎えしたかったのだが、これでは何時になるか分からないので、諦めて帰宅する。

5月16日(日)【1965】

## インヤ・レイク・ホテル・プール

午前中、暇を持て余す。午後、ショッピングにでも出掛けようとしていたら、日綿の浅井氏より電話があり、インヤ・レイク・ホテルのプールで泳がないかという誘いがあった。門の前に腰掛けて、往来を眺めながら待つ。ソ連の援助で建てられたビルマ第一級のインヤ・レイク・ホテルのプールは、会員制で、ビルマ人は入れないとのこと。西欧人が多い。気品のある白人の子供が、母親の側で一心に泳いでいる。きりりと引き締まった顔立ちのインド人女性が民族衣裳のサリーを靡かせて、子供の泳いでいるのを見守っている。崖の下では、濁った湖でビルマ人達が泳いだり、散歩したりしていて、極彩色のパラソルのこちらと対照的である。

ちょうどその時、真っ黒な雲が空を覆い始め、みるみる中にどしゃぶりの大雨になった。一寸先も見えない大降りで、学校へ車で送ってもらう。車から玄関へ飛び込もうとした瞬間、豪雨で足を滑らせて転倒してしまった。

5月18日(火)【1965】

## 小林先生宅

午前中、生徒の作文のガリを切って過ごす。午後から晴れてきた。

昼すぎに小林先生宅へお邪魔し、教務関係、事務分掌、授業時間数等を決めたりし、夕食もよばれる。食後の雑談で、休暇を利用しての旅行の話題になる。今年と来年の暮れ、来年の3月と、三度ほど旅に出る機会がある。インド、北ビルマ、インドシナ半島等の候補地ひとしきり。

5月20日(木)【1965】

## 教育委員会

10時より学校で教育委員会。委員の方が出校され、小林教頭を交えて会議。大使館附属日本人学校であるので、名目上は、日本大使が校長を兼任されてはいるが、実質的な運営は小林先生が中心となっている。梁井氏に『アーロン収容所』とビルマ語の書物をお借りする。昨晩、氏の邸宅にお招き頂いた時に、ＮＨＫ取材班の本二冊をすでに貸していただいているので、色々読書の楽しみが増えて嬉しい。浅井氏宅へお邪魔した折の話題で、ご夫婦が自分と同じ名古屋市（中区大須）出身であるのも、親しみを感じさせるご縁である。浅井氏には、ビルマの教育事情や制度も色々教えていただく。

午後、大使館より車を回してもらい、ロンジー姿で買物に出る。帰途、インヤ・レイク湖畔の露店でインド人のドライバーが噛み煙草（ビルマ語で「クンヤンアチョー」）を買って噛み始めたので、自分も五ピア払って試してみたが、その辛さ、苦さといったら。家へ着くまでの数分間、噛んでいたら、舌が痺れてきた。赤い汁をぺっぺっと地面に吐き散らす街の光景を再現。まあこれも最初で最後の経験であろう。
教室の黒板取り付けのため、大工が来ていたので、ついでに錠を机に取り付けてもらう。やはり本職は上手だ。

5月21日(金)【1965】

「住めば都」

午後、授業時間割を組んだ後、小林先生と買物に出かける。市内の楽器店、食料品店、文房具店、土産物店を見て回る。ヨダヤ［Yodaya］という土産物店の女性店員は、日本語を少し喋る洗練された婦人である。白人客も多く、象牙の美術品やチーク材の工芸品もたくさん売られている。最後にスコット・マーケット（ボジョ・アウン・サン・マーケット）へ行き、宝石店を覗いてみたが、閉店中。

今日で、ビルマ滞在三週間になった。不思議なもので、ビルマ人やラングーン市に対し、段々愛着が増してきた。暑さ、街の衛生、物資不足も、次第に苦にならなくなってきた。お人好しのビルマ人が段々好きになってきている。やはり「住めば都」である。

夕方、小室参事官の家へお邪魔した折、カナダの大使館に勤務なさっていたカラー写真を拝見する。湖や氷河の美しさ、雄大さは、天下一品。小学校一年生の秀夫くんも、お父さんと共にカナダの他にモスクワ、イランに住んだことがあり、英語もペラペラ。レコードを聞かせていただく。最も好きなモーツアルトの『交響曲第四十番』、ビルマへ赴任して初めて聞く洋楽である。小室氏の言。「ビルマについて、その庶民の生活に溶け込むことだけが、彼らのためになるとは限らない。例えば街の不衛生な面も、むしろ率直に批判し、少しでも改善させるのが、我々の義務ではなかろうか」

5月22日(土)【1965】

出校日・蛇

一、二、三年生を除いて生徒出校。来月、ライオンズ・クラブのチャリティ・ショーが開かれ、各国の出し物で日本は、子供の器楽合奏と日本舞踊で参加するための練習日。器楽合奏は、「しょうじょう寺の狸ばやし」。楽器担当の割り当てが終わった後、校庭でドッヂ・ボールをして遊ぶ。ひどく蒸し暑い。

夜、食事中、ダースとスイーパーが台所で何やらバタバタと音を出しているので、近づいてみたら、三十センチ位の蛇を殺しかけているところだった。蛇はダースに首元を木で押さえ付けられて尻尾をぴりぴり動かしている。スイーパーがその頭に炭火を振りかけて殺してしまった。ビルマ語で「ムーヴィ」という毒蛇とのこと。学校の台所に蛇が出没する事などは、日本では考えられない。僕自身が巳年ではあるが、蛇が大の苦手で、体調が悪く悪夢にうなされる時などは、大抵周りに蛇がうじゃうじゃ居て、動くに動けず立ちすくんでいる夢である。

夜遅くまで仕事をしていると、蜥蜴類のトッケがあちこちでしきりに鳴き出した。「トッケ、トッケ、トッケ……」と、七回以上鳴くと、幸運が訪れるというが、まだお耳にかかった事がない。

5月23日(日)【1965】

**授業時間割り表**

浅井くん兄弟、吉沢さんらと、インヤ・レイク・ホテル・プールで一週間ぶりに泳ぐ。会員制なので、大抵は、先週出会った人ばかりである。端から端まで潜ってみたり、水球に興じたりして、くたくた。

夕方帰宅し、夜22時半頃までかけて、授業時間割り表を組み終える。完成した時の嬉しさ。

5月24日(月)【1965】

**職員会議・会場作り**

ダースが後任のコックのサンダを連れて来た。スイーパーとダースの妻との父親である。ダースにとっては、義父である。ダースよりもキティパに風貌が似ているのもうなずけた。

今日は忙しかった。10時より職員会議。その後、夜中近くまでガリを切ったりする。明日の入学式・始業式のために、会場作りを職員で行う。夕方、待望のピアノが到着。明日から学校が始まるので、到着が遅すぎたが、一生懸命やるだけだ。

いよいよ、明日から学校が始まる。

# ■第二章■

# 学校生活

## 昭和40年度《一学期》

5月25日(火)【1965】

### 入学式・始業式

いよいよ学校生活が始まる。本日は、昭和40年度の日本人学校の入学式・始業式。

小室参事官が、小田部大使（校長）の代理校長として挨拶される。外庭は驟雨。入学式の中で、小林先生が我々新任教員の紹介をされる。心身共に疲れて、昼寝。夕方起きて、明日の教材研究を始める。幸い授業は、国語ばかりである。

昭和40年頃のカンベ通りの校舎（中央：小林敏次先生、その左へ順に小田部謙一大使、森田日本人会長。後列左端：筆者）

5月26日（水）【1965】

## 始業

一時間目の中学の国語は、詩教材。二時間目も小学六年生の国語、三時間目の小学五年生の後、おやつ（間食）。四時間目体育は、走り幅跳びと走り高跳びの指導。授業後に、子供達とグランドでサッカーをし、その後ライオンズ・クラブの出し物「しょうじょう寺の狸ばやし」の合奏練習を行う。「ちょうちょう」のピアノ練習をする。

今までに大学時代の教育実習や、卒業後の教育専攻科（大学院の前身）在学中の私立高校非常勤講師等で教壇に立った経験はあるが、正規の教員として子供達を指導したのは、これが初めてである。記念すべき授業の第一日が、ビルマでのラングーン日本人学校であるのは、終生忘れ得ぬ思い出になろう。

5月27日（木）【1965】

## シュエ・ダゴン・パゴダ

一時間目の小学六年生の国語は、やはり自分の担任クラスのため、授業が行ないやすい。小学校低学年の音楽は、「しょうじょう寺の狸ばやし」のリズムの打ち方を指導する。小林せつ先生が手伝って下さり、大変助かる。

午後の昼寝の後、小林先生夫妻とダウン・タウンへ買物に出る。サッカー・ボールと防腐剤を買って、17時帰宅。帰途、ロイヤル・レイクの畔に出ると、シュエ・ダゴン・パゴダが湖水と対岸の緑の木々の上にくっきりと聳えている。パゴダの尖塔が湖水に逆さまに映っている。傍らには、第二次世界大戦時のイギリス軍の戦車二台。この湖面と、そこに映るパゴダの光景。ラングーンで、自分はこれほど美しい光景を未だ見た事がない。（後に、この公園の地点が「ケネディ・ポイント」と呼ばれ、ビルマの人にとっても風光明媚な場所である事を知った。）まさに絶景である。

5月29日（土）【1965】

**ラングーン市内見物**

ようやく週末になった。日本人学校での勤務の第一週は、長く感じる。

午後からダースとキティパとで、ダウン・タウンへ買物に出かけた。初めて乗り合いバスに乗ったが、戦時中のイギリスのバスをそのまま使った車で、座席は板張りである。耳鼻科へ一度行き、そこで顔見知りになったインテリっぽいインドの青年に行き合い、握手をしたりする。

ラングーン駅で機関車や旅客の群れを眺めたり、すぐ向かいのアウン・サン・スタジアムへ入ってサッカーの試合を観戦したりする。この国ではサッカーは、日本の野球ぐらい人気のあるスポーツである。大観衆が選手のプレイに拍手を送っている。ラングーン市内のあちこちで、ビルマの人達はボールを蹴ったり、チンロンに興じたりしている。チンロンは、「ビルマ蹴鞠」とも言うべき娯楽の一種で、籐で編んだボールを蹴り合ったりして、そのテクニックを競う国民的スポーツで、チンロン学校もあるとのこと。ヨダヤで、象牙の印鑑と靴べらを買い求める。ダウン・タウンの歩道の脇の地下鉄のような階段を下りると、五ピアの料金で使用できる有料公衆便所であった。尾籠な話だが、ビルマの人達はトイレット・ペーパーを使用せず、竹へらと壷の水で用便の処理をする。東南アジアでは、珍しくない習慣である。上品とか野蛮とかいった比較の問題ではなく、習俗・文化の違いであろう。地方の農村へ行けば、人間の糞便が、そのまま豚等の家畜の飼料となる。日本でも、つい数十年前には、よく見かけた風景である。

帰途のバスは、満員であった。車体が低く、立っていると頭が天井につかえるので、手摺りにもたれて背を屈めていた。

今日は、色々見聞きできた。

5月30日(日)【1965】

## ビルマ赴任一か月

朝食を摂らずに10時頃までベッドに入って、本を読む。貴重な休日で、久しぶりにゆったりした朝を迎える。午前中は日記を書いたり、週指導案を作成したりする。

5月1日にビルマへ赴任して、ちょうど一か月経った。僕には多すぎる程の新体験の5月であった。かなり陽に焼けた。体重は、さほど減っていないようだ。

5月31日(月)【1965】

## 歯医者

授業後、15時に歯医者へ行く。歯科医は中国系のビルマ人で、「寒い水を飲むと痛いですか？」程度の簡単な日本語が話せる。名前は、ドクター・ティン・ミン［U Tin Myint］とのこと。ビルマ人の名前は、相手の年齢や社会的地位等によって、敬称の付け方が変わる。男性なら上位者はウ［U］、同輩ならコー［Ko］、目下の者に対してはマウン［Maung］となる。女性の場合は、目上がドー［Daw］、目下はマー［Ma］と変化する。だから歯科医の“Tin Myint”は、ティン・ミン先生もしくは、ウ・ティン・ミンで良いのであって、ウ・ティン・ミン先生は、敬称過多になる。そう言えば、以前にビルマ出身のウ・タント国連事務総長がいたが、彼は、“U Thant”の表記なので、「タンさん」という方なのであろう。

帰りに、スコット・マーケットを回ってみる。夜、明日の授業参観日のために、「アマリリス」のピアノ練習をする。

## 授業参観日

6月1日(火)【1965】

いよいよ初めての授業参観日。小学校五、六年の国語は、自分の専門教科であるから、無難に展開できた。四時間目の音楽は、前半は楽譜を書かせ、後半は歌と器楽練習。あまり自信のない音楽も何とかこなし六限分の授業を終えて、ほっとする。

午後、教育委員の梁井氏と吉沢氏が学校会計事務引継ぎのため来校される。日本からの数週間遅れの朝日新聞を見せていただき、広告やテレビ番組まで含めて貪り読む。

家主の横の、バラ園を栽培しているビルマ人の招待を受ける。主人は、十年位前に日本を訪れた事があり、箱根や熱海の写真を見せてくれる。室内に豪華な仏壇があり、そのあちこちに宝石がはめ込まれている贅沢な物。

## フット・ベースボール

6月2日(水)【1965】

朝早めに起きて教材研究をするつもりだったが寝坊をして、7時半に慌てて飛び起きて朝食を摂る。そのため授業は、ぶっつけ本番で良くない。四時間目の体育では、フット・ベースボールをさせたら、子供達が皆口々に文句ばかり言う。甘やかされて育った子供達の少人数の学校なので、彼らの協調性や集団訓練度は低い。日本に帰国後、何百人・何千人の大規模学校に転入したら、きっと困る子供が出るのではないかと思う。集団性・協調性について、授業等で色々指導していかなくては、と思う。

## 豪雨

6月3日(木)【1965】

授業後、小林先生の車をお借りして二度目の散髪に行く。小林先生には、赴任して以来、欠点の多い自分を良く面倒を見て下さり、本当に感謝している。家を出た途端、ものすごい豪雨のため、エンジンに水が入って車が動かなくなってしまった。帰途は、タクシーが拾えず、腹の具合も悪く、バスに揺られて帰宅した時は、全く疲れ果ててしまっていた。二十年前にインパール作戦等で敗退した日本兵が、ビルマの奥地で雨と敵軍と病気と飢えに悩まされ、疲れ果てて次々と倒れていった時は、恐らくこんな惨めな気持ちであったろうと思う。しかしその惨めさは、戦争の有無や、何一つ不自由さのない現在とでは、天と地ほどの違いがあるので、とても比較にはならないのであるが。このビルマで生活している自分にとっては、彼らの死を無駄にしてはなるまいと思った。
　オリンパス・ペン・カメラで撮った七十二枚の写真がようやくできた。予想より良く写っているので、どれを日本に送ろうかと迷う。

6月5日(土)【1965】

**オーストラリア大使館員・「メイ・フェアー」**

　いよいよ週末だ。今日は間食なしで四時間授業。夕食後、学校の前の道路を散歩していると、ダースが出て来たので、行く先を尋ねると、親戚の家へ行くと言う。一緒に付いて行っても良いと言うので、ロンジー（腰布）姿のままタクシーに乗車してみたら、驚いた。オーストラリア大使館員の邸宅である。場所は、学校に比較的近いコカイン・ロード。もっとも彼の親戚は、ダースの姉とキティパの兄が夫婦というその屋敷の使用人であるが。こんなみすぼらしい格好だが、館員が中へ入れ、と言う。仕方がないので、立派な室内に招じ入れられ、ウィスキーをよばれ、お喋りをしたが、悲しいかな、ほとんど彼の英語が分からない。そのうち、やはりオーストラリア人アベックが入ってきたが、全く無視された状態である。帰りに彼の外車で送ってもらう。彼の名前は、ミスター・キーリー［Keary］と言い、半年前にビルマに赴任、任期三年の独身者。電話番号は14062。
　帰宅後、気分が収まらないので、靴とネクタイを身に付け直して、インヤ・レイクの畔のダンス・ホール「メイ・フェアー［May Fair］」へ初めて押しかける。ビルマは、社会主義国なので、娯楽施設は皆無に近いが、外国人専用、殊に外国人船員を相手のこの種のホールは、ことインヤ・レイク・ホテルのナイト・クラブ等、数か所あることはある。白人との混血と思われるダンサーが待機している中に、ノルウェーの船員達がどやどやと繰り込んで来た。床をどんどんと叩く柄の悪さ。途中で日本人に話しかけられたり、イギリスの船長を紹介されたりして、24時近くに歩いて帰宅。

6月7日(月)【1965】

**買物**

本日より六時間授業開始。六時間目は、最初の特別教育活動で、児童会（生徒会）の役員を決めた。会長・松沢みどり、書記・松沢ゆり。早速各部への配属が決まり、それぞれの活動計画を検討しているうちに、終業のベルが鳴った。授業後、インヤ・レイク付近の土産物店を回って象牙の牛車等を物色し、六八チャットほど遣う。ビルマに来て、初めて買物らしい買物である。夜、しきりに歯痛。

6月8日(火)【1965】

**歯痛**

昨晩の歯痛のため、寝不足。大使館より手紙が六通も届いていた。小林先生に手紙二通依頼するついでに、フィルムの焼き付け代を一〇〇チャット添える。授業も無事に終わり、昼寝をしながら日本の新聞を読む。都議会汚職事件、東京農大生ワンダーフォーゲル部のしごき事件、米軍のヴェトナム北爆、大鵬と柏戸のピストル疑惑事件等、暗いニュースが多い。広告には、ひきしまった三船敏郎の風貌、やや老け込んだフランキー堺、バーブ佐竹（どういう人か知らない）、復活した丸山明宏等といった芸能人が載っている。

6月9日(水)【1965】

**バレーボール（クラブ活動）**

六時間目の特別教育活動は、バレーボールの指導。ぐちゃぐちゃの雨上がりの運動場で、パスの練習をして、疲れてしまった。

先日えらい恥をかいたオーストラリア人のミスター・キーリーから電話がかかり、明晩お招きをしたい、とのこと。明日は、きちんとした服装で出かけよう。

今日と明日は、ダースの後任のサンダの試用期間である。

今晩から初めて浴槽に湯を入れた。湯は少ししかないが、久しぶりに風呂に入った気分である。

6月10日(木)【1965】

### ミスター・キーリー宅訪問・ダース退職

夕食後、タクシーでミスター・キーリー宅へ、背広を着て出かける。シャン州から出て来たというビルマ人がすでに居て、その後しばらくしてビルマ航空に勤めているとかいう客も加わる。キーリー氏は、本当に善意の人だ。帰途、往来で手を振っていたら、どこかの自家用車が止まってくれ、乗せてくれて帰宅。今晩は実に愉快だった。

ダースのコックとしての仕事は、今日が最終。20日頃、船でインドへ帰国。彼が居ないと何かと不便である。

6月11日(金)【1965】

### PTA（保護者会）

水道の調子が悪く、ほとんど断水状態のため、タオルを水に浸して汗を拭く。

授業後、PTA（保護者会）で、新任挨拶を行なう。その後、自分の担任の六年教室で個人面談。松沢さん、菊池さん、浅井さんと教科内容、家庭の生活、学習時間と学習方法、個人指導と集団指導等について、いろいろお話をする。随分長時間かけて行い、終わったのは夕方17時半頃。「若さと情熱と誠意を持って指導に当たりたい。ピアノの下手なのは、少しずつでも練習をしていく。国語等の教科指導や生活指導で、カバーもしていきたい」という旨の抱負を、各保護者に伝えた。

6月12日(土)【1965】

### 小林先生宅・ミスター・キーリー宅で映画会

夕方、小林先生宅によばれる。ウィスキーを飲み、夕食をいただく。お茶漬けがおいしくて、お代わりを二杯いただく。ビルマに来て一か月以上経ち、ビルマの生活や水にもすっかり慣れたので、少々の物を食べても、腹をこわさなくなった。

その後、ミスター・キーリー宅へ。前回もらったカンガルーのネクタイ・ピンをして行く。間もなく中年の婦人、先日恥をかいたオーストラリア人のアベック、最後にフィルム技師が来て、十六ミリ・フィルムの映画を観る。どこかの町の美術祭［Festival of Arts］が二巻、オーストラリア原住民の裸族が一巻、合計三巻を観る。ここでもウィスキーを飲みながら、映画を観たり歓談したりする。彼らの話がさっぱり分からず、英会話の上達の必要性をつくづく痛感する。22時過ぎに辞去する。外人は、自分が「帰る」と言うと、決して引き止めはしない。習慣の違いであろうが、それにしても実に彼は親切である。

6月14日(月)【1965】

**図書台帳の整理**

特別教育活動の時間に、図書台帳を全て改める。少ないながらも、いちいち点検するとなると面倒だ。図書全部にラベルを貼られた小林先生の昨年のご苦労も大変だったと思う。

6月16日(水)【1965】

**インヤ・レイクで体育測定**

朝からすごいどしゃ降り。間もなく上がる。

四時間目の高学年体育は、インヤ・レイク公園の中の一本道を利用して、百メートルの走力テストを実施する。昼弁当の代わりの間食が済むと同時に、生徒を引率して徒歩で湖へ行く。低学年は、湖の生物の観察。二回走って、記録を取る。途中から雨が降り出したので、止める。自分が走ってみたら、十四秒〇だった。息切れがして、思うように走れない。雨の中を、濡れて帰校。

夜、ピアノの練習を少しして、就寝。

6月17日(木)【1965】

**ダースたちと飲む**

中学の国語の授業の中で、「責任」という事について話す。「責任」は、大きく分けて自己責任と他に対する責任がある。後者は、さらに責任が課せられている場合と課せられていない場合、それらの場合にも、人為的なものと自然的なものとに分類せられる。それらを話してやったら、早川くんが感心して、自分の授業メモ用の紙片をくれ、と言う。

夜、ダースに勤務証明書を作ってあげる。ダース、キティパ、サンダとウィスキーを飲む。

6月19日(土)【1965】

**身体測定・チンロン**

始業前に小田川氏の車が校門前のぬかるみにはまり込んでしまい、使用人、ドライバー、先生達で車を押したり引いたり持ち上げたりするが、ますますタイヤが埋まって行く。そこでトラックを呼んで引っ張ったら、あっけなく出せた。小室氏のドライバーが指に怪我をしながらも、リーダーになって、一生懸命に車を引き上げようとしている姿が印象的であった。終わって、彼の指に赤チンを塗ってあげる。おかげで授業も一時間目の半ばに入ってしまい、職員朝礼も朝の体操もなく、いきなり身体測定に入る。音楽は、ロシア民謡「ステンカラージン」の練習。

ようやく一週間終わったが、自分にとっては、質的に最低だった。教材研究が足りず、その場主義で、雑談やふざけた説明も多かった。教師としては、落第点。間食後、「しょうじょう寺の狸ばやし」の器楽練習と、女子の日本舞踊の稽古。

16時頃、大使館より車を回してもらい、町へ買物に出る。チャコール代（炭代）がすごく嵩むので、フルーツ・ショップで石油ストーブに替える。

ドライバーを帰して、市場の中で、ビルマ名物の「チンロン競技」に、初めて仲間に入れてもらう。竹で編んだボールで、五、六人が輪になって、頭・胸・足等を使い、ボールを蹴り続けるゲームである。ビルマでは、どこにでもお目にかかれるスポーツで、そのためにこの国では、サッカーが盛んである。日本におけるプロ野球の浸透の比ではない。雨季になって、あちこちの原っぱで、裸でサッカーに興じている風景が、よく見受けられる。

その後、同じ市場内でバレーボールの仲間に入れてもらう。東京オリンピックで優勝した女子の日紡貝塚チームに見られるように、世界のトップ・レベルにある日本に比べると、ビルマのそれは、まだまだサッカー中心であろう。汗を拭き拭き「シャーミー」まで行き、ジュースを飲む。

6月24日(木)【1965】

**ライオンズ・クラブのリハーサル**

教材・教具の予算要求リストを再び作り直す。国語一万円、音楽一一万円なり。文部省から予算通りに貰えたとしても、その物が学校に到着するのは、一年後というのも、気の長い話ではある。

昼食後（授業後）、大使館のフォルクスワーゲン製のマイクロ・バスに教卓と鉄琴を積み込んでダウン・タウンのガンディー・メモリアル・ホール［Gandi Memorial Hall］へ運ぶ。会場は、明日のライオンズ・クラブのチャリティ・ショーの準備のため、舞台の飾り付け等で、慌ただしい。主催者と思われるインド人が玄関やホールの中でしきりに話しかけて来る。「しょうじょう寺の狸ばやし」の器楽合奏と、女子の日本舞踊「さくらさくら」のリハーサルを行なう。

6月25日(金)【1965】

**ライオンズ・クラブ・チャリティ・ショー**

授業後、カッパ・ブックスの『危ない会社』を読む。いよいよ今日は、ライオンズ・クラブのチャリティ・ショー。昼寝を済ませて、17時に起き、大使館のマイクロ・バスを待つ。何かの手違いから、なかなか車が来ないので、鉄琴等を校門まで引き出して待っていると、内田氏の車が駈け付けてくれた。大急ぎでガンディー・メモリアル・ホールへ、18時ジャストに到着。開演は、18時30分より。子供達は皆、緊張している。最初が日本の出し物で、「しょうじょう寺の狸ばやし」の器楽合奏。カスタネットを叩いたりしてリズムを合わせる。昨日のリハーサルと違い、今日の本番は全然間違えずに合奏を終える。幕が下りた途端、子供達がヤレヤレという声を出そうとして、進行係のインド人に「シーッ」と諭されている。

次に、インド人の踊り。終わりの方の組合せが狂ってしまい、一同大混乱の中に終了。三番目は、イギリス婦人のギターの片手ソロ。彼女の大げさなジェスチャーが面白かった。カレン人男女の歌と演奏は、アメリカナイズされたもので、さほど面白くはないが、日本のスリー・グレイセスを思わせるような可憐で可愛らしい。日本の米つき歌とフォーク・ダンスを混ぜたようなもので、収穫の喜びを表している。赤いちゃんちゃんこを着て、男が三角形になり、杵つきで真ん中を叩く。娘三人が、その中を走り抜けて行く、単調な踊り。韓国の女性の、素

ライオンズ・クラブ・チャリティ・ショーでの
日本人学校女子の「さくらさくら」の踊り

晴らしく透き通る独唱。ビルマ人の歌が済んだ後、いよいよ女子の日本舞踊「さくらさくら」。幕引きの係の側に陣取って、指示をする。舞台の上は、日本の提灯が飾られている。着物を着て、うまく踊ってくれた。ここで休憩。

後半は、フィリピンのバンド演奏。奇術の後、インドの踊り。顔はアジア人のような女性が、足に鈴を付けてジャラジャラジャラジャラ鳴らし、呪文のような言葉を

同ビルマの踊り（ガンディー・
メモリアル・ホールにて）

発しながらぐるぐる回る激しい踊り。ビルマのダンス、アメリカ人の欧米各国の踊りを紹介して、フィナーレ。

済んで、マイクロ・バスで帰宅したのは23時。食事をして、すぐ寝たのは、真夜中。今日は、素晴らしい一夜だった。帰りのホールの階段通路は、それこそ人種の展覧会だった。あの色彩感、リズム、音と踊りのあまりに強烈な印象は、いつまでも生々しい記憶として残るだろう。ビルマへ来て良かった！

十四番目のビルマ・ダンスの後、日本語の上手なビルマ人歌手が、アコーディオン片手に、戦争中に日本の兵隊から教わった「野崎参り」等の歌を披露してくれたのは、感激した。（後日、彼は、「ウ・アン・ジー」という有名な方であることを知った。）やはり、愛国心というのか、異国に住んでいると、母国の事が気にかかる。横光

利一がヨーロッパをまわって、東洋の西洋に対する優位性を深く意識した小説『旅愁』で、強い国家主義へと変遷していったのも分からないでもない、と思った。自分の愛国心は、狂信的なファシズムに連なるものではないが、愛校心、郷土愛といった素朴な愛着に通じるものであろう。

また、音楽や民族衣裳等を比較しても、西洋と東洋の文化の相異、アメリカニズムの浸透等、いろいろ考えさせられる体験だった。今日は、楽しかった。

7月3日(土)【1965】

## 子供たちがプレゼントを！

授業後、図書の整理をする。二階にあった本箱を職員室に下ろし、児童には普段は縁のない大百科事典等を、職員用図書に移し替えたりしていると、担任の六年生の子たちが菊池氏の車でやって来た。僕の誕生祝いを持って来てくれたのである！　彼らが小遣いを出し合って、チーク材の象の置物を買ってくれた。教師としての喜びと生き甲斐を実感。これは、記念にいつまでも持っていようと思う。みんなでしばらくの間、缶蹴りをする。

明日は、いよいよ二十四歳の誕生日。まさか二十四歳の誕生日をビルマで迎えようとは、四か月前までは、夢にも想像していなかった。人間の運命は、不思議なものであるし、僕自身、日本でもこのビルマでも、多くの人の世話になりっ放しである。ビルマでは、自分の仕事に精を出す事、一生懸命教える事、これだけが現地の方々の恩に報いる道であろう。

7月4日(日)【1965】

## 二十四歳誕生日

今日は、二十四歳の誕生日。同時にアメリカの独立記念日と、日本では参議院議員選挙の投票日。今年は、干支にも当たり、その意義は大きい。

午後、菊池氏宅で子供たちとピンポンに興じたり、玄関でご家族の写真を撮ったりする。末っ子の良ちゃんという、赤ちゃんの可愛いらしさ。その後、コカイン・プールへ泳ぎに行く。淳くん、謙くん共に泳ぎが上手く、クロールでは、とてもかなわない。再び菊池氏宅へ戻ると、応接間で河原崎幹夫先生ご夫妻にお目にかかる。先生は、日本語学院でビルマ人に日本語を教えておられる。この学校には、他にフランス語、ドイツ語、英語、中国語コースがあるとのこと。毎日ビルマ人に接しているので、満月を過ぎると、僧侶は托鉢に外出しなくなるとか、ビルマ人の誕生日は、月日ではなくて曜日で表すとか、実にこの国の風習等に詳しい。次回からは、メモを取って、いろいろ教えていただこう。また、その学校の授業を参観して、出来たらお手伝いしたいと、申し出たら、先生は大変喜んでおられた。たとえ、日本語を話せても、授業（教育）は、別物であり、「あなたのような国語教師なら好都合である」と言われた。聞くところによると、ラングーン大学の教授も、勉強に来ているそうで、ビルマ人の日本語熱は盛んのようである。日本語を習得して、日本へ留学し、日本の科学技術を学びたい人が大変多いとのこと。夕食の時に、“Happy Birthday Mr. Iwauchi”のクリームが乗っているケーキを出して下さり、菊池氏ご一家のご厚意に、ただただ感謝感激する。帰宅したのは、深夜24時を過ぎていた。

### 7月7日(水)【1965】

## 教師論

明日の社会科の研究授業のために、予習を始める。大百科事典を引っぱり出したり、『日本歴史概説』を繙いたりする。その社会科教科書を書いた著者が、例えば、元寇をいかに解釈しているか等、どのような歴史観に立っているかが問題であろう。小学校の授業で、「専門性」ももちろん欲しい。どれだけ上手く教えられるか、といった「技術屋教師」ではなく、学問とは何ぞや、教育はどうあるべきかを常に念頭に置きながら授業を展開したい。例えば力学一つを取り上げても、アインシュタイン力学に理論が覆されるまでは、ニュートン力学は、永遠不滅の理論と考えられていたように、自然科学ほど混沌とした学問はない、と大学・専攻科の同級生であった花井氏は、口角泡を飛ばして語ってくれた。彼は、自身の内的苦悩と思索の結果から、必然的にマルクス主義へ、そして共産党入党へと進んで行った。無為で怠惰な小学校の「技術屋・事務屋的教師」よりは、常に努力し苦悩している彼の生き方の方に、少なくとも魅力を感じたものである。子供とのふれあいだけではなく、常に勉強し続ける教師に、僕はなりたい。

今日は、七夕である。

## 7月9日(金)【1965】

**研究授業批評会**

昨日実施した、僕の社会科研究授業「元寇について」の批評会が、午後の職員会議を使って行なわれた。研究授業担当の小林先生から、授業そのものの反省や、小学校の歴史教育についてのガイダンスがある。先生の事務処理能力や、教育に対する知識はさすがで、やはり先輩教師として、尊敬に値する。批評会で指摘された事は、大体次の諸点であった。

㈠　授業の導入を、もっとうまく展開に応用できないものか？　せっかく前時の復習、つまり一二二一年の承久の乱と、後鳥羽上皇の隠岐島への流罪、一二三二年の貞永式目の制定、鎌倉幕府の隆盛期について触れたのだから、その歴史的推移と元寇との必然性をもっと突っ込んだ方が良かったのではないか？

元の使者が日本に来た頃、鎌倉幕府の指導者は、朝廷の不平分子を一掃した後の極盛期に当たり、世界の大半を支配した元との戦いに恐怖感を持ったであろうか？　元との一戦もあえて辞さないくらいの幕府の自信が、北条時宗が属国になるように迫って来た元の使者を、一刀の下に切り捨てた行為に表れているのではなかろうか？　その部分を、もっと関連づければ導入ももっと意味あるものになったかもしれない。

㈡　元寇襲来後の影響について。「幕府の財政が苦しくなった」「御家人の生活が苦しくなった」「農民の生活が苦しくなった」「武士の間に不満が高まった」の板書事項は、羅列的・概念的である。四つの事項は、本質的に同じものなので、板書に一工夫できないものか？

㈢　史実の解釈について。元寇という歴史的事実を、この教科書の著者が、どのような姿勢で解釈していたか？　元寇の勝利が、単なる神がかり的な暴風雨によるものか、あるいは国民一致団結ゆえなのか、僧祖元から修業を積んだ時宗の精神的安定と鎌倉幕府の極盛期にあった自信と自負からか等、さまざまな解釈が成り立つ。

この教科書は、もちろん文部省検定であるので、文部省の役人の思想と価値観、現場の教師の姿勢と思想等、考え出せば限りがないのである。教育の難しさと同時に、その重要性について痛感する。戦時中の復古主義教育と、一変した空々しいとも言える戦後の民主教育と、国家形態によって百八十度も転換し得る国民を作るのも教育である。教育は恐ろしい。

7月13日(火)【1965】

## 満月

『カチン族の首かご』を一気に読む。

今日は満月。国民の祝日であり、市場は閉めきってしまうとのこと。これから10月の満月まで、仏教の持戒日であり、宗教的にもいろいろ意味を持っている行事であろう。

7月15日(木)【1965】

## 英会話の勉強を始める

小学校五年生のクラスで、ラフカディオ・ハーン（小泉八雲）の『怪談』や、上田秋成の『雨月物語』を話して聞かせる。

授業後の16時に、近くの歩いて行ける所で、ロゼアー［Rosair］という英語教師の家を訪問する。大使館の内田氏夫人も習っておられる先生で、ビルマとイギリスの混血のお婆さんで、ゆっくり英語を話されるので、聞き取りやすい。「ノリオ・ハヤカワ（早川教夫）が歌っているイタリアン・ソングは、誰が教えたのか?」と聞かれて、びっくりする。中学音楽の時間に、「オー・ソレ・ミオ」や「サンタ・ルチア」の原語を暗唱していて、彼らに教えたものである。早川くんも、ここで英語を習っており、かなりの日本人がロゼアー先生から英語を学んでいる事が分かった。雨季には、モンスーンとレイニー・シーズンとレインの三種類の言い方がある、とか。どこまで上達するだろうかは、自分自身の努力しだいだが、やれるだけやってみようと思う。

7月19日(月)【1965】

**アウン・サン将軍殉難日**

研究授業用の指導案を作成したので、午前中にガリ切りをする。小林先生夫人より電話がかかり、子供たちと映画を観に行こうという事になる。

今日は、ビルマ独立の父、アウン・サン将軍が暗殺された日である。十八年前、彼は他の同志と共に閣議の最中に政敵に襲われ、殺害された。彼は、第二次世界大戦の初期に日本に亡命して訓練を受けた後、ビルマに戻り、独立運動を指導したが、日本軍の約束不履行に怒り、日本の敗色が濃くなると同時に抗日地下運動に参加、終戦後は英国からの完全独立に挺身した、いわばビルマにとっては独立の立役者、大英雄である。町の至る所に彼の写真が掲げられ、お金（チャット）にも彼の姿がある。強烈なナショナリズムに伴い、彼はますますカリスマ化され、独立の父として、もてはやされている。

今朝のガーディアン紙を見ると、アウン・サン将軍特集が載っている。彼の生い立ちや、折々のスナップ、ネ・ウィン将軍と一緒の写真等。二人とも日本に亡命した同志なのである。アウン・サン将軍は、今や独立の父であるばかりでなく、現ネ・ウィン軍事政権に利用されている感が強い。例えば、インドを語る場合、ガンジーやネールを抜きにしては語れないように。現ビルマ革命評議会の検閲を受けたであろうガーディアン紙の見出しには、「アウン・サンからネ・ウィンに至るまで」と、でかでかと書かれている。僕が日本にいた頃は、この二人よりもむしろ、ウ・ヌ首相の名前の方が有名だったが、彼の名前は、ここでは一切抹殺されている。彼は、現在の軍事政権にクーデターで政権の座を奪われ、刑務所に収容されているとか。熱心な仏教徒で、首相時代は、パゴダ建立と仏教国教化に力を入れ過ぎたために、失脚した政治家である。現在は、牢獄で念仏三昧の毎日とか、その程度の政治家であったらしい。

町へ出て、映画を観終えた後、アウン・サン墓地へ立ち寄る。午前中に政府高官や外交官等の追悼式典があったらしく、黒いテントで墓地は張り巡らされ、おびただしい花輪で埋まっている。ここは、ビルマに来た翌日の5月2日以来、二度目の訪問である。

帰宅して、借りた新聞を丹念に読む。AA会議の延期、河野一郎代議士の死去、吉展ちゃん事件の解決、参議院選挙の結果等。

8月5日(木)【1965】

**映画『ビルマの竪琴』**

六時間目の小学校高学年・音楽で「楽しいマーチ」（器楽合奏）に、歌詞を付ける作業で、自分も軽い気持ちで書いてみる。

(1)　空は青く澄み渡り　　小鳥のさえずり絶え間なく
　　菩提樹並木も緑濃く　全てはこの世の楽天地
(2)　われらビルマに学ぶ者　自然の幸に恵まれて
　　われらビルマに学ぶ者　希望にあふれる子供たち

夜、映画『ビルマの竪琴』を観に行く。二本立てで、もう一本は、西洋の古代の色彩の美しいだけの、短くつまらない映画。

竹山道雄原作の『ビルマの竪琴』は黒白で、かなり長かった。ビルマで初めて日本映画を観たからかもしれないが、深みのある作品で感動した。スピーカーからは、吹き替えられた中国語で、字幕は画面の下に英語で、日本兵やビルマ人がしゃべる時はビルマ語で、そしてその日本語訳がスクリーンの右側に出るという、四か国語がややこしく入り乱れている映画だったが、主人公の水島上等兵役には安井昌二が、連隊長には三國連太郎、その他では伊藤雄之助が出演している。前編「埴生の宿」のメロディが流れる。水島上等兵がイギリス軍の攻撃に遇って負傷し、ビルマ僧に助けられて看病されていた時、僧がふと洩らした言葉、「たとえ戦争があろうと、ビルマはビルマじゃ。ビルマは仏陀の国じゃ」の実感がひしひしと迫って来る。英語の字幕では分からない感覚。あるいは、茫漠としたシッタン河辺で、おびただしい日本兵の腐乱した死骸を水島が見つけて、「あっ！」と叫んで、手で顔を覆いながらその横を目茶苦茶に走り抜ける場面など、とても印象的だった。ビルマ人の観客は、西部劇のようなアクション物の方が好きだが、この映画は、舞台がビルマであり、パゴダや仏教が画面に多く出る時は、強い反応を示す。パゴダもロンジーも戦前と、二十年後の現在とでは、ほとんど変わらない。経済・文化のテンポの違いであろうか。

8月9日(月)【1965】

## 週訓考

さあ、今週も頑張ろう。昨晩、週案を書いたが、文字も乱雑なので、作り直す。先週の週訓「みんな仲よく」は、一体どういう点をどのように指導したら良いのか、不明確である、とのご指摘を小林先生よりいただき、自分なりに「週訓考」を作ってみた。

中村・早川兄弟の帰国に際しては、送別会を開き、お別れの手紙や寄せ書き等の記念品を渡したり、全員が空港まで見送りに行ったりしたので、彼らにとっては、懐かしい思い出として、いつまでもビルマの日本人学校の生活が頭に残るであろう。十六人から十三人へと、わずか三人とは言え、一度に二十パーセントの生徒数の減少は大きい。だからこそ、全員が授業を割いてでも、飛行場まで見送りに行き、「いつまでも元気で！」という気持ちを示したのである。少人数の学校ゆえにこそ、このように家庭的な行事を実施できたのである。校内では、学年別、性別にさらに細分化が進み、二～三人の排他的なグループが作られてきている。そのような傾向への問題解決のために、「みんな仲よく」を週訓として設定してみたのである。

8月15日(日)【1965】

## 終戦記念日・図書整理

朝起きてみて、すぐガーディアン紙を広げてみたが、日本の戦争に関する記事は、何もない。二十年前の今日、第二次世界大戦で日本は無条件降伏したのだ。僕が満四歳の時だった。今年の終戦記念日は、公私共に、いろいろな意味において、節目の日である。戦後二十年の日を、外国で迎えている事、しかも太平洋戦争で多くの日本兵の死体を山野にさらした国ビルマにおいて迎えている事などである。それにしても、ガーディアン紙が、全くそれに触れていないのも不思議だ。ビルマを独立の機運に導いたのは、良くも悪くも日本軍の占領という歴史的事実である。ビルマとは縁浅からぬ日本の終戦について、何も記されていないのは、意外だった。ビルマ全土にさらされた十八万人の死体が、時の経過と共に大地に還元されたように、二十年の月日は、ビルマ人の脳裏から日本軍の印象をすっかり葬り去ったのであろうか。

昼食・昼寝の後、図書の整理をする。梁井書記官の突然の帰国に伴い、五日前に、使用人が車で多数の書籍・雑誌を届けて下さったのを、主として整理。梁井氏には、僕の赴任後の生活面だけでなく、教育委員としても、お世話になりっ放しであった方であり、大変残念であり、その日の夕方、電話でお礼と共に、「寄贈して下さった書籍は、図書台帳に記入して、大切に読ませていただきます」と申し上げたところ、ひどく恐縮され、帰国前に、学校へも挨拶に行く、という旨の言葉をいただいたものである。雑誌以外の本は、全部整理してしまった。今週は、図書の整理と作文の創作指導で、日が暮れた感じだ。

8月16日(月)【1965】

## ダラワン解雇

小学五・六年生の詩・物語・随筆・散文・俳句・童話の創作指導も、いよいよ大詰めに近づいた。と言うよりもむしろ、いい加減に飽きてきたと言う方が当たっている。五年生は、もう一週間以上続けているので、両学年合わせて原稿用紙七十枚程度になった。菊池謙くんなどは、詩を十一編も作った。明日から明後日にかけて、一応打ち切る旨を、子供達に伝える。

今日から学校の道路工事が始まった。今まで、校門から玄関前までは一本道しかなく、登下校時には、車が混雑し、Uターンをするやら、バックをするやら大変な上に、ハウス・オーナーもこの道路を使用しており、何かと不便であった。これからは、ロータリー式になるので、混雑は緩和されるが、その代わり、子供の交通事故の心配が出てきた。特にグランドでの体育の授業の後に、注意を要する。

授業後、「中央公論」「朝日ジャーナル」「文芸春秋」「自由」といった雑誌類を、日付順に整理した後で、スイーパーを通して、ダラワン（夜警）を、裏口より呼ぶ。「この頃毎晩寝ている。これでは心許ないので、一時間毎に、この銅鑼（鐘）を叩け」と、銅鑼を差し出してやった。彼は、今までニチメンに勤めていて、そこでは、そのような契約はなく、「“New Rule”だ」と言って、烈火のごとく怒り出した。彼は、かんかんに怒って、もう帰る、今日限り辞めると言って、裏の台所でスイーパーに早口のビルマ語で当たり散らしていたが、間もなく帰って行った。その間わずか10分。後味は悪くない。長年ニチメンに勤めていたダラワンではあったが、いやにすっきりしていて、最後までマスターに媚びを売るような素振りがない。ダラワンを見ていると、ますますビルマ人に愛着がわく。顔に青筋を立てて、自分の意見を主張する彼の風貌は、江戸っ子を思わせるような気質である。もっとも、一本気なるがゆえに、インド人にビルマ人が抑えつけられてきたのであろうから、短気ばかりが能ではない。これで学校の使用人、スイーパー、コック、ナニー、マリーと、すべてインド人に占められてしまった。

8月25日(水)【1965】

### 梁井書記官送別パーティ

小学五年生の国語は、野口英世の伝記に入った。僕は、彼があまりに理想化されていて、少し馴染めない。子供に向って「尊敬する人物は?」と聞くと、決まって出てくるのが、「両親、野口英世、シュバイツァー……」となる。ただ一つ、彼の母の野口シカが、アメリカ留学中の英世に当てて書いた手紙が、ひどく心を打つ。無学の母が、息子に早く帰って来てほしいばっかりに、仮名文字を夜なべ仕事の傍らに覚え、たどたどしい、間違いだらけの手紙を書く。「西サ向イテハ拝ミ、東サ向イテハ拝ミ、早ク帰ッテキテ下サレ、早ク帰ッテキテ下サレ」という部分の、真情あふれる手紙に、深く心を動かされた。

本日はPTAの予定だったが、大使公邸での梁井氏の送別パーティで、ほとんどの奥さんに顔を合わせるので、中止。

昼寝の後、夕方18時過ぎに、小林先生が車で迎えに来て下さり、大使公邸へ。到着した時は、まばらだったが、来客がどんどん増える。白人あり、インド人あり、ビルマ人あり。先日のライオンズ・クラブのショーでスピーチをしたインド婦人の姿を、また見る。居場所がないので、外庭に面したバルコニーで、ビールを飲み続ける。日本人駐在員のほとんどは、夫婦で出席している。

9月12日(日)【1965】

### 川島正二郎氏一行・学校視察

佐藤栄作首相の特使として、インド、ビルマを訪問している川島正二郎自由民主党副総裁ら四人の国会議員が、日本人学校を訪問・視察した。先週一週間かけて、校内の清掃に明け暮れていた。ビルマ警察のパトカーに先導され、ものものしい行列で、車が到着。各教室の授業風景を視察参観。僕は、二階の小学六年生の国語を担当し、参観してもらう。その後、僕の部屋を臨時の応接室に変えて、小林先生が視察団および大使館や日本人会の学校関係者に、日本人学校の現状等を、「学校要覧」を配布して説明。財政的な面、あるいは行政的・立法的な面からの学校の存続安定について、川島副総裁に陳情を行なった。その後、児童生徒を全員音楽室に集めて、一席ぶってもらう。抑揚のない調子で、「一生懸命勉強して、偉い人になるように」という、川島氏の話。一時間位滞在して、再びパトカーに先導されて帰って行った。台風一過。神経の疲れる一日であった。

川島正二郎氏、日本人学校を視察し国語の授業を参観（後列左端。右端は案内の小林先生）

夜、インヤ・レイク・ホテルで歓迎パーティがあり、出席する。

### 9月25日(土)【1965】

**第一学期終業式**

ビルマへ赴任して半年、第一学期の終業式が行なわれた。雨季の最中の、無我夢中の教職生活であった。日本の夏休みに当たる7月・8月もフルに働いた。一週間程の期末休みの後、10月の初めから二学期に入る。12月の下旬までだから、正味二か月半程なので、一学期よりも楽になる。

明日からすぐに、小林先生一家・脇田氏らと、上ビルマ（マンダレイ・タウンジー・メイミョー方面）へ旅行に出る。大変楽しみである。

## 昭和40年度《二学期》

10月4日(月)【1965】

### 第二学期始業式

7時に起床。しばらく読書する。今日も暑い。10時に始業式。その後、学級訓話。授業時間割表を配布する。皆、元気そうだ。休みをフルに活用して旅行した我々だけが、日焼けしている。午後、外交官専用の店で買物をする。

10月6日(水)【1965】

### 松沢姉妹送別会

昨晩、ストランド・ホテルで、松沢氏一家との送別夕食会に招かれた。ここは、ビルマでは最も格式の高い古風なホテルである。夜に入ると、バイオリンとピアノの演奏がある。その、やや侘しげな合奏を聴きながら夕食をとった。

四時間目に、松沢姉妹の送別会を開催。昨晩印刷した「蛍の光」を合唱。大事な学校の児童生徒が二名も減り、ますます淋しくなる。姉妹が帰国のため、今まで自宅で飼っていた兎を預かって欲しいと、学校へ持って来た。

午後、スコット・マーケットへ買物と、中国人テーラーでズボンの仕立てを頼んだ後、帰宅。明日の精選テストの予習をして、『ビルマの竪琴』を読みながら、就寝。

10月10日(日)【1965】

### 灯祭り

ビルマの仏教儀式で、10月の灯祭りである。(ビルマ語で「ダデンジョ」と言う。)水祭りの後の、半年近い雨季も、ようやく終わりに近づき、パゴダには夜店が立ち並び、夜遅くまで賑やかだ。ビルマの友人と、見物に出かける。

10月16日(土)【1965】

### トランジスター・ラジオ被害

ビルマの友人と二日前の14日(木)に、映画を観に行った。このビルマ人とは、以前にダウン・タウンに出て、路上の子供の乞食の写真を撮っていた時に話しかけて来た中年の男である。日本語が喋れる、なかなか調子の良い男で、通貨を良い値段で交換してやる、等と持ちかけて来る。断ると、その僕の態度を読んで、そういう話題は避けるように転換する、機転の利く男であった。

昨日、その男がやって来たので、ウィスキーを出してもてなす。その男曰く、自分達は、明日ペグーへドライブに行くので、トランジスター・ラジオを貸してくれないか、帰り道に寄って、ラジオをお返ししてから、ラングーンの市内見物に行こう、ということだった。この数日間の付き合いで、すっかりこの男を信用してしまい、夕方、シャワーを浴び、着替えをした後、彼の来訪を待っていたが、約束の時間を一時間過ぎても現れない。どうもおかしい、と、トランジスター・ラジオを騙し盗られた事が判明する。

後で思うと、街の乞食の少年のスナップを撮っていた頃から、我々に近づいて来ており、不審な点が見受けられた。彼としては、ビルマ同胞の恥部を撮影している外国人の我々に、間接的な復讐をしたのかもしれない。だから、我々の態度も反省しなければならないが、後味の悪い事件ではあった。トランジスター・ラジオは、この国では貴重品であり、入国時にも申請してあり、盗難届け等の厄介な手続きを、今後しなくてはならない煩わしさが生じた。大使館の菊池氏の話によれば、この種の日本人相手の詐欺事件が続出しているとのことだそうだ。特に、短期の日本人旅行者にまとわりついて、歩合の良い交換レートでチャットに替えてやるからと言って、米ドルを巻き上げる件が続いている。手口が似ているので、同一犯人らしいから、そのビルマ人の写真がないか、と言われた。ちょうどラングーン市内見物の際、その男とパゴダをバックにして撮った写真が見つかったが、生憎遠景で、はっきり男の顔が出ていず、用をなさない。

翌日、日本人会会長の森田氏にも、報告の手紙を持たせる。森田氏からも丁重なご返事をいただく。

10月22日（金）【1965】

## PTAの会

PTAの会があった。この頃、ロゼアー先生の英会話にも、ほとんど欠かさず出かける。雨季も、ほぼ明けた。
日本人学校要覧に、「国連デーの行事に、女子児童生徒参加し、舞踊や器楽演奏に出演する」という文面も載せる。

11月25日(木)【1965】

**自家用車購入**

ビルマへ来て半年目に、ようやく自家用車を購入する。日野自動車コンテッサ一三〇〇。日野のエンジニアーや駐在員もおられるので、修理等が生じても、何かと心強いので、購入する事にした。今後の外出は、大使館の車を回して貰ったりする煩わしさがなくなる。

12月1日(水)【1965】

**日本産業見本市船「さくら丸」**

今日は、授業参観日。五年国語で、テレビの真似をして、教卓にランチ・ボックスを置いて、朗読をし合ったりする。

ビルマでは国内三台目の日野自動車コンテッサ1300(当時のゴールデン・バレーにあった旧日本大使館前にて)

15時頃、日野自動車の神林氏と島津氏が、ギアの故障修理とライトのスペア取り付けのために来校。ビルマで三台目という「日野コンテッサ」の新車を買ったのは良いが、まだ一週間しか経っていないのに、全く調子が悪い。
修理した車に乗り、16時半頃にラングーン港へ。日本産業見本市船「さくら丸」にランプが点り、正装をしたビルマ人や外国人が車で船の側まで乗り付けている最中だった。奥平龍二氏に会い、船内へ。入口で、大使の出迎えを受け、冷汗をかきながら、船内の産業展を見た。日本のデパートの産業展を見るような感じで、別に目新しいものがあるわけではないものの、ビルマに半年以上住んだ自分にとっては、日本の産業・工業のレベルの高さを、改めて認識する。

夕方、ＹＭＣＡに寄宿している奥平氏を迎えに行き、ナンディダでビールを飲む。氏は、外務省の役人だが、語学研修生として、ビルマ語の勉強に励んでおられる同世代の方である。

今月から、英字新聞二種類、ビルマ語新聞六種類の、八種類の新聞を取る事にした。

### 12月4日(土)【1965】

**「さくら丸」見学**

二時間目。９時より、子供たちを引率して、ラングーン港に停泊している「さくら丸」を見学に行く。正式な名称は、"6th Japan Industry Floating Fair"と言う。背広を着て行ったので、列に並んでいる間、汗が出る。待っている間、子供たちとふざけ合ったり、写真を撮ったりする。船の入口近くへ来ると、日本郵船の大島氏や大使館の田中氏の計らいで、子供たちを優先的に船内に入れてもらう。田中氏は、梁井氏の後任書記官である。内部の展示品をじっくり見ていたら、皆と離れ離れになってしまった。モン・エイにいろいろ説明する。船自体の見学はできなかったが、パンフレットは、教材用として、貰える物は全部貰う。紅茶とケーキをいただき、予定時

敗戦後わずか二十年で高度経済成長期に入った日本を象徴する「さくら丸」の雄姿（上）、ラングーン港「さくら丸」見学を待ちながらおどける浅井・菊池両兄弟（下）

間の12時に帰校。

午後、薬品や教材類を校舎二階のバルコニーに出して、虫干しをする。日光消毒をした後、ナフタリンを入れて収納。

12月5日(日)【1965】

## 浅井氏一家とお別れ会

15時頃、奥平氏が来校したので、しばらく部屋で話をし、庭でキャッチ・ボールに興じる。隣家のデニスやヘンリーを紹介する。彼らは、我々のキャッチ・ボールには、一向に興味がなさそうで、そのうち帰ってしまった。

奥平氏をYMCAへ送って行った後、帰宅し、ロンジーとエンジー（上衣）を着て、浅井氏の送別夕食会に出かける。ロンジーとエンジーの民族衣裳は、マンダレイ旅行のナイト・バザールで買い求めた物。赤茶色のエンジーを初めて着用する。会場は、チャイナ・タウンの「群楽酒家」である。浅井氏一家と後任の田部井氏、そして学校関係者一家の十一人。田部井氏は、まだストランド・ホテルに宿泊中とのこと。子豚の丸焼きの珍しい料理が出た。この店でも、最も高価なメニューなのであろうが、形はグロテスクである。数センチ四方に肌が切ってあり、はぎ取って食べると、パリパリとして香ばしい。食後、ナンディダでお茶を飲み、ストランド・ホテルで別れる。浅井氏一家とも、いよいよお別れである。ビルマに赴任して以来、公私にわたって、菊池氏一家と共に最もお世話になったご家族である。

12月15日(水)【1965】

## 貯水場へ遠足

愛すべき浅井伸介くん・紀彦くん兄弟が、今週日本へ帰ってしまうので、そのお別れ会を兼ねて、ラングーンの水源池（貯水場）への遠足をする。浅井氏は、この日本人学校創設に力を尽くして下さった日本人会会長であり、ニチメン・ラングーン支店長でもある森田氏の部下であり、二人の息子を学校に通わせている事情もあり、ビルマでは、とりわけお世話になった。

8時、車にボールやグローブ等を詰め込んで出発。ペグーへの道を走り続ける。参加者は、森田会長、小室夫人等のＰＴＡ・保護者、小林先生等の教職員、浅井兄弟をはじめ児童生徒の総勢二十九人。道路左角にあるパゴダの左を曲がると、水源池の門があり、そこが集合場所。雨季も全く明けて、炎天下の池沿いの道を、汗をだらだら流しながら往復一時間以上歩く。シャツもズボンもぐっしょり濡れるが、久しぶりの遠歩きで、気持ちが良い。集合場所に戻り、木の陰で、森田会長のご挨拶、浅井兄弟のお別れの挨拶の後、昼食をとる。お母さん方が前日に作って下さったのであろう寿司やうどんやゆで卵等が並べられる。子供達とふざけ合ったり、バレーに興じたり、パン喰い競走をしたりして、楽しく過ごしている時に、雨がものすごい勢いで降ってきた。近くの小屋へ飛び込んで雨宿り。スコールの通り過ぎるのを待って、解散。森田会長・浅井氏やニチメンの方々には、大変お世話になった。自分の会社の子弟の教育のため、またわが子の教育のため、人一倍学校運営に尽力された両氏にとって、とりわけ浅井氏にとって、ビルマを離れ、この日本人学校から去るのは、感慨深い事であろう。

帰校後、すぐ昼寝二時間。夕方、浅井兄弟の帰国時のための成績表、成績原表を作成する。たった二人の書類でも、心を込めて書こうとするので、けっこう時間がかかる。夜、菊池氏より電話があり、浅井兄弟が来ているので、ちょっと寄らないかとのこと。お邪魔し、21時頃まで彼らと遊ぶ。

12月20日(月)【1965】

## 授業終了・年賀状

12月17日以降、浅井兄弟が出校しなくなったので、学校もめっきり淋しくなってしまった。放課後の車の迎えも、いつもなら十台位が校門付近で混雑するのだが、最近は数台程度で、見送りも張り合いがない。

12月18日に、浅井氏一家は帰国して行かれた。ミンガラドン空港では、多くの見送り人が押し掛け、兄弟は、いずれも颯爽と、蝶ネクタイ姿で、ビルマを去って行った。

その二日後の今日は、二学期最後の授業日。今日の四時間の授業は、書写ばかり。冬休みの宿題として、書き初めの課題を出す。中学生には「新しい出発」、小学六年生は「初日に光る海」、五年生は「春の海」である。五時間目は、校長の小田部大使が帰国されるので、お別れの作文を、全校生徒八人に書かせる。六時間目、大掃除。これで二学期の授業も終わった。

午後から夜19時にかけて、百五十一通の年賀状の宛名書きを印刷完成。郵便代だけでも一五一チャット。虚礼かもしれないが、とにかく出そう。

12月21日(火)【1965】

## 第二学期終業式・小田部謙一大使送別式

早朝、ＹＭＣＡの奥平氏を迎えに行き、ミンガラドン空港へ友人の林先生を見送る。再び氏を送り届け、帰宅し、朝食後三十分程仮眠。9時に起こされ、職員会議。9時30分より第二学期終業式。次いで、学校の初代校長でもある小田部謙一大使の送別式。来校者は小田部大使の他、森田会長、大使館の田中氏と菊池氏、教育委員の田部井氏と吉沢氏、女性は菊池夫人、小室夫人、小田川夫人、吉沢夫人。式後、校庭で記念撮影。10時30分終了。日本人が帰って、サーバントにクリスマスのため、少しずつご祝儀を渡す。小林先生も帰られ、二学期の行事は、全て終わった。

午後、明日からのタイ・カンボジア旅行の支度をしたり、サーバントを集めて休み中の仕事の分担を決めたりする。昼寝の後、大使館のダットサン・カーで年賀状百五十一通を出しに行く。街へ出ると、道路は人でいっぱい溢れている。特にインド人が多いので、どうしたのだろうと思う。シャストリ・インド首相が昨日ビルマを訪問し、その歓迎の群衆と分かった。

帰宅して、明日からの旅行の準備をし終える。部屋の掲示や掃除も済ます。

## 昭和40年度《三学期》

### 大晦日

12月31日(金)【1965】

二日前に、タイ、カンボジア旅行から帰り、ビルマで初めての大晦日を迎える。

日本なら、一年間の塵埃を清め、おせち料理を作り、年越しそばを食べながら「紅白歌合戦」「行く年来る年」のテレビ番組を観ながら新年を迎えるのだが、ここでは、そのような情緒も習慣もない。雨季明けのラングーン市内を散策した後、ビルマの友人達とインヤ・レイク・ホテルのパーティに出かけ、飲んだり踊ったりして、年を越す。午前0時になると、皆で、"A Happy New Year!"と乾杯して、一九六六（昭和41）年を迎える。

### 第三学期始業式

1月5日(水)【1966】

第三学期始業式。小田部謙一大使（初代校長）の退任・帰国に伴い、小室和秀参事官が臨時校長に就任され、子供達に挨拶をされたが、子供達の心をつかんだ適切なご挨拶で、さすが、と感心させられる。（小室氏は、後に大使として、再びビルマに赴任された。）

### 写生会

1月15日(土)【1966】

ラングーン動物園へ、全校写生会を行ない、子供達を引率、大きな錦蛇を来園者に触らせたり、首に巻かせたりするのは、バンコックの観光地と似ている。ただこの動物園では、無料で周りの人数も少なく、商業主義でないのが違う点だ。

### アメリカ宇宙科学展見学

2月18日(金)【1966】

アメリカ宇宙科学展を見学に行く。宇宙飛行士グレン中佐も来館しており、握手をする。中佐のブロマイドも販売されていた。〔米国上院議員になったグレン氏は、約三十五年後に、再び若い隊員と共に宇宙飛行に挑戦された。」

アメリカ宇宙飛行士グレン中佐のブロマイド

3月5日(土)【1966】

**高瀬侍郎新大使着任**

空席だったビルマ新大使に、セイロン大使だった高瀬侍郎氏が任命され、着任された。ミンガラドン空港へ、大多数の日本人が迎えに行く。高瀬大使は、日本人学校の校長も兼任される。

3月15日(火)【1966】

**昭和40年度卒業式・終業式・菊池淳くん初の卒業生に**

昭和40年度卒業式・終業式が行なわれる。

担任クラスの小学校六年生の菊池淳くんが、ラングーン日本人学校最初の卒業生となった。たった一人ぼっちではあるが、厳粛で心のこもった卒業式だった。

式が済んで、前の校庭の芝生の上で全員の記念撮影を行なう。菊池淳くんを中央に挟んで、着任されたばかりの高瀬大使や森田日本人会長らも、写真に参加される。

3月23日(水)【1966】

**小林敏次先生一家帰国**

小林敏次教官は任期満了に伴い、奥様と二人の娘さんと共に帰国された。

赴任一年目の、西も東も全く分からない自分自身を、公私共にご指導して下さった先生に、心より感謝する。

昭和 40 年度卒業式。ラングーン日本人学校最初の卒業生・菊池淳くん（前列左より４人目。その右へ順に森田日本人会長、小室和秀参事官、高瀬侍郎新大使。小室氏は後に大使として再赴任）

**『ビルマ国歌』（日本人学校・音楽科教材より）**

【大意】
不滅の世界　ビルマ国
わが祖国のまことの遺産　わが愛する国よ
生命をかけて連邦をまもらん
これぞわが国　これぞわが土地　わが支配する地
わが国　わが地　我々は団結して国利を推進せん
わが責務なり　貴き地よ

【解説】
1947 年９月、共和国憲法 215 条で新国旗が制定された。これは第二次大戦中、赤地に白い星一つの反ファシスト運動の旗から由来したもので、大きな星はこの抵抗旗を記念し、５つの小さい白星はビルマ・カレン・シャン・カチン・チンの五民族を象徴し、白は清浄・不抜の精神、星を囲む紺は平和と星の輝く夜空の深さを示し、大きな赤地は勇気と団結を表すものとされている。
ビルマの国歌は、1948 年の独立直前にビルマの詩人・作曲家の協同になるもので、独立とともに『ビルマ国歌』として制定された。その内容は、第二次大戦直前、反英独立運動の主役を演じた「ド・バマー（わがビルマ）党」の歌の影響が強いといわれ、ビルマ独立史上、由緒ある歌である。

## 昭和41年度《一学期から二学期まで》

4月30日(土)【1966】

### 畑中貫一先生一家着任

昭和39年度から昭和40年度までの二年間、日本人学校を実質的に運営された小林敏次教頭先生の後任である、畑中貫一新教頭先生ご一家が、ビルマに赴任される日である。畑中先生の任期も二年間である。自分にとっては、二年目、後半の一年間を一緒に仕事をしながら、いろいろご指導をしていただく先生である。僕がビルマに赴任したのも、ちょうど一年前の5月1日（土）、やはりBOAC機であった。あれから三百六十四日、早いものである。

午前中、大使館へ行き、日本政府からの学校運営費を受け取ったり、学校近況を高瀬大使に報告したりして、10時頃、いったん帰宅。ハウス・オーナーに家賃を払ったり、使用人に給料を渡したりする。畑中先生の着任が、予定より一週間遅れたので、自分が行なったが、これまでは、小林先生がなさっていた仕事である。

午後、東京銀行の宮内氏に所用で会いに行き、再び帰宅後、昼寝。シャワーを浴びて、畑中先生を迎えに空港へ。ラングーン17時55分着予定が、少し遅れて18時半に。BOAC機は無事着陸。先生は、附属小学校の教官時代に、授業参観をさせていただいたりして、面識はあったので、すぐに気づく。田中書記官らの出迎えを受け、通

関手続きをすませて、グッドリーフにある小林先生の家へ、すぐにお連れする。奥さん、中学二年生の男子、小学三年生の男児、三歳の女児の五人家族で、トランクもたくさんあり、やはり独身の身軽な自分とは、準備も大変である。家でしばらく談笑して、帰宅。

明日はメーデーなので、学校の真向いの研究所［Union of Burma Applied Research Institute（UBARI 略称「ユバリ」）］の労働者達が、笛や太鼓を鳴らして夜遅くまで騒いでいた。

畑中貫一先生ご夫妻（後列左の二人）と帰国挨拶に来校された菊池氏ご夫妻（その右二人）を囲んで（昭和 41 年 12 月）

### 5月1日(日)【1966】

## ビルマ滞在一年経過

ビルマに赴任して丸一年経った。

昨年、小林先生にしていただいたように、今回は畑中先生の案内をする。午前中は、小室参事官宅と大使公邸への着任挨拶の後、日本人学校を見ていただく。

午後の昼寝の後、夕方16時から、シュエ・ダゴン・パゴダ、アウン・サン廟、ラングーン市街地、港等、目ぼしい所を案内する。パゴダを出た時、雨がポツリポツリと降って来た。昨年11月に雨季が明けて以来、雨らしいものはなかった。いよいよ二度目の雨季も間近くなった。

畑中先生一家は、暑さで夜なんかとても寝られないと言っておられる。日本で小林先生と事務引継ぎをされた折、ビルマの気候も当然知っておられたのだろうが、聞きしにまさる暑さとのこと。今が一番の酷暑期なので、一年間住み慣れた我々でも、堪え難い時期ではあるので、無理もなかろう。

夜、中央公論の昨年の1月号『世界の企業－ゼネラル・モーターズ』を読む。その企業規模の大きさは、想像を絶する。

## 入学式・第一学期始業式

5月19日(木)【1966】

いよいよビルマ二年目の教員生活が始まる。帰国まであと十か月程でもあると思うと、残りの滞在期間がこの上もなく貴重に感じられてくる。有意義に過ごそうと思う。

新教頭の畑中先生を迎えて、ラングーン日本人学校も三年目に入った。小林先生の二年間の苦難に満ちた創設期も終わり、一応学校としての体裁を整えるようにはなったが、ビルマの政情から在留邦人は減る一方、それに伴って学校も淋しくなる一方であった。そのため、今年度から三年保育を含む幼稚園も開設せざるを得なくなった。幼稚部は、畑中伊曽子先生が指導をされる事になる。小中学生が少ないので、幼稚部なしでは、とてもやって行けないと言った方が妥当か。

大使の高瀬侍郎新校長を迎えて、昭和41年度幼稚部開園式（入学式）、第一学期始業式が挙行された。

## 雨天体操場完成

5月22日(日)【1966】

校舎の東側に、簡単にニッパ椰子葺きの小屋が建てられた。その地面に、ブランコ、すべり台等の遊具施設が設置され、粗末ながらも体操場が完成。雨季でも子供達が屋外で遊べるようになった。

## 図画工作「ラングーンの町」

6月8日(水)【1966】

体育の授業は、運動場を四、五周した後、伏臥上体そらしのテストをする。全学年の図画工作は、「ラングーンの町」というテーマ。子供達がクレパスで塗るのを手伝ってやる。

授業後、インヤ・レイク・ホテルの売店へ行き、月刊紙「ガーディアン」等を買う。大使館内で、日本の新聞を閲覧する。「ファイティング原田チャンピオン防衛、横綱大鵬二十回目の優勝、中国の水爆実験成功、南ベトナムのダナンで内戦……」等。

6月12日(日)【1966】

**インド人の結婚式**

休日で、朝9時過ぎまで眠り、新聞を眺めたり、中央公論の大森実のインドネシアに関する記事を読んだりして過ごす。昼頃、畑中先生宅へ行き、インド人コックのマイケルの結婚式に出る。学校のマニーも手伝いに来ていた。インド人の結婚式を見るのは、初めてで珍しく、写真に撮ったりする。

6月15日(水)【1966】

**クリスタファの父の葬儀**

昨晩、ブライアンとデニスを呼んで、今週の土曜日にドライブをしようといった雑談をする。その際、クリスタファのお父さんが、昨日の早朝3時に亡くなった、という話を聞く。お父さんは、ガーディアン紙のスポーツ記者であり、新聞で心臓麻痺で死去した記事は読んで知っていたが、それがお父さんの事とは結びつかず、大層驚く。最近は、ハウス・オーナーの娘の出産、畑中先生宅のインド人コックの結婚、クリスタファの父親の死亡と、ビルマの身近な友人に関する事件が多い。

午後から、デニス、ブライアンとクリスタファのお父さんの葬式に行く。激しいスコールの中を、ようやく辿り着いたが、たくさんの人々で、とても焼香どころではない。スウェイン氏のパーティで会ったアメリカ人にも出会うが、肝心のクリスタファには、出会えず挨拶もせずに、ウイザラ・ロードを通過中、日本大使館の女性クラークとすれ違う。彼女も葬儀に参列するためらしい。彼女はクリスチャンであり、お父さんも同じカレン人だからであろうか。

帰宅後、デニス達が来て、また話を続ける。ヘンリーは、航海士の試験が迫って、勉強中とのこと。

夜、大きなトッケイ（蜥蜴の仲間）を捕まえたので、ビンに入れる。（翌日、蓋なしのフラスコに移し替えたら、逃げられてしまった。）

6月25日(土)【1966】

**ドリアン試食**

最近の学校生活は、ろくに教材研究もせず、行き当たたりばったりで、自分自身でも全くなってないと思う。二年目の馴れと言う事もあろうが、雨季の毎日の湿気に伴って、頭痛や腹痛が慢性化し、時折、目眩もする。すっかり体調を崩している。一種のスランプ状態で、早く脱しなくてはならない。

授業後、数日前に頼んでおいた写真を取りに、大使館へ行く。町へ出、散髪を済ませた後、疲れた体でスコット・マーケットをふらふら歩く。肉体的にかなり弱っているらしい。

マーケットで、「くだものの王様」と言われるドリアンを初めて試食してみたが、その臭みで、やはりとても食べられなかった。

帰宅後、リバーズ先生宅へピアノのレッスンに行く。『二十四の瞳』を読みながら、あっと言う間に眠りに落ちた。

7月7日(木)【1966】

## 七夕祭り

今日は7月7日。内田氏のお嬢さんや吉野氏のお手伝いのお姉さんも来校され、三時間目に七夕会を行なう。行事としては、やや形式的、低調に終わった。その後、中学生も呼んで、ケーキを食べる。

7月9日(土)【1966】

## 父母懇談会

三時間目は、小学校高学年国語の参観授業。それに備えて、朝のうちに教案(略案)をカーボン紙に書く。参観授業後、父母懇談会を実施する。小田川さん、菊池さんとお話をする。5月当初は、幼稚園児は、僕を「お化け、お化け」と言っていたが、今ではすっかりなついて、給食を一緒にする時は、大喜びをする。そのような話題も、幼稚部の懇談会で、担任の畑中伊曽子先生にお母さん方が言って下さったそうで、嬉しい。

新しい新聞を読みながら就寝。ドゴール・フランス大統領のソ連訪問、台風四号、ビートルズ旋風、アメリカ空軍のベトナムの聖域ハノイやハイフォン爆撃等。

7月11日(月)【1966】

## 家庭訪問始まる

畑中先生の発案で、今週から授業後を利用して、各家庭訪問を始める。一日平均二軒から三軒のペースで訪問した。生徒数が少ないラングーン日本人学校ゆえにできる行事である。

多くの家庭は、ウインダミヤ・ロードやインヤ・ロード等の高級住宅街に住んでおられる。学校職員全員による家庭訪問という、かなり大袈裟な行事のため、勤務中のお父さんが、わざわざ帰宅して応対される家もある。ウィスキーを昼間から出される家庭があったり、ついでにビルマの政治・経済体制を論じる父親もいて、学校以外の側面をいろいろ知る事ができて、有意義であった。

7月19日(火)【1966】

## アウン・サン将軍殉難日

本日は、ビルマ独立の父アウン・サン将軍殉難日のため、休校で嬉しい。ビルマ独立直前の一九四七（昭和22）年7月19日、アウン・サン将軍ら七人の指導者が、閣議（植民地ビルマの実質的な内閣「行政参事会」）の最中、政敵のウ・ソオらのテロリストによって、全員が射殺された日であり、ビルマ連邦の休日となっている。毎年、シュエ・ダゴン・パゴダと横の「アウン・サン廟」で追悼式典が開催される。

日本人学校のハウス・オーナーからもらった故アウン・サン将軍（中央の制帽軍服の男性。撮影日時・場所不詳）

9時半に起床し、三週間分の指導案を書く。インド人の宝石売り屋が来る。今月の出費が嵩んでいるので、来月来るようにと言って帰らせる。この数週間、蕁麻疹がひどくて、体中が痒い。午後、町へ出、アウン・サン将軍の追悼エキシビションを見に行ったが、二百メートル近い行列のため、とても入れない。将軍の像や、殉難者の写真が掲げられているのを参拝して帰る。

8月13日(土)【1966】

## ヨット・クラブへ入会

約一週間前に、菊池氏と淳くん、謙くんと一緒にバーマ・ゴルフ・クラブへ行った。ビルマに駐在する日本人は、我々学校の教師を除いて、ほとんどの方がゴルフをされている。社会主義政権下で、数少ない娯楽の一つだからである。我々は、忙しいと言うよりも、帰国した後は、ゴルフとは無縁の職業と思い、安いゴルフ用品を買う話にも、乗らなかったのである。その日は、ぬかるみの中、一ラウンド十八ホール回った。最初は、空振りばかりだったが、会心の一撃が出て、努力次第では良い筋がある、と、菊池氏にも言われたが、それっきりで、以後一度もクラブを持った事はない。ビルマで唯一の経験であった。

イギリス統治時代から、インヤ・レイクでのヨットもあったので、これはビルマでの良い思い出になると思い、入会申し込みに行った。クラブ・ハウスでは、外人が多かったが、入会のためには、会員六人の同意サインを必要とするので、ハウスで粘って四人のサインを貰う。

夜、デニスの家へ行き、彼の父の故ウ・ソー・ニョン（戦後初代米国大使）とアウン・サン将軍とが写っている貴重な写真を見せてもらったり、ビルマ国歌の載っている歌集をもらったりする。

8月15日(月)【1966】

## 日本人墓地参拝

今日は、終戦記念日。

一、二時間目は、授業を行ない、10時より大使館でのレントゲン撮影に行く。僕の車に小中学生を乗せる。マニーや父のサミーといった学校の使用人も、連れて行く。かなり待たされて、撮影。

帰校したら、ニチメンの森田日本人会長、教育委員の田部井氏、宮内氏らが、すでに待っておられる。終戦記念日にちなんで、まず森田氏より「終戦の頃のビルマ」という題で、子供達にお話をされる。氏は、戦前からビ

終戦記念日にタモエの日本人墓地に参拝

ルマに駐在されていた方で、「ビルマの生き字引き」とも言うべき実力者で、学校運営にも極めてご理解があり、協力的な方である。

お話の後、お供え物を持って、タモエ日本人墓地へお墓参りに、子供達を引率して行く。墓地参拝は初めてで、河原崎先生や、内田書記官夫人も来られていた。畑中先生は、ご住職でもあるので、お経をあげてもらう。

9月8日(木)【1966】

**蛇を食べるダラワン**

昨日、マニーが隣のバラ園で捕えて殺したという大きな蛇の死骸を、ぐるぐる巻いて洗面器に入れて持って来た。「レー・モエッ」（ビルマ語で「モエッ」＝「蛇」の意）というのだそうだが、ダラワンが食べる、という約束で終わった。

昼放課後、蛇のゆでたのを、本当にダラワンが食べているのを、写真に撮る。ビルマのカレン人は、蛇や蛙を食べるという事は聞いていたが、実際に見たのは、これが初めてである。右手で肉をほじくって、うまそうに蛇を食べる姿に、学校の子供達が、回りを取り囲んで、怖そうにキャアキャア騒いでいた。

蛇を食べるダラワン

9月10日(土)【1966】

## 日本語学院のビルマ人と交歓会

河原崎先生が教えておられるラングーン日本語学院の約十五名のビルマ人学生と、交歓会を行なった。

三時間目は、彼らに国語の公開授業。「国語自由自在」を出させて、俳句について講義を行なう。俳句とは、その形式と季語について、説明をする。授業後、僕が司会をして、交歓会を始める。最初に、日本人学校側より器楽合奏。「小ぎつね」、三部輪唱「なみ」、幼稚園児の遊戯、演劇「猿と地蔵様」。その後、ビルマ人学生から、全部日本語による劇「痛いご褒美」が披露される。「さようでございます」やら「シェー」の日本語が出て愉快。こちらも「猿と地蔵様」の中で、菊池淳くんらに「オーガーダ、オーガーダ、カヤカン、ウシガン、マノーガン」と、ビルマ語でお地蔵さんに、お経を唱えさせたら、大受けだった。

済んで、記念撮影。その後、リクレーション「玉入れ」と「歌留多取り」に興じる。運動場に散らばっている大きな文字札を、ビルマの大人と日本人学校の子供とが、取り合いをする。実力は、ほとんど互角だった。ドライバー達が、遠巻きに珍しそうに見ていた。

子供達を帰した後、図書室で教科書贈呈、自己紹介、本校の概況、日本の教育事情等について、交歓会を開く。

9月11日(日)【1966】

## 初めてのヨット

午前中、手紙を書く。中華料理店で昼食を済ませて昼寝をとった後、ブライアンらと、三人でインヤ・レイクのヨット・クラブへ出かける。初めてのヨットを経験する。技術的には、そんなに難しくなかった。もっとも、風もあまり吹いてなかった事もあろうが。その後、ヨット・ハウスでビールを飲んで帰宅。明日から前期期末考査が始まる。

9月24日(土)【1966】

## 終業式

朝、急いで大使館へ行く。帰校して10時過ぎに終業式を行なう。来賓は、内田夫人、小関さん、内田氏の娘さんだけ。「君が代」は、少し失敗したが、何とか弾きこなす。11時頃、式は終了。

12時頃に、アン・ジーさんが、モールメンとタボイの親友の手紙を書いて持って来てくれた。モールメンの親類とは、彼の奥さんの姉夫婦とのこと。タボイの友人の名前を見て、驚いた。ハウス・オーナーの娘さんの旦那さんではないか。同一人物で、全く驚いた。

午後、大急ぎで旅行の準備に取りかかる。13時前に、再び大使館に赴き、事務長のウ・テイン・ハンに会って、大使館発行の紹介状を受け取る。ウ・テイン・ハンにしろ、アン・ジーさんにしろ、本当に親切にして下さる。帰りに、インヤ・レイク・ホテルでパンを買う。

10月3日(月)【1966】

**第二学期始業式**

モールメンとタボイというビルマ南部のインドシナ半島と、ラングーン川対岸のシリアム旅行、さらにラングーン市内の映画館での二本の映画観賞と、八日間の期末休暇も、あっと言う間に終わってしまった。徹底的に遊んだわけで、学校の仕事は全然手を付けずに、第二学期始業式を迎えた。帰国まであと半年間、頑張ろうと思う。

朝8時頃起きて、日記をつけたりする。8時半頃から子供達が登校し始める。9時半から、学級でガイダンス（ホーム・ルーム）。宏くん、淳くん、謙くん達がひそひそと千羽鶴を折っている。シリアム旅行で親しくなったタイのおじさんの、10月11日の誕生日に贈るのだそうだ。ちなみに、若い姉妹の名前は、お姉さんがアンマラ・ヘーマバン、妹さんがティム・ヘーマバンというのである事が、分かった。

10時より始業式。「君が代」は、ちゃんと弾けた。11時頃より、職員会議。10月の行事予定について。

夜、ヘミングウェイの『武器よさらば』を読む。新聞にも目を通すと、サルトルとボーヴォワールが来日し、各地で講演をしていて、彼らによって「思想台風」が日本中に吹き荒れているとのこと。

10月10日(月)【1966】

**「体育の日」**

昨晩、ダラワンが病気なので、アスピリンをやる。奥さんが代わりにダグラワンの仕事をやっていた。彼女もクリスチャンで、夜警をしながら、讃美歌を合唱していた。

今日は「体育の日」。学校もそれにちなんで、体力測定を行なう。二年前の体育の日は、東京オリンピックの開会式でもあった。同じ年に、東海道新幹線も開通し、日本は絶好調であったと思う。早めに起きて、ソフト・ボール投げ計測用の五メートル幅の杭を、マリーと一緒に打ち込む。朝の涼気が快い。体力測定は、五十メートル走、立ち幅跳び、懸垂、ソフト・ボール投げを実施。よく晴れていて、次第に暑くなる。やけにのどが乾く。

おやつを食べた後、小学生にはサージェント・ジャンプと、バービー・テストを、幼稚園児には荷重走と片足連続跳びを行なう。すごく疲れた。

10月19日(水)【1966】

**動物園へ写生会**

8時半起床。今日は、写生会だ。小関さんから借りたカメラにフィルムを装着する。車にガソリンを入れている間に、畑中先生は、幼稚園児をマイクロ・バスに乗せて、先に出かけられてしまった。我々は、画板や写生紙を積んで、小中学生と共に後から追いかけ、動物園に到着。小関さんやマニーも同行。写生の前に、幼稚園児と一緒に、園内の動物を見て歩く。

12月6日(火)【1966】

**遠足（ラングーン遊覧）**

今年度の遠足は、内田克英（小三）、菊池謙（小六）、菊池淳（中一）の三君の送別会も兼ねて、ラングーン遊覧と、アウン・サン・パークでのリクレーションを、主目的として、実施した。

8時に学校集合。マイクロ・バスにて出発。ガバ・エ・パゴダ・ロードを北進。

8時半、ジョービュー・レイク着。記念撮影。貯水池見学。9時出発。

9時半、ガバ・エ・パゴダ（ピース・パゴダ）着。記念撮影とパゴダ内見学。10時出発。

10時15分、インヤ・レイク・ヨット・クラブ・ハウス付近着。休憩。10時45分出発。プロム・ロードとウ・ウイザラ・ロードを車内より見学。ＢＢＳ放送局［Burma Broadcasting Service］、ラングーン医科大学、抗日記念広場、シュエ・ダゴン・パゴダ、映画館街、スーレ・パゴダ、シティ・ホール、独立記念塔、政庁、そしてロイヤル湖畔のケネディ・ポイント着。ここで記念撮影。

11時15分、アウン・サン・パーク着。記念撮影と昼食。ここで、内田くん、菊池くん両兄弟のお別れ会を行なう。畑中先生の開会挨拶の後、三人の挨拶、さらに在校生徒や先生からのお別れの言葉。

11時15分から13時30分まで、リクレーションを実施。㈠綱引き。㈡音感競走。㈢ビスケット食い競走。㈣玉入れゲーム。㈤スプーン競走。

13時30分、アウン・サン・パーク出発。

13時45分、学校到着。解散。

嫌な事が二つあった。前夜、大使館のＹ氏が、この「遠足のしおり」を見て、「ジョービュー・レイクまで行くのは、非常識だ」と、ごねたのを後で聞く。僕自身も、プロムへ行って気づいたのだが、ジョービュー・レイクは、タイチーの近くでラングーンから六十マイルも遠くに離れており、我々が訪れた湖は、別の場所だった。地名誤認。

もう一つは、Ｎ氏の奥さんが、ガバ・エ・パゴダの入口に待機していて、自分の子供だけはパゴダ内に入れないようにしていたが、行き違いで阻止に失敗したとのこと。レプラ（ハンセン病）の伝染が恐ろしいという理由からだそうだ。ビルマでは、どんな身分の高い人でも、パゴダ内では必ず裸足にならなければならないのだが、事前に一言言って下されば良かった。自分の子供だけは別扱いが言いにくかったのか、乾季に入ってライ菌も少ない時期ではあるが、公衆衛生面での学校の配慮も、もう少し必要だったかもしれない。「郷に入りては郷に従え」という諺通り、このビルマの風習に、親ももう少し割り切ってくれても良かった。親のエゴイズムと言えば言えるし、学校の教育を信頼していなかったとも言える。

ものすごく疲れて、グーグーと昼寝。いろいろ事前準備して臨んだ遠足だったが、徒労感の大きい、嫌な一日だった。

夜、「プレジデント」で、“The King of the Sun”（太陽の帝王）という映画を観る。

12月22日(木)【1966】

## 菊池兄弟帰国

一、二時間目は、合奏劇の練習。おやつを食べた後、10時過ぎに全員で空港へ。菊池氏一家の見送り。淳くん、謙くん両兄弟も、淋しそうである。家庭教師のウ・ティン・トン氏や、上田先生、葉山先生も来ておられる。ピアノのミス・ロゼアー先生の家で会う中国人の学生達も、多数見送りに来ている。菊池夫人も泣いておられる。

11時44分、BOAC機は、菊池氏一家を乗せて、ラングーン空港を飛び立って行った。浅井氏と共に、ビルマにおいて最もお世話になった親密なご一家も、とうとう去って行かれた。ご一家は、明日の晩まで香港に宿泊され、12月24日のクリスマス・イヴに、羽田空港に着かれるとのことである。

放心したような状態で帰校。我々にも、そろそろビルマを「退散」する時期が、急に近づいたような心持ちである。

昼食後、アッティアが幼児用の平均台と、車の柵とを持って来た。教育委員の大使館・野元氏や学校関係者で、見学予定の「みたか丸」の下見をする。船長さんは、やせた小柄な方だ。日本郵船の大島氏も、来ておられる。船内のレーダー室等を見学。

いったん帰宅し、夕食後、町でオレンジを買い、再び「みたか丸」へ遊びに行く。ロンジーをはいて行ったので、日本人船員は最初、僕をビルマ人と間違えた人もいた。一等航海士さんの紹介で、若い船員がたむろしている部屋に連れて行ってもらい、ビルマの話をしたり、キリン・ビールをご馳走になったりする。彼らの中の四人くらいを連れ出し、ラングーン市内をドライブしたり、自分の部屋まで案内したりして、真夜中に再び送り届ける。

12月26日(月)【1966】

## クリスマス発表会と「みたか丸」見学

一、二時間目に準備をして、三時間目より、クリスマス（生活）発表会を開催する。お母さん方も、全員出席される。「ジングル・ベル」「からすの子」「おしょうがつ」「生活劇」と、お母さん方の合唱「どんぐりころころ」「しょうじょう寺の狸ばやし」等。その後、父母懇談会で二学期の反省会を行なう。その間、子供達には、東京オリンピックの八ミリ映画を見せる。学校の行事は、12時過ぎに終了して、大急ぎで昼食をすませ、大使館に行き、日本からの早めの年賀状を受け取った後、ラングーン港へ。子供達と日本船「みたか丸」を見学する。先日の船員さん達に、お礼を言う。レーダー室に長く居過ぎた事と、途中から案内の方が消えてしまい、見学自体の行事は、やや中途半端に終わってしまったが、辞去する際、ビルマ産の壁掛けをお礼代りの記念品として、船長さんに贈呈する。

二学期も、あと三日だ。

12月28日(水)【1966】

**ラングーン川遊覧**

乾季になり、毎日少しずつ涼しくなっていく。この国での生活も二年目となると、皮膚感覚もビルマ人並みになり、涼しさが肌寒さに変化してきている。今日も五時間授業。二学期分の週案を全部書き終える。三学期は、あと八週間分しかないので、年間四十週の五分の四に相当する三十二週間が終わった事になる。

今夕、大使館員の「仕事納め」を兼ねて、ラングーン川での船の遊覧がある。大使館員家族全員の慰安会（忘年会）を、船上で催すのである。我々日本人学校教員も招かれている。

16時に港へ。バセインを旅行した時と同じ型の船に上がり、ラングーン川を溯ったりしながら、夕食を摂ったり、ビルマ音楽を鑑賞したりするのである。音楽演奏の際には、楽団に合わせて、一緒に笛を吹いたり、竹の打楽器ワーラコウを叩いたり、太鼓オーズィを打ったり、あるいはビルマ・ダンスに加わったりする。大使館の武田氏、合田氏、石堂氏も、楽しそうに我々と踊って下さる。ウ・テイン・ハンが、陰でいろいろ世話を焼いて、会が楽しくなるよう下働きをしてくれる。カモメが餌を求めて、船の前後を飛行したり、水上を舞ったりする。うどん粉を空中に投げ上げると、上手にキャッチして食べてしまう。こんなに近くでカモメを見たのは初めてだが、可愛い顔をしている。

夜21時半、ナンディダの横の桟橋に上陸。「どんちゃん騒ぎ」とまではいかないが、楽しい船の遊覧だった。ビルマで船に乗ったのは、シリアム、バセインに次いで、これで三度目だが、今夕の楽しいひとときは、生涯忘れられない思い出となろう。高瀬大使の命令(?)で、大使公邸で飲み直す。僕はこれ以上飲めず、コカ・コーラだけ注文。23時頃、ほど良い頃合いを見計らって退散。

12月30日(金)【1966】

**終業式・日本人会忘年会**

第二学期終業式を迎える。定刻7時50分より開式。野元氏が来校され、学校長(大使)代理として挨拶される。ナニーに、新調の背広のアイロンをかけさせる。使用人達に、冬休み中の休日予定表を作らせる。

式終了後、マニーと町に出て、カラー・フィルムを探す。コダック・エクタクロームを八箱買うが、一箱三〇チャットと、目の飛び出る程高い。手持ちの金も淋しくなってしまったが、次の旅行のためには、必要不可欠な物だ。帰校し、竹で手製の楽器ワーラコウを造る。畑中、脇田の三先生で、今晩の日本人会忘年会で、子供の好きな「オバQ音頭」を、出し物として踊ろうという企画だ。オバQのお面を描いたり、テープの吹き替えをしたりして、最後の準備と練習を行なう。

必要な道具を車に詰め込んで、夕方17時に大使公邸へ。忘年会用の舞台は、すでに作られ、準備万端。18時前に、蓮見氏の司会で、日本人会恒例の忘年会が始まった。参事官や田中一等書記官も出席。我々は、舞台の前のテーブルに陣取る。19時に食事。次いで、テレビ映画『赤穂浪士』前編が、二回に分けて上映される。学校の子供達に、映画のストーリーを説明してやる。音が小さくて、よく聞こえない。

21時より、演芸会。河原崎先生や松澤氏らのコロンボ・ネーション・グループの漫談、日野自動車グループの「狂える森の美女」は、ツイスト風の裸踊り、日本人会婦人グループは、日本民謡踊り。とりわけ「安来節」のどじょうすくいは、とても上手だ。大使館婦人グループは、コーラス。

そして、我々日本人学校グループは、「オバQ音頭」の踊りと、ビルマ舞踊、「キャンドル・ダンス」「オーズィ・ダンス」の二つだが、キャンドル・ダンスの最中に、片方の蝋燭が消えてしまい、踊る真似をしながら灯をつぐと、客席から笑いの渦が沸き起こる。最後に、金商又一

日本人会忘年会でビルマのキャンドル・ダンスを熱演？

等の商社員を中心としたグループは、「ファッション・ショー」を出す。その後、余興で自分も舞台に呼び出され、妊婦役の男性と体をくっつけ合って、風船割りゲームに参加。なかなか思うようにに割れない。

予定の出し物は終わり、飛び入りでアン・ジーさんが舞台に上がり、アコーディオンを両手に、日本の古い歌を三曲歌う。戦争中に、日本兵から教わった曲だが、相変わらず上手で、感心してしまう。冷えてきて、背広を着ていても、暑く感じない。我々のグループは、二等賞をいただいたが、少々甘い点かもしれない。

帰途、アン・ジーさんの車に乗せてもらい、畑中先生宅で、二等賞受賞祝賀の名目で飲み直す。奥平氏も同乗。アン・ジーさんの歌を聞き直したり、みんなで合唱したりして、帰宅は、早朝の4時頃。二学期を終えて、ほっとした気分の楽しい忘年会だった。

12月31日(土)【1966】

## 本日より冬休み・大晦日

本日から冬休みが始まる。大晦日だが、日本の紅白歌合戦とか、除夜の鐘・歳末のあわただしさという、独特の雰囲気はない。

昨日が遅かったので、午後の昼寝後、ロンジー姿で外出。映画館「リッツ」で、日本の東宝映画『神風』を観る。三船敏郎、加山雄三、夏木陽介、佐藤允、星由里子、渥美清らの出演する戦争映画。終わったのが23時45分。デニスらが呼んでくれた年越しパーティへ行こうとしたが、インヤ・ミャイン・ロード辺りの、会場が見つからない。それらしい場所に来て、ちょうど真夜中の12時に、「蛍の光」の合唱が聞こえてきた。寒い。知った人もいなさそうなので、その邸をちょっと覗いて、帰途に就く。

■第三章■

# 旅

二年間のビルマ滞在中の目標の一つは、休暇を利用して努めて旅行を行ない、見聞を広める事であった。交通の便が日本に比して良いとは言えない状況ながら、あちこちを旅する事ができたのも、ビルマや他の国の人々のお蔭である。以下、まとめて旅行記を記す。

## ペグー〈ペグー管区〉

7月11日(日)【1965】

### ペグーへドライブ

小林先生一家と、日帰りで古都ペグーへドライブ旅行に出かけた。ビルマへ赴任して初めての旅行。

午前7時起床。8時過ぎ出発。小林先生のドライバーのモン・エイは、今日はやけにスピードを出す。やや寝不足で朦朧としているが、スピード・メーターは四十から五十辺りを指している。計器が不正確なのか、自分のスピード感覚がビルマに来て鈍ってしまったのか、やけに速く感じられる。(後で分かったのだが、この計器はマイル表示であった。道理で。一マイルは約一・六キロであるから、五十なら時速八十キロを出していた事になる。）

ラングーン空港（ミンガラドン飛行場）へ行く道を途中で左に折れると、もう郊外で、ゴム園がしばらく続く。途中の牛車や、放し飼いの水牛があちこちに見られる。途中の二、三の部落を過ぎると、もう一面の水田地帯。雨季のため、見渡す限りどの田圃も、水びたし。その中を一本の道路が、ずっと地の果てまで伸びている感じ。このような平野は、日本では見られない、全然規模の違う広さである。時々、森のような一群が見えると、そこは部落だ。部落には、必ずパゴダが雨煙の中に淡いシルエットを投げ掛けている。「ビルマには、いったいパゴダはいくつあるのですか」という問いほど愚問はない。途中の農家は、雨でぐちゃぐちゃの水溜りの上に、わずかにベニヤ板やニッパ椰子で葺いたような高床式の家である。建物の下で鶏や豚を飼っている。家によっては、馬と起居を共にしている農家もある。

ペグーに近づくに従って、牛がだんだん水牛に変わって行く。二十～三十頭の放し飼いで、集団で泥水を浴びたり、道を歩いたりしている。ところどころ鉄条網の柵があると、そこは軍の施設で、紺色の軍服姿が見える。兵舎は、辺りの農家に比べれば、かなり立派である。ちょっとした丘陵地帯を走り過ぎると、道端でパイナップルを売っている。時期はずれで、もう小さいが、十個で三チャット。ラングーンなら、一個一チャット半ぐらいなので、かなり安い。

ペグーへの道を急ぐ。それにしても、つくづく道路の重要さを感じる。文化の発展は道路と共に、という感である。道路がなかったなら、各地の文化の交流・伝播も目に見えて悪くなるだろう。ベトナム戦争で、ベトコンが国道や鉄橋を爆破したニュースが報道されていたが、道路の有る無しで戦局に大きな違いがある。街道は左側（西側）にだけ樹木が十数メートルおきに並んでいて、一応舗装されている。江戸時代の東海道の松並木を思わせる。道路と平行して、水田の中に、バルーチャン発電所からの送電線が伸びている。日本人が賠償のために建設した発電所。トングー・ロードと言って、日本工営の社員が作った道なのであろうか。

車外が賑やかになったと思ったら、もうペグーに入っていた。ペグーと言ったら「寝仏（シュエ・タ・フリャウン）」と言うぐらい有名だ。小雨けぶる寺院の入口に到着。ここも裸足で入場。日本にいる時は、ビルマに対する予備知識はほとんどなかった。第二次世界大戦で多くの日本兵が死んだ事、『ビルマの竪琴』、米の輸出国、そしてパゴダと寝仏の国、ぐらいであろう。その有名な寝仏に、僕ははるばる日本からやって来て、ようやく辿り着いて、拝んだのである。荘厳味はない。ビルマへ来てからの既成知識があるため、「ああ、やっぱり絵や写真で見た通りだ、やっと本物に辿り着いた」という感慨の方が強い。パンフレットや土産物を買う。

それからペグーの市街地を通り、大きなパゴダへ行った。雨が降っていたので、途中の名所や寺院は車中より眺めるだけにする。驢馬が客を乗せて、鈴を鳴らしながら走っている。ラングーンのシュエ・ダゴン・パゴダ程ではないが、このような大きなパゴダがペグーにあるとは、想像もしてなかった。後で調べると、これは、シュエ・ムッドー・パゴダ［Shwe mawdaw Pagoda］と言い、高さは三百二十五フィート（シュエ・ダゴン・パゴダは三百二十六フィート）で、シュエ・ダゴンに比肩し得る、格式の高いものだと言う。ここで随分時間を費やし、鈴やら太鼓の土産物を買う。パゴダの入口通路には、両手のないライ病の女が座って物乞いをしていて、痛ましい。ペグー駅の近くの橋のたもとのバザーでは、人がすごく出て、大賑わいである。

ペグーの寝釈迦

帰途につく。ラングーンとペグーの間は、二時間位のドライブ・コースである。帰りは別の道を走る。うんざりするくらいの多くの水牛に国道で出合い、車にノソノソぶつかりかけて、キョトンとして首をかしげている。それにしても、ここでは、泥と土ばかりで、石を見た事がない。イラワジ河の、何万年とかけて土砂を押し流してできた巨大な堆積平野なのであろう。日本の山紫水明・

白砂青松とは、全く異なり、雨季に茶色く濁った川、曇った空と水びたしの水田、水牛の群れと一本の道路。これだけが、今の自分の外界の全ての舞台道具なのである。

だんだん眠くなる。ドライブにも飽きてきた頃、はるか彼方に森が見え、パゴダの影が目に入る。あれがラングーンの街で、シュエ・ダゴン・パゴダだと、運転手が言う。まもなく見馴れた道路に出る。小林先生の家で小休止を取る。外務省の視察の役人が、先刻、梁井氏の車で学校を訪問したとのことで、後を追い帰校。学校要覧等を見せて、説明。

くたびれた。大したドライブでもないのだが、ラングーンを出たのは初めてなので、見る物聞く物が、珍しかった。

## 上ビルマ〈マンダレイ管区・シャン州〉

9月26日(日)【1965】

### ラングーン→タウンジー

昨日の第一学期終業式を終えて、期末休暇を利用して、小林先生ご一家と脇田先生とで、いよいよ今日から上ビルマの旅に出る。9月26日（日）から10月2日（土）までの一週間のその大体のスケジュールは、次の通りである。

第一日〔26日(日)〕
ラングーン7時→ヘーホー10時→タウンジー（ストランド・ホテル泊）
第二日〔27日(月)〕
タウンジー→ヘーホー9時45分→マンダレイ10時30分（トン・フラ・ホテル泊）
第三日〔28日(火)〕
マンダレイ（トン・フラ・ホテル泊）
第四日〔29日(水)〕
マンダレイ（トン・フラ・ホテル泊）

第五日〔30日(木)〕
マンダレイ（トン・フラ・ホテル泊）
第六日〔1日(金)〕
マンダレイ→メイミョウ（BTプラザー・ホテル泊）
第七日〔2日(土)〕
メイミョウ→マンダレイ14時→へーホー→ラングーン16時

5時起床。外はまだ暗い。朝食を済ませ、身仕度を整える。荷造りし、部屋を片づけ、ヘルメットをかぶり準備完了。6時過ぎに大使館のマイクロ・バスが迎えに来てくれた。空が白んでくる。7時過ぎにラングーン空港に到着。UBA国内線のカウンターへ手続きに行く。運転手のモン・エイが所在なげにうろうろしているが、現地では通訳として必要不可欠のビルマ人である。国連の世界保健機構・WHOから派遣され、象皮病の調査・研究に来ている日本のドクターに出会う。

出発時間が近づき、荷物と一緒にUBAのダコタ機に乗り込む。スチュワーデスもロンジー姿である。双発のプロペラ機だが、事故は滅多にないとのことである。

7時20分、滑走路から無事に離陸。すぐ機首を変えて、空港ターミナルが右手少し下に遠ざかり、一路北上する。広々と続くビルマの肥沃な平野を、カメラに撮る。雲が次々に綿菓子のように後方へ流れて行く。隣席は、ビルマ青年で、寒そうにセーターとマフラーを巻き付けている。しばらくして、ビルマで初めての山が見えて来る。ペグー山系と言うのであろうか。山が間近に迫り、太陽の逆光で黒々と見える。耳が痛くなり、高度が下がる。8時25分、“Fasten Seat Belt”のランプが点き、ガクンとショックがあって、ロイコー空港に着陸。盆地に囲まれ、アスファルトの滑走路と、小屋のような事務所があるだけ。9時16分、再び機内へ。外国人客は、我々だけで、あとはビルマ人やシャン人の乗客だけ。道路交通が発達していないので、ちょっとした買い出しも、彼らは飛行機を利用する機会が多いのであろう。今度は、雲の中に突っ込み、全く視野が悪くなるが、それでも空から見下ろすと、密林が連なり、静寂の中に国が眠っている感じ。

へーホー空港に着陸。ストランド・ホテルからインド人が迎えに来ていた。空港で手続きを済ませ、ワゴン車に乗る。空気がひんやりして、日本の初秋のように爽やかだ。まもなく山道にさしかかる。周囲の民家は、チーク材などで組まれた建物が多く、清潔な感じを与える。つづら折りのシャン州の山道をドライブし、途中の展望のきくところでは、シャン高原が一望の下に眺められる。峠あたりで、ビルマ軍の検問がある。まだまだ反乱軍の出没が多いのであろう。やや下り坂を進むと、タウンジーに着く。美しい高原の避暑地。今日は、「スペシャル・バザー」が開かれているというので、写真を撮るために、勇んで駆けつける。バザー会場は、殷賑を極めている。黒っぽい服装の婦人が多く、ラングーンでは見られない。インダー族といって、シャン人とは違うとのことである。カメラのフィルムを詰め替えたりしていると、ワアッーと人垣ができる。女性は、全て耳に穴を開けて、宝石を付けたり布を入れたりしている風俗で、物珍しい。

強烈な印象のバザーを見物した後、ストランド・ホテルへ戻る。ホテルの裏手には、絶壁の岩山が迫っている。昼食・昼寝の後、車で市内見物。貯水池、ソ連の援助と言われる病院、丘の上の大きな仏像の立っているパゴダ等を見て、ホテルへ帰着。その足で、裏山に登る。インド人のボーイが案内してくれる。裏から迂回して、頂上まで登ると、タウンジーの街が広がり、シャン州の山並みが連なり、インレ湖が水をたたえてかすかに光っているのが、望見される。左手眼下には、第二次世界大戦の死者の墓がある。帰りは、なだらかな坂を選んで下山。麓に白人の婦人が二人散歩しているので、ボーイに聞いてみると、先ほどの病院のロシア人医者の奥さんとのこと。ここにも、ソ連の影響を感じるが、ホテルのカウンターでは、日本のカレンダーが掛かっており、女優の吉永小百合、鰐淵晴子、司葉子、香川京子、岡田茉利子などのにこやかな笑顔が並んでいる。日本女性の、特に着物姿や、美しいカラー写真のカレンダーは、ビルマで大変人気がある。洋式のディナーと、マンダレイ・ビール。ビールは喉が乾いていて大変おいしかったが、ジンの方は、少し脂臭い。

9月27日(月)【1965】

## インレ湖へ

運転手のモン・エイは、タウンジーのどこかへ泊りに行ったらしいが、朝6時半には、すでにホテルに来てくれていた。

今日は、インレ湖を訪れる日である。ホテルに荷物を置き、昨日の道を逆にとって、峠を下る。検問通過。付近の村落を通り過ぎて、左に折れて、ニャウン・シュエという街で下車。インレ湖の発着所である。この湖は、片足漕ぎで有名なインダー族の住んでいる、ビルマ第一の広さを持つ湖としても、また、絹のロンジーを生産する水上家屋と浮島がある事でも、よく知られた所である。船着場より、ポンポン蒸気の小さな舟に乗り、湖へ。水郷地帯のような葦の林を抜けると、足漕ぎカヌーがちらほら見え出す。まもなく、広い湖面に出、対岸がはるかに遠く霞んでいる。シャン州の山々が周囲を取り囲み、涼しい風が吹き抜ける。水底は、藻がびっしり。モン・エイが隣に座って、色々説明してくれる。この湖水が、バルーチャン発電に使われているとのこと。

シャン州・インレ湖上でのインダー族の片足漕ぎ

水上マーケットに到着。残念な事に、フィルムが切れてしまった。女性を写そうとすると、恥ずかしがって横を向かれてしまった。水上パゴダに上陸。十数名の女性参拝客が、お経を合唱している。お坊さんを前にして、信者が土下座をして、拝んでいる。自分も仏様に拝礼。子供達が、いっぱい周りに集まって来る。その中で、色の白い、日本人そっくりの少女がいたりする。パゴダの見学を終え、湖上の絹織物家屋へ移動。チーク材で造られた、清潔で頑丈そうな家々である。ちょうど昼休みで、はた織り機も止まっており、見るとほとんどが日本製である。揺りかごやタオルケット、屋内の調度品などを見ると、この地方の暮らしは、かなり豊かな感じがする。続いて、織機工場へ。自分でも織ってみるが、なかなかうまくいかない。四〇チャットの絹のロンジーを買う。家の中の壁には、アウン・サン将軍の肖像写真や、家族の写真、あるいは日本兵がビルマ軍人に殺されている絵などが貼ってある。

　帰途、湖上のゲスト・ハウスで一休み。政府の要人や高級軍人、あるいは外国の賓客を招待するハウスで、今は無人である。水泳パンツに着替えて、ひと泳ぎする。随分たくさんの藻が生い茂っている湖水で、下手をすると溺れかねない。インレ湖で泳いだ思い出は、永久に残るだろう。

　ストランド・ホテルに戻り、遅い昼食を済ませ、皆が昼寝をしている間に、単身でタウンジーの街に出てみる。ビルマ少年の馬車に乗り、最初は、自分が馬の尻を叩いて馬車を動かして、市内見物と洒落こんだまでは良かったが、彼は全く英語が解らず、「ストランド・ホテル」のビルマ語も通じず、段々暗くなり、同じ道をうろうろ回り、結局、街中で英語の通じるビルマ人に通訳してもらい、帰着。ホテルに宿泊している上客と見たのか、少年御者から、倍の二〇チャットを支払わさせられる羽目となった。

## マンダレイへ

9月28日(火)【1965】

　朝、ストランド・ホテルを引き払って、車でヘーホー空港へ。9時45分のＵＢＡ機に乗り、一時間足らずで、マンダレイ空港へ。機上から見下ろすと、田圃が緑色と赤茶色に混ざって、長方形の目を作っている。その間を、イラワジ河が蛇行している。10時30分、着陸。

　マンダレイ。「ビルマの京都」と呼ばれ、イギリスの植民地になる前は、ビルマの王都であった所で、一度は訪れたいビルマ第二の都市。静かなたたずまいで、最もビルマ的な雰囲気が味わえる、とラングーンの日本人からたびたび聞かされた所。機外へ出ると、ラングーンとは異なり、もうここは、ほとんど雨季が明けていて、側の道路も埃っぽい。マンダレイ王城の側のトン・フラ・ホテルに旅装を解く。廊下に面した細長い部屋で、中にベッドが二つ、裏側に水をかぶったり用を足したりするバス・ルームがあり、ドラム缶に水が湛えられている。そこから必要な水を汲み出すようになっている。部屋の壁は高く、薄暗い。エア・コンも一応備え付けられている。

　市内見物を始める。最初は、マンダレイ王城。周囲約四マイルの城壁と外堀は、かつてのビルマ王朝の栄華を顕彰するために、観光用として、かなりの程度に補修されていた。しかし、裏側へ回ると、まだ崩れたままの城壁も残っている。中の宮殿は、第二次世界大戦で、日本軍により焼けてしまって、今ではビルマ陸軍が駐屯しているとのこと。王城内の博物館に入り、焼失前の宮殿の模型を見たが、随分立派なものであった事が想像される。案内図の英語説明によると、「アマラプラより都を移し、マンダレイの基礎を築いたミンドン王（一八五三〜一八七八）によって、この王宮は、建造された。建造物は、先の大戦で破壊された」とある。

小林先生ご一家と上ビルマ、マンダレイのトン・フラ・ホテルにて（左より３人目は同僚の脇田香先生。右より２人目は同行のモン・エイ氏）

　マンダレイの中心街にあたる時計塔と中央市場（ゼージョー）の回りの写真を撮ったり、市場へ入って物色したりする。中は、なかなか活気に溢れ、各地方から集荷された農作物、衣類、日用品、工芸品が、所狭しとばかりに並べられている。市場の横には、庶民の足であるポニー（馬車）がずらっと並んで、客の来るのを待っている。やはり、ビルマ的な雰囲気を持った、活気のある街である。

　市内の主な寺院を巡る。最初は、マハーミャムニ・パゴダ［Mahamyamuni Pagoda］、別名をアラカン・パゴダとか、ヤカイン（ラカイン）パゴダとも言い、マンダレイでも、いや、ビルマ全土でも最も壮麗なパゴダである。四角ばったこのパゴダは、夕暮近い太陽に照らされて、金色燦然と輝き、この世とも思われない美しさである。中に、金箔で分厚く貼られた仏像が安置され、男性信者がさらに金箔を塗り重ねている。前では、僧侶と信者の読経の声で賑わしい。パゴダの裏手に、展示館がある。

　マハーミャムニ・パゴダの後、セッチャーディハ・パゴダ［Sethyathiha Pagoda］、エインドーヤー・パゴダ［Aindawya Pagoda］、シュエチーミエン・パゴダ［Shwekyimyint Pagoda］、と続けて見る。どのパゴダも静かで、回廊にパゴダ建立の縁起・由来等が書かれている。

その後、イラワジ河畔へ行く。折からの夕陽の逆光に、河岸で水浴や洗濯をしている人々の姿が濃いシルエットを描いている。母なる大河と、水平線に落ちて行く金色の太陽と、人々の黒い影……。感動的な一瞬。

夜、時計塔の前の大通りで開かれているナイト・バザールを見に行く。

9月29日(水)【1965】

## マンダレイ・ヒル

マンダレイ王城と並んで、この街の風景を代表するマンダレイ・ヒルに登る。マンダレイ市街の東北に位置するこの丘は、全山がパゴダによって埋め尽くされ、回廊がそれらの寺院を結んでいる。ここも無論、靴を脱いで上らなければならない。どれが本堂なのかよく分からずに、二時間ほどかけて登る。

マンダレイの街に戻った後、昼食をとり、郊外へドライブ。途中の農家で下車。ここは、特に昔からの農機具や農家の建て方で、現代物質文明からとり残されたような、原始的集落。ヤンゲンダン・ヒルというパゴダに登る。人里離れた淋しい丘であるが、ここからは、マンダレイやイラワジ河が遠望できる。涼しいので、ゆっくり休んで戻る。

ラングーンの日本人諸氏のために、お土産として菓子を買って行こうと相談し、市内の中国人街の店へ行き、クッキーやビスケットを大量に買い込む。ここは、いわばドラッグ・ストアみたいな、薬局と食料品店を兼ねた家で、時ならぬ上客の来訪で、店中の従業員が全部出て来て、大歓迎をしてくれる。僕の名前（岩内健二）を中国語では、「ヤイヌイチェ」と読める、などと持参のノートに書いてくれたりして、交歓する。（この若い張棟林という男は、その後も、ラングーンに上京した時、呼んでくれたり、帰国後も毎年クリスマス・カードを送ってくれたりした。よほど、来店の時の印象が強かったのであろう。）

## サガインへ

9月30日(木)【1965】

マンダレイ滞在三日目は、イラワジ河対岸のサガイン・ヒルへ、鉄橋を渡って行く。ビルマでは、鉄橋は数える程しかないので、それが絵葉書になったりしている。渡橋の通行税を払い、サガインの街へ入る。ここは、マンダレイ・ヒルよりももっと大規模に全山がパゴダで埋め尽くされており、いろいろ珍しいパゴダも多い。ジープを下りて、三時間位、山を登ったり下ったりする。イラワジ河畔へ出て、そこで舟に乗る。尼僧たちが僧衣を洗ったりしている。

アマラプラ辺りを通過して、マンダレイに戻る途中、山羊の群れに出会ったり、牛車とすれ違ったりする。マンダレイを、もう一度見物して回る。

## メイミョウへ

10月1日(金)【1965】

旅行も終わりに近づいた。今日は、イギリス植民地統治時代の、英国人の避暑地として知られていたメイミョウへ行く。マンダレイから北北東二時間位の高原に位置する街で、松が茂り、涼しい。夏の酷暑期に英国人は、首都をこのメイミョウに移して、政務を執ったと言われる。途中の休憩地にジープから下車すると、路傍に蛇の死骸が転がっていた。モン・エイがそれを木切れにぶら下げて見せるので、写真を撮る。

メイミョウは、なるほど涼しく清潔で、一軒一軒が広い敷地を持った別荘作りの趣である。タウンジーよりも涼しさを感じる。有名な植物園へも足を伸ばす。お客もほとんどいなく、雨上がりのしっとりした芝生の上を歩いたり、池の回りを散歩したりする。様々な花が咲き乱れていて、美しい。

もう一つ、近くにある滝を見学に行ったが、これは日本の山がちの国に住んでいる、美しい大きな滝を見慣れている我々にとっては、大した事もない。水も濁り、小さな流れではあるが、そこを訪れていた中年のビルマ人一行十人の頭と思われる男性が、「どうぞ、そこへおかけなさい」と、たどたどしい日本語で、親しそうに話し掛けてきた。戦時中、日本軍の通訳をしていたそうで、久しぶりに我々日本人に出会って、懐かしかったのであろう。

　メイミョウの街に戻って、バザールを見に行く。タウンジーのように、シャン州の各部族が集まるような変わった雰囲気ではなく、商品も少ない。インド人御者のポニーが街のあちこちを走り、ちょっとしたウエスタン気分が味わえる。

　宿舎のBTブラザー・ホテルも、別荘のような、ひろびろとした造りの家であった。

10月2日(土)【1965】

**ラングーンへ戻る**

　旅の最終日。メイミョウからジープでマンダレイに戻り、UBA機でラングーンへ帰る。

　マンダレイ空港で一人の中年アメリカ人に出会う。機内では、僕の隣席だったので、英語で話し掛けてくる。相手の言う事がよく分からず、数回聞き直していたら、いきなり上手な日本語で話し掛けてきたのには驚いた。以前に、東京のアメリカ大使館に勤務していたという外交官であった。小田実の『何でも見てやろう』を機内で読んでいたら、にこにこと覗いてくる。目次の「禅（ZEN）」と言う項目に、特に興味を示してくる。〔この方は、ラングーンのアメリカ大使館に勤務しているスウェイン氏［Mr. Kingdon W. Swayne］という独身男性で、後日ラングーンで再会し、僕の英会話の先生となった。〕

　行きと同じダコタ機で帰京。ビルマへ赴任して、初めての本格的な一週間の国内旅行も終わった。タウンジー、インレ湖、マンダレイ、サガイン、メイミョウと、マンダレイを中心とした上ビルマと、シャン州の主要地を訪れる事ができて、楽しく思い出に残る、収穫の多い旅行であった。明後日から、二学期が始まる。

## タイ→カンボジア

12月22日(水)【1965】

### タイのバンコックへ

今日から二学期の冬休み。と言っても、日本の初秋のような爽やかさだから、期末休暇と言うべきだろう。

今日からタイ、カンボジアへの旅に出る。5時半に、迎えの車で空港へ。大使館の合田氏も出張で出国される。東欧人らしい旅行客が十名程度。JTBのガイド・ブック『東南アジア』を読んだりして、時間をつぶす。予定の6時半になっても、飛行機が来そうにもないので、ロビーで朝食が出される。もう最近は、そういうペースは、すっかり慣れてしまい、諦めて時計をタイ時間に合わせ、三十分早める。空港の滑走路では、ビルマ軍兵士がしきりに行進練習をしていたが、これは後で聞くと、シャストリ・インド首相の帰国を送る儀礼兵の予行演習であったとのこと。

10時半に離陸。乗客十名程度で、ガラ空き。旋回して高度を上げる。ラングーン市街がちっぽけな集落になっていく。ラングーン河、シュエ・ダゴン・パゴダが小さく見える。アンダマン海を飛び越して、マレー半島にさしかかる。山地。12時、高度を下げて、いよいよタイ領へ。同じインドシナ半島の国だから、空からの眺めは、ビルマと大差ない。一時間半で外国に来たわけだが、政治上の違いもあり、ビルマに住んでいる自分には、タイは随分遠い国である。

バンコック空港には、タイの日本国大使館員が合田氏を迎えに車を差し回していたので、便乗させていただく。空港からバンコック市内まで約二十キロあり、そのハイウェイを、時速八十キロぐらいで飛ばして行く。途中、トヨタの工場等も見える。合田氏と共に大使館へ挨拶に行き、武官ともお話をした後、大使館のすぐ裏手にあるバンコック日本人学校を訪問・見学をする。生徒数は約二百名近くで、やや手狭な感じがしないでもない。校舎は古く、校門には大きな象の像が立っている。教材・教具類は、バンコック市内で現地通貨のバーツで買い求められるので、我々の学校ほど苦労しなくても済む。羨ましい事が多い。体育の授業を参観する。マット運動をやっていたが、マットや鉄棒類も現地調達か、あるいは日本に注文すれば、すぐ届くとのこと。

日本人学校視察の後、バンコック市内に出る。賑やかであり、タイ人の服装も良いし、日本の乗用車も沢山走っている。鄙びたラングーンとは、大きな違いを感じる。とにかく要領よく観光しようと、ＴＶトラベラーズという旅行社へ出かけ、我々の旅程を知らせ、ガイドを依頼する。明日から来てくれるらしい。街のあちこちには、両替店［Money Changer］が多い。市内のタクシーは、ほとんどが日本製、中でも日産ブルーバードが圧倒的だ。華僑、華商の多さは、ビルマよりはるかで、中国人の生命力、根の大きさに、改めて驚かされる。

我々の宿泊は、アンマリン・ホテル［Amarin Hotel］という、比較的新しいホテルだった。ホテル近辺の略図を、ＴＶトラベラーズでノートに書いてもらった。

バンコックは、日本のデパートや日本料理店なども進出しており、日本人にとっては、東南アジアの中でも、物資面の豊かさは言うまでもなく、極めて大切な都市である。「河内屋」という日本レストランに入り、久しぶりに刺身を食べた。

## 12月23日(木)【1965】

### バンコック市内見物

朝、ホテルの一階ロビーへ下りて行くと、一人の中国人が待っていてくれた。昨日のＴＶトラベラーズで依頼したガイドで、日本語のよく分かる台湾人であった。今日は王宮を見学するので、背広着用とのことで、もう一度部屋へ戻る。本日の観光日程を、ロビーで相談する。

〔午前〕㈠水上マーケット

〔午後〕㈠寺院と市内観光　㈡王宮見学

夜のタイ・ボクシングは、見学料やガイド料が高くなるので割愛する。これだけの予定で、三人合わせて一、一〇〇バーツ、日本円で約二万数千円のガイド料だから、決して安くはない。いよいよ市内観光へ。バンコックの暑さは、ラングーン以上と感じられ、摂氏三十五度は越していそうな、じりじりとした熱気である。

午前中は、有名な水上マーケット［Floating Market］を見に行く。オリエンタル・ホテルの前の船着場から、一隻の船をチャーターして出発。黄色く濁った川面に、多くの船が入り乱れて往き来する。チャオ・プラヤ河を下り、水上マーケットの中心に近づく。川で米をとぐ者、泳ぐ子供、水浴をする人、歯を磨いたり、用を足す者。水上生活者の一種独特の活気や雰囲気を醸し出している。

水上マーケットは、メナム河を挟んで、バンコック市内の対岸トンブリ市にある。バンコック市街とは対照的な田園地帯で、交通機関は、主として小舟に頼っている。子供達でも、サンパンという木の葉のような小舟を櫂一本で操って、川を自由に往き来する。市場は、毎朝5時頃から9時頃まで開かれ、売る人も買う人も、サンパンで通って来る。メナム河の支流チャオ・プラヤ河を下り、クン・テップ橋をくぐると、間もなく右手にダオ・カーノン運河の入り口。途中の民芸品店に上がってタイ・シルクのネクタイ二本を物色して買ったりする。値段は、バンコック市街よりも、やや高めだが、品数や種類が豊富で、冷やかしで時間をつぶすのには、ちょうど良い。アメリカの観光客や、タイ人のサンパン等で、船が思うように進まず、しばしば交通渋滞を起こしている。子供が川の中で泳ぎながら、通過して行く我々の船に手を振ってくれたりする。

再び船でメナム河に浮かび、次の上陸地のワット・アルンに向かう。メナムの広い流れに出る直前、左手にワット・パワナム（尼寺）が現われる。タイの寺院は、赤・青・黄の色鮮やかな屋根が特徴で、南国の空によく調和している。水上生活者の服装も、例えばビルマのインレ湖のインダー族のかぶる帽子と、ここでは違っている。メナム河を逆戻りして、ワット・アルン［Wat Arun］（暁の寺）に上陸。空が抜けるように青い。「ワット」は「寺」、「アルン」は「夜明け」を意味し、百二十年前に、ラマ二世王が滅ぼした前代の中国系のタクシン王を弔うために、当時の首都であるこのトンブリに、この寺を建立したと言われている。正面の塔は高さ七十四メートル、極彩色の細かい焼き物で装われ、朝日にキラキラ輝いている。塔の半ばまで急な階段を登ると、メナム河越しに王宮や寺院の屋根が聳え立つバンコックの市街が見渡せる。お寺の入場料は、一バーツ。前庭には、土産を売る露天が並んでいる。

再びメナム河を渡って、バンコック市街へ上陸。チャーターしてあった外車に乗り、チャクリ王宮へ。ここでは、訪問者は背広を着用しなければならない。外門を入ると、王宮の模型図があり、ガイドはそれを指し示しながら説明してくれる。チャクリ王宮とエメラルド寺院ワット・

プラ・ケオ［Wat Pra Keo］とは、同じ敷地内にある。この王宮は、国王が普段起居する宮殿ではなく、王室や国賓接見等の儀式に使用されるもの。高い城壁に囲まれた内部には、他に極楽殿（日本の御所内の紫宸殿《ししんでん》に当たる建物）や宮内庁等がある。ラマ一世が造営した現在の極楽殿に次々とタイ式の建築物が加わり、現在の王宮群ができ上がったとのこと。極楽殿は、国王の葬儀場であり、黄金と極彩色の焼き物と白亜のルネッサンス様式の荘厳華麗な建物である。内部は、黄金の金箔や金泥を用いて画かれた巨大な仏画で被われているとのことだが、屋外からしか参観できない。

チャクリ王宮（タイ・バンコック）

王宮のすぐ北隣のワット・プラ・ケオは、本尊が翡翠に似た碧石で造られているので、エメラルド寺院と呼ばれている。高さ五十九センチで、金の衣をまとっている。この衣替えは、年に三回、国王自ら執り行い、何人も触れる事は許されないとのこと。この寺院本堂は、約百七十年前に、ラマ一世王が建てたもので、境内を囲んだ石塀の各入口には、二匹の怪物像（ヤック）が守護している。本堂の周りには、鐘楼、獅子像、神農に当たる医術の祖、王室の象の墓等が立ち並んでいる。ちらほらタイ人の観光客も、靴を脱いで参拝しているのが見える。ガルーダの前で記念撮影をする。エメラルド寺院の北側に、タイ式、カンボジア式、ビルマ式を模したパゴダが三つ並んでいる。また、アンコール・ワットのミニチュアもあり、数日後に訪れるアンコール遺蹟に思いを馳せる。

バンコック市街へ再び戻り、国会議事堂を横切って大理石寺院を見学。大理石でできているので、この名が付けられた由だが、白亜の建物に中国風の金色の瓦が美しいお寺だ。横の回廊に、アジア各国の様式の仏像が置かれてあり、日本の観音菩薩や、インドの痩せた仏様もある。

その後、毒蛇研究所［Pasteur Institute］を訪問。タイ赤十字のサオバブハ記念研究所で、毒蛇等の血清の研究と解毒剤を作るために、タイに棲息している毒蛇等の爬虫類、数千匹が飼われている。やはり一番恐ろしいのは、コブラで、水槽の中のコブラを怒らすために、ガラスをトントンと叩くと、ものすごい形相で鎌首を持ち上げてこちらを威嚇する。一緒に見ていたヒッピー風のアメリカ青年に抱かれていた猿が、悲鳴を上げて逃げ出そうとする。鰐の水槽にうっかり手を出したら、ジャンプして噛み付きかかってきて、一瞬ヒヤッとする。

夜、タイ古典舞踊ショーを見に行く。町の小さな劇場で、仏教伝説や民俗説話に基づく剣舞や優雅な踊りを見せてくれる。異国情緒があり、面白かった。

12月24日(金)【1965】

## バンコック市内買物

昨日で、バンコック市内の主要な観光地は、訪問してしまったので、今日は専ら買物に明け暮れる。バンコックには、日本の百貨店も進出しているので、ラングーンでどうしても手に入らない薬品や衣類や食品を、この機会に買い求める。また、土産物店で、タイ・ダンスの人形や銀のスプーンも買う。

ホテルへ戻り、明日の身仕度をする。この五階のアンマリン・ホテルからの、熱帯樹に囲まれたバンコック市街の眺望は、素晴らしい。

12月25日(土)【1965】

## カンボジア（シェム・リアプ）へ

朝、アンマリン・ホテルの勘定を済ます。三人で三泊して一、六九四バーツ、約三万四千円だから、比較的安い。朝食も、ミスズ・キッチンという、日本食の店で取る。タクシーで飛行場へ。六〇バーツ。バンコック空港で出国税三人分六〇バーツを払って、乗る。相変わらず、チップが面倒である。

天気は、極めて良く、雲一つない快晴で、南国の太陽が眩しい。植民地時代にタイは、東南アジアで唯一独立を保った国で、それなりの王朝文化の雰囲気があったのに対し、エール・フランス機に乗る観光客のほとんどがフランス人であるのからも分かるように、仏領の影響が色濃く出ている。

わずか一時間のフライトで、隣国のカンボジアの首都プノンペン空港に到着。人口六百万の静かな小国であり、政情の不安定な国が多い東南アジアの中では、シハヌーク殿下を絶対崇拝し、辛うじて平和を保っている地域である。経済的には、ビルマと同様に立ち遅れてはいるが、アンコール・ワットやアンコール・トムの大遺蹟で知られているカンボジア。空港では、カンボジアの兵隊が整列していた。誰か国賓待遇の人物が来訪するのであろうが、我々のために出迎えてくれたのであろうと、勝手に解釈して、左手に隊列を眺めながら空港ロビーへ向かう。

プノンペンは、帰途一泊する予定で、素通り。同空港から、すぐに国内路線のロイヤル・カンボジに乗り換え、遺蹟のあるシェム・リアプ空港へ飛ぶ。やはり、約一時間のフライト、眼下にトンレ・サップ湖という大きな湖を縦断する。シェム・リアプ空港に近づいた時、アンコール・ワットが見えた！　乗客へのサービスか、写真を撮りやすいように、飛行機を旋回してくれる。緑の大密林の中に、南北千三百メートル、東西千五百メートル、幅百メートルの堀を巡らした遺蹟が鮮やかに姿を現わした。シェム・リアプ空港は、野原の真ん中にある瀟洒な建物で、巨大な温室といった感じ。空港内で荷物の検査を受けた後、マイクロ・バスで宿舎のグランド・ホテルへ。内部はやや古いが、白亜の三階建ての、清潔で格式の高いホテルである。ここでは、アンコール・ワットの門前にあるテンプル・ホテルの二つしかないのである。グランド・ホテルの前は、広い庭で、いろいろな花が咲き乱れ、落ち着いた静かな一郭である。シェム・リアプの町自体も、遺蹟を控えながらも、忘れられたような静かな田舎の町である。

シェム・リアプ上空よりアンコール・ワットを見下ろす。数年後にカンボジアを襲った政変とポルポト派による大虐殺以前の、平和で静かだった壮麗な仏教遺蹟

ホテルに荷物を置いて、とにかく遺蹟まで行ってみようと、徒歩で出かける。アンコール・ワットの内部やア

ンコール・トム等の主要遺蹟見物は、明日にして、テンプル・ホテル付近を散策する。

夜、アンコール・ワットの中庭のテラスで、民族色豊かなカンボジア・ダンスを二時間半ほど観賞する。ワットの回廊が灯に映えて、幻想的と言うよりも、暗闇の多い中でのショーなので、ちょっと不気味でもある。料金は、一人二一〇リエル、一リエルが約一〇円なので、二、一〇〇円の見学料。昼間、バンコック空港から同じ飛行機を乗り継いで来たフランス人家族の一人の娘と、目が合う。背の低い太った少女。（帰国後も、時々クリスマス・カードを送ってくれたが、アフリカ大陸の東方マダガスカル島のさらに東の、小さな仏領レユニオン島からだった。フランス植民地の関係一家なのであろう。）ダンスは、単調でやや退屈ではあったが、七百年前に、この豪華な寺院でも、このような舞踊が演じられたのかという感慨を持つ。このショーは、火曜日と土曜日に、夜21時から開催されるので、運の良い日に到着したものだと話し合う。真夜中近く、ホテルへ戻る。

## 12月26日(日)【1965】
## アンコール・ワット、アンコール・トム見物

午前中は、アンコール・トム遺蹟のバイヨン廟を中心として、象のテラス、癩王のテラス、女池等を、英語通訳の団体ツアーで、午後は、アンコール・ワットから始まり、他の夕・プロム、テップ・プラナン、大仏像、タ・ケオ、バクセイ・チャンクラン、東メボン、スラ・スランの遺蹟を、個人通訳ガイドを雇い、終日見学する。

アンコール・ワット遺蹟群を擁するカンボジアの起源は、紀元一世紀から六世紀にかけて、メコン河流域一帯にあったフーナン（扶南）国にまで遡る。六世紀の半ば頃、フーナン国の属国であったクメール人のカンブージャ国がフーナンに取って代り、統一国家を形成した事に始まるとされる。

九世紀の初めに、ジャヤバルマン二世が出て、クメール帝国の礎を築いた後、これから六百年間にわたり帝国は栄え、国王は現人神の権威を持って人民を支配した。その全盛期の王国の領土は、西は北部マレーシアからタイ国の一部、北はラオス、東はベトナムに達する広大さであった。歴代の王は、現在のシェム・リアプの近くに

都を置き、栄光と権力を後世に伝えるために、大規模な建設事業を行い、これが現在の大遺蹟群になったとされる。アンコール・ワットやアンコール・トムは、特にクメール文化の傑作であり、カンボジア国旗にもデザインされており、国民の誇りの象徴となっているが、それらの主要遺蹟群は、日本の平安時代末期から鎌倉時代中期に相当する十二世紀から十三世紀にかけて、造られている。クメール帝国は、十五世紀になると、忽然と歴史から姿を消し、王都も建築物も、熱帯ジャングルに埋没してしまう。一八六一年にフランスの一自然科学者アンリ・ムーオが探険中に偶然、この遺蹟群を発見するまで四百年余り、密林の中に眠っていたわけで、世界のミステリーの一つと言われている。クメール帝国滅亡の一因は、大工事の連続で国家財政が疲弊していたところに、隣国タイからの攻撃によるものとされる。

午前中のバイヨン廟等のアンコール・トム遺蹟見物は、フランス人観光客が大部分なのに、英語しか話せないガイドのため、ぶつぶつ不平をもらしていた。早朝にバイヨン廟を訪れたので、空気が清々しい。南門から入る。回廊や四面塔の付近には、カンボジア僧侶がたむろしていたので、写真を撮る。土地の若者が、フランス語を使って話しかけていたりする。「アンコール」は「町」、「トム」は「大きい」という意味で、往時は五つの大門を持つ、周囲十二キロの城壁に囲まれ、広さ九平方キロメートルの大都市国家が、十二世紀末にジャヤバルマン七世によって建造された。約五十の塔がそそり立ち、それぞれの塔に四面の観世音菩薩のアルカイックなスマイルをたたえた巨大な顔が刻み込まれている。やはりアンコール・トムは、アンコール・ワットと並んで、遺蹟群の中心的な傑作建造物であろう。

象のテラスは、象の彫刻が多いので、そのように呼ばれている閲兵台だが、上の空き地で時代物と思われるカンボジア映画のロケーションが行われていた。真っ赤な絨毯を敷いた上に、王妃・皇太子・兵士達が時代衣裳を着て座っている。中にマヌカン刈りの男優もいたりして、大変珍しい。傍らで、有名な女優であろうか、村の若者が群がって写真を撮っていたので、自分も入れてもらう。

癩王のテラスは、癩王物語や癩患者が回廊の壁にレリーフされており、暗い、いかにも不気味な所。他に、近くのタ・プロム、テップ・プラナン、タ・ケオの遺蹟群も見学する。

午後からのアンコール・ワットおよびその周辺の遺蹟巡りは、色が黒くて顔の小さい、痩せたカンボジアの男性がガイドしてくれる。ガイドは、我々が同じアジア人のせいか、いかにも親近感を持って、説明してくれる。途中から、太ったフランス人夫婦も加わる。アンコール・ワットは、十三世紀の中頃に建造され、中心にピラミッドのようにそそり立つ五つの塔と、それを囲む三重の回廊、その外側には南北千三百メートル、東西千五百メートル、幅百九十メートルの堀を廻らした大寺院である。西側の表参道から堀を渡ると、参道の両側には蛇を型取った欄干が続いている。蛇は、守護神として東南アジア各地に見られる。城壁の大門を潜り、第二参道、第一回廊を進む。石造りの回廊内部壁面には、バラモンの神々の伝説、クメールの歴史等の素晴らしい彫刻が施されている。

第一回廊と第二回廊の間には、仏像が置かれているが、千体仏を祭った所の柱に、日本人森本右近太夫の、参詣記念の墨で記された落書きがある。一六三二(寛永9)年に肥後加藤清正の家臣森本右近太夫が父の菩提を弔い、老母の後生を祈るために、わざわざこのアンコール・ワットを訪れた内容が柱の上部に十二行にわたって書かれている。おそらく、当時の隣国シャム(タイ)のアヤタヤから参詣した森本右近太夫が、ここをインドの祇園精舎と勘違いして、落書きとして残したものであろう。現代の観光地での公衆便所の落書きとは異なり、三百三十年前に一日本人が参詣した記念の「文化財」として、興味深い。

第二回廊の内部は薄暗く、黴臭い。奥に中央本殿への階段があるが、途中はインド宗教のバラモン寺院として、ヴィシュヌ神は見られるが、仏像は比較的少ない。廃仏毀釈の影響であろうか。この本殿へは、高さ十三メートルの急な石段が四方から通じている。南側階段から、おっかなびっくり登ると、寺院を取り巻くジャングルが広がって見渡せる所で、写真を撮る。アンコール・ワットは、やはり素晴らしい遺蹟である事を痛感する。その神秘的な歴史、美しい石造りの偉容、回廊の隅々まで彫り廻らされた浮き彫りの物語伝説、森本右近太夫の落書きに寄せる親近感と回顧……。このアンコール・ワットほど、自分にとって感動的であったのを知らない。

アンコール・ワット以外の午後の小遺蹟巡りも、それぞれ印象深いものばかりであった。「燃える山」の別名のある「東メボン」、熱帯樹に押し潰された自在天の顔が痛々しい「タ・ソム」、気味の悪い「病人の浴場ネアック・ペアン」、朽ちた「タ・プロム」、こぢんまりとした「バクセイ・チャンクラン」等は、印象深かった。ホテルへの帰途、池の畔に出る。農夫が、新式のトランジスター・ラジオを手元に置いて聞きながら脱穀作業をしている対照的な風景が面白い。池では、母子が水浴をしていた。

　アンコール・ワットの前に戻ってみると、日本交通公社の『東南アジア』ガイド・ブックに載っていた若い男がいたので、その事を話したら、彼も自分が載っているのを承知していると、照れ臭そうに言う。彼と、記念写真を撮る。〔彼も数年後のポルポト派の虐殺の犠牲になった一人かもしれない。〕

ガイドブックに載っていた通訳の若者（左）『JTBガイドブック東南アジア』p.150より〈1964(昭和39)年12月刊〉

　グランド・ホテルのレストランで、昼間顔見知りになったフランス人夫婦と挨拶を交わし、すっかり意気投合する。二人とも、堂々たる体格の三十歳前後のカップルである。

12月27日(月)【1965】

**シェム・リアプ市内見物**

ホテルの横の土産物店で、角川文庫『写真・アンコール・ワット』（深作光貞）や、写真はがき、アンコール・ワットのレリーフの拓本紙、口と指で竹を震動共鳴させて奏でる竹笛、水牛の角で造った柄と刀身が逆のナイフ等、いろいろ買物をする。写真集は、五〇リエルで、アンコール・ワットやアンコール・トム等の遺蹟を知る上で、大変役に立つ。

　夕方、シェム・リアプ市内見物。こぢんまりとした町だが、静かで落ち着きがあり、緑が多く、清潔である。町の店々を冷やかし、ガイドとビールを飲んで、大いに気分を良くしてホテルへ戻る。

12月28日(火)【1965】

## シェム・リアプからプノンペンへ

グランド・ホテルで勘定を済ます。三泊して一人約七〇〇リエル。一泊約二、四〇〇円。ホテルからマイクロ・バスで平坦な草原を走り、シェム・リアプ空港へ。フランスの少女の家族と一緒になり、搭乗するスナップを撮ったりする。往路と同じ国内線のロイヤル・カンボジア航空)に乗り、トンレ・サップ湖の上空を南下し、一時間後にプノンペン空港着。

プノンペンは、カンボジアの首都で、人口約六十万人。「東洋のパリ」と呼ばれるように、区画整然とした美しい町である。空港からバスに乗って、市内に入る。ホテルは、町の中央に位置するビルの五階にあり、窓から下の道路を往来する自動車や人々をカメラに収める。ここもやはり、中国人が多いようだ。中央市場の立派な建物を目当てにしながら、路上で遊ぶ子供達やカンボジア女性の路上の物売り等を見て回る。シクロという輪タクが大変多く、洪水のように町を走り回っている。ビルマでは、サイド・カーのように、座席が横に付いているのに対し、この国のは、前に幌を付けた客席があり、運転手は、後ろから漕ぐようになっている。国立博物館、王宮、独立記念碑等の主要な市内観光をする。

王宮は、メコン河に面した、非常に美しい宮殿である。一八一三年の建造ということである。色彩豊かで、旅行ガイド・ブックにも「カラー写真の好被写体」と紹介されているが、全くその通りと思う。清潔で、お花畑も美しい。タイの寺院とよく似た屋根を持ち、テラスの入口には、アンコール・ワットと同様の大蛇の彫刻が造られている。国立競技場を横に過ぎ、アンコール・ワットを模したであろうと思われる独立記念碑の周囲を回る。近くには、モダンなアパート群が建ち並び、区画整然とした街路には、ほとんど人の姿が見られず、静かで落ち着いたプノンペンの印象を、ますます深く持つ。現在のシハヌーク政権は、反米的な姿勢を取り、河畔には、領空侵犯で撃墜されたアメリカ空軍のジェット戦闘機が飾られていた。

市街地へ戻り、とある映画館に入ってみる。この国の皇太后であろうか、老婦人の顔がスクリーンに写し出された時に、座っていたら、館の係員に叱られてしまった。この国もビルマと同様、映画上映の最初に、全員起立しなければならない事を知る。インドの映画も入り込んでいた。

　昼食・夕食ともに、町の中華料理店で済ます。これで冬休みを利用しての、ビルマ以外の初めての素晴らしい外国旅行は終わった。

12月29日（水）【1965】

**ビルマ・ラングーンへ戻る**

　カンボジア新聞を記念に買う。プノンペン空港へ行き、空港税一〇〇リエルを払う。途中、バンコック空港に立ち寄り、UBA機でビルマに帰国。「帰国」という言い方がすっかり身に付くぐらい、ビルマ人のスチュワーデスに会うと、やはり何かしら懐かしさを感じる。外国路線のUBA機は、フレンドシップ型のかなり豪華な機種を飛ばしており、機内食も良い。

　機内では、ビルマ語を用いて、スチュワーデスやボーイとも親しくなる。懐かしいビルマの水田が、眼下に現われてくる。ラングーン空港に着いたものの、荷物のチェック・ミスのため、旅行バッグが戻らず、ショルダー・バッグだけで帰宅。旅行の最後のところでトラブルが生じ、やや残念な幕切れではあった。

## モールメン〈モン州・テナセリウム管区〉

9月25日（日）【1966】

**ラングーン↓タボイ**

　朝3時半、マニーが起こしに来てくれる。いよいよ今日から期末休暇を利用して、下ビルマ地方・インドシナ半島のテナセリウム管区のタボイ、モールメンへの一人旅に出る。あまりに早く起きたので、再び眠る。5時半あわてて飛び出す。背広を着け、部屋の鍵を掛け、6時前にかろうじてエア・ポートに到着。そこからデニスに電話を掛ける。ぎりぎりだったので、待たされる時間が少なくて、かえって好都合だ。

フレンドシップ機の、なかなか良い飛行機だ。7時過ぎにモールメン空港着。飛行場には、いかめしい兵隊達が立っていたので、何事かと見ると、将校らしき兵士達が五〜六名乗って来て、我がもの顔をしている。

9時過ぎ、タボイ着。ウ・ペ・ニョンという人が迎えに来てくれている。大使館のウ・テイン・ハンからのウ・ペ・ニョン宛の紹介状を渡す。黒いエンジーと赤いロンジーを着けた太った男の人だ。UBAタボイ出張所のボスでもあるので、僕だけ彼の車に乗せてもらい、町の中にあるオフィスへ行く。そこで少し休憩をし、次のモールメンへの飛行機の予約をした後、チャーターしてもらったジープに乗る。

暑い。タボイは、小さな町と言うよりも、一村落と言ったこぢんまりとした集落である。ジープには、運転手・お巡りさん・英語の通訳が同乗する。ジープのチャーター料は、一日四〇チャット。ラングーンの日本人学校オーナーの親戚でもあるウ・ミョー・ニョンは、このタボイの"Deputy Commissioner"、いわば副知事の偉い人だ。公舎を訪問したが、留守。新妻のデニスの妹や太った叔母もいた。アン・ジーさんの手紙も渡す。公舎と道を隔てた向かい側のゲスト・ハウスに宿を取る。粗末な建物だが、無料なのは、ありがたい。留守番のお爺さんにチップを渡し、部屋の鍵を掛けて外出。もう一度、ウ・ミョー・ニョン宅に押しかけ、旅行の挨拶と許可を得る。

町で昼飯を食べる。「シュエ・タンサー・パゴダ」と言うパゴダにお参りする。帰り道に、僕がジープを運転したりする。13時から15時まで昼寝。微風が快適で、ぐっすり眠れる。空気がさらっとしていて、心地よい。15時にガイド達に起こされて、再び町へ出る。郊外をドライブして、女達が井戸端で水浴びをしているのを、写真に撮ったりする。この辺りは、もう雨季が明けたのか、かんかん照りの太陽で、雨の降る気配もない。バザーを見ても、野菜や果物といった生活商品はあるが、土産物にするような品物が見当らない。屋台のような店で、夕食を平らげる。タボイで一番大きな映画館の横を歩いたりする。英語通訳の友人が喫茶店でたむろしていて呼び止められ、中で折りたたみ傘を披露したりする。

９月26日(月)【１９６６】

## タボイ（マウマガン海水浴場へ）

朝、宿舎で日記を書いていると、ドライバー達がやって来た。通訳は、昨日と違ってペラペラよくしゃべるインド系の男だ。ポリスマンも違う。朝、モヒンガーを食べる。そこに、昨日の若い警官がいた。狭い町なので、一日であちこち顔馴染みになる。

７時半頃、水泳パンツを詰め込み、半ズボン姿でタボイを出発。しばらくすると郊外の川っぷちに出る。ジープを降りて、渡し舟に乗り換える。そこで、明らかにイギリス人との混血とわかる背の高い老人に出会う。ボロボロのロンジーを着、歯も抜けて、アングロの面影をわずかに残した老人。このような田舎にも、イギリスの血が生き続けているのだ。渡し舟の中は、賑やかだ。通訳が、しきりに僕の事をペラペラ紹介している。対岸から乗り合いバスに乗る。

マウマガンの町で、昼飯を笹の葉に包んで、再びバスをチャーターして海水浴場に行く。約五分。アンダマン海に臨んだ、とても美しいビーチだ。波が荒すぎて、とても水泳どころでないが、広い砂浜は、我々一行以外は、誰一人見当らない。芋の子を洗うような日本の海水浴場とは、大違いだ。しばらく泳ぎ、バンガローで、先ほどの笹の葉にくるんだ昼飯に舌鼓みを打つ。13時頃から三十分ほど昼寝。14時頃、もう一度泳いだ後、身仕度を整えてバスを待つ。ちっとも来ないので、往来に出てみると、傍にマウマガン小学校があった。浜辺の学校で、若い女の先生一人か二人の下で、子供が数十人勉強をしていた。許しを得て、二階に上がり、教室を見る機会を持った。教材・教具類はほとんどないが、子供達の表情は、人懐っこく明るい。砂の校庭で、生徒全員の写真を撮る。ビルマの学校を見る事ができて、思わぬ収穫だ。お礼を言って、辞去する際、子供達が終業の歌としてビルマ国歌「ガバーマチェー・バマーピェー……」を、オルガンなしで歌っているのが、聞こえてきた。

どうしてもバスが来ないので、停車場まで歩き、そこから別の乗り合いバスを使い、渡し舟の所まで行く。水がかなり引いていて、桟橋が移動していた。

夕方18時近く帰宅。ゲスト・ハウスで水をかぶり、塩分を洗い落として、ネクタイを締めて町へ。夕食を食べ、夜のバザーをぶらぶらする。ドライバー達が、僕にすっかり好意を寄せてくれ、ポテト・チップみたいな物を買ってプレゼントしてくれた。マンゴスチンを買ったり、郊外をドライブしたりして、20時過ぎ帰宅。途中で水筒の新しいのを買う。ジープのチャーター料を支払う。宿料は、二晩で六チャットなり。べらぼうに安い。明日の身仕度を整えて、就寝。

9月27日(火)【1966】

## タボイ→モールメン・ムドン

6時過ぎ起床。水を浴び、出発の準備。ドライバーが再び違っている。

Deputy Commissioner のウ・ミョー・ニョンの家へ赴き、お別れとお礼の挨拶をし、町に出てモヒンガーを食べる。例の若いポリス・マンがいる。UBAオフィスへ行く。8時半出発予定が一時間遅れそうなので、マーケットへ行き、鈴等の買物をする。UBAエイジェンシーのウ・ペ・ニョン氏宅に行き、タボイでのいろいろな配慮のお礼を言い、アンダー・シャツを一枚贈呈する。町役場へ行き、何だか訳の分からない手続きを済ませ、再びUBAオフィスに戻る。恐らく町を出る手続きであろう。僕の乗る飛行機は、いったんマーグイへ飛び、そこから戻って来るので、予定より遅れるとのこと。こういう遅れには慣れっこになっているので、覚悟を決めて、オフィスの机を借り、日記を書いたりする。ちょうど書き終わった途端、出発という事になり、荷物をジープで運んでもらい、自身はウ・ペ・ニョン氏の車に便乗して空港へ。良い天気で暑い。

12時近くに離陸。機はインドシナ半島の西岸に沿って北上。四十五分ほどで、モールメン着。エア・ポートで、アン・ジーさんの奥さんのお姉さんで、サングラスをはめた中年女性で名前はドー・キン・メイという方と、その甥に当るお巡りさんキン・モン・タン氏が迎えに来てくれていた。ドー・キン・メイさんのオフィスにちょっと立ち寄った後、キン・モン・タン氏とジープの運転手とで町に出る。彼は二十五歳で妻帯者。ハンサムな青年である。モールメンは、ビルマ第三の都市で、さすがに大きく小ぎれいな町だ。品物も豊富にある。とある中華料理店で、昼食を済ませる。ジープの運転手は、回教徒という事情で、決して我々と食事を共にしない。

ゲスト・ハウスへ宿を頼みに行ったら、そこでウ・モン・モン・ニョン氏の奥さんに会う。いろいろ交渉したら、そこに宿泊する事ができるようになった。今度の旅行は、全くついている。ビルマの友人の好意で、旅を続けているようなもので、これで宿舎の心配もなくなった。

町で本屋に入り、雑誌類を買う。ブラック・マーケットでロエ・エイ（シャン・バッグ）を買う。ついでにキン・モン・タン氏にロンジーを、運転手にスリッパを買って進呈する。市内をぐるぐるドライブするが、町の喧騒も夕ボイとは比べものにならない。やはりモールメンは、ビルマ第三の都市だ。町の感じは、ややタウンジーに似ている。回教寺院があるからだろうか。

16時頃、いったん宿舎に戻り、水泳パンツに着替え、お巡りさんのホンダ・オートバイの後ろに乗せてもらい、ムドンに向かう。『ビルマの竪琴』に登場する日本兵捕虜収容所のある村だ。時速四十マイル位のスピードで走る。往来に岩山があり、その上にパゴダが建っている奇観にも出くわす。約三十分で到着。村のお爺さんの店で、お茶をよばれ、収容所跡に行く。そこは、ゴム園になっていて、昔の面影は全然ない。何かしらセンチメンタルな気分にとらわれる。日没ももう近い。近くのシュエ・マサー・ゼリー・パゴダの池で泳ぐ。水は緑色で深い。二十年前には、この池で日本兵達が水浴びをしたり、洗濯をしたりしていたのであろうか。静かなビルマの夕暮れである。ポンジー（僧侶）が夕涼みをしているのが、遠くに見える。

陽がすっかり暮れてしまった。帰り道を急ぐ。たくさんの昆虫が目に飛び込んで来るので、とても開けていられないほどだ。

18時頃、モールメン帰着。今日は、ムドンに行けただけでも、価値があった。夜、ウ・モン・モン・ニョン氏の奥さんの手作りの料理で夕食を済ます。お巡りさんも一緒。

20時半過ぎ、ウ・モン・モン・ニョン氏夫妻と、夕涼みがてら町を散歩する。山の上に登り、モールメンの夜景を眺める。船の停泊しているのが、遠望できる。海岸の堤防も歩いて、21時頃帰宅。

部屋には、電球が一つしかなく、とても暗いし、疲れてもいたので、すぐに寝る。ラングーンから持参したベッド・シーツを使う。かなり冷える。こちらは、雨季もほぼ終わったとのことで、旅行中、一度も雨が降らない。

9月28日(水)【1966】

## モールメン・チャイマヤー

朝6時頃、目を覚ます。ゲスト・ハウスといっても、簡易木造なので、隣のウ・モン・モン・ニョン氏一家がごそごそ動き出すと、それにつれて床もみしみし鳴り、自然に起きてしまう。ウ・モン・モン・ニョン氏と、近くの独立記念公園を散歩する。ゲスト・ハウスの、僕の部屋は三号室だが、一号室にはドイツ人夫妻が泊まっていて、一緒に記念撮影をする。

車でウ・モン・モン・ニョン氏のオフィスへ行く。個室と、中に立派な事務机を持っている。それから、奥さんと、使用人の子守を連れて、車でチャイマヤーという町へ行く。チャイマヤー・パゴダをお参りする。デニスの両親が寄贈したという板が、本堂の中に貼り付けてあった。帰り道、眠くなり、ウトウトする。

モールメンに戻り、タイ式の珍しいタータナー・ナタウガーヤ・パゴダとチャタラン・パゴダを見る。UBAオフィスで、飛行機の予約確認をする。町をもう一巡し、漆の入れ物等の買物をした後、ウ・モン・モン・ニョン氏のオフィスに顔を出す。そこへ偶然キン・モン・タン氏が警察官の制服姿で現れた。ドー・キン・メイさんのオフィスと、すぐ隣だったからである。しばらく過ごした後、ゲスト・ハウスに帰って、午後15時半から17時半まで、疲れて昼寝。

17時半に、キン・モン・タン氏が迎えに来てたので、ネクタイを締めてドー・キン・メイさん夫妻の邸宅へ行く。ご主人は、ウ・トン・シュエ氏で、丘の中腹にある中流以上の立派な家である。それにしても、アン・ジーさんのお蔭で、親切なビルマの友人に歓待され、全く感謝の至りである。もう食事の用意ができており、ビルマ料理に舌鼓みを打つ。食事後、しばらく歓談をして、オートバイで夜のモールメンをドライブする。ドライブ・ウェイを走ると、夜気が心地よい。マンダレイ・ウィスキーを買い、ゲスト・ハウスでウ・モン・モン・ニョン氏とキン・モン・タン氏の三人で飲み始める。住所を聞いたり、お別れの言葉を書いてもらったりして、一本のウィスキーを完全に飲み干してしまう。足腰が立たないくらい、ぐでんぐでんに酔い、少し吐き気がする。キン・モン・タン氏も、足取りが危なっかしく帰って行った。

## 9月29日(木)【1966】

### モールメン→ラングーン

朝5時頃、一度目を覚まし、また眠り、7時頃ウ・モン・モン・ニョン氏の奥さんに起こされる。雨がしとしと降っていて、今度の旅行中、初めての雨天だ。昨夜からの飲酒で、完全に二日酔いだ。朝食で出たライチーがおいしくて、次から次へと食べる。

9時過ぎにキン・モン・タン氏も二日酔いのげっそりした顔で、オートバイに乗ってやって来た。最初は9時発の汽車でラングーンに戻る予定だったので、これで飛行機でしか帰る事ができなくなり、UBAオフィスへ行って手続きを済ませる。キン・モン・タン氏がどこからか車を借りて来てくれたので、荷物を整理し、部屋を引き払う。色々な物を買ったので、出発時の三個の荷物が八個に増えてしまった。計量をしたら、五ポンド超過で、一チャット払う。その後、車のオーナー宅へ行き、一服する。主人は、手広く自動車を貸している、少し耳の遠い中国人。そこで自転車を借り、町の中を写真を撮って回る。さらに中国人に車を運転してもらい、丘に上ったりし、最後にドー・キン・メイさんの事務所に顔を出し、お別れの挨拶をする。この方々には、本当にお世話になり、お礼の言葉が見つからない。お茶をよばれる。ビルマ人は、お茶が好きだ。どこへ行ってもお茶、お茶だ。

12時頃、モールメン空港へ。空港の近くにモールメン・カレッジがあった。キン・モン・タン氏と中国人が、最後まで付き合ってくれた。

13時過ぎに、ようやく飛行機が到着。今度のは、フレンドシップ型ではなく、ダコタ機のものすごい飛行機。でも、スチュワーデスは、タボイ→モールメン間の時と同じ女性で、にこやかに迎えてくれる。「あなたのご親切は、決して忘れません」と、キン・モン・タン氏に感謝の握手をし、機上の人となる。いよいよインドシナ半島の旅も終わりだ。今度の旅行は、一人でのんびり楽しんだ。多くのビルマ人の好意により、楽しく順調に旅を続ける事ができた。ベスト・ジャーニーの一つと断じても、過言ではないだろう。ダコタ機は、止まっている時は、すごい傾斜なので、一番前の座席に座り、水筒を床の上に置いていたら、最後尾まで滑り落ちてしまい、スチュワーデスが持って来てくれた。

14時前に、ラングーン着。地方を旅行して帰ると、やはりラングーンは大都会である事を実感する。空港レストランで昼食（西洋料理）をとる。食堂の窓から、大使館の吉野氏と、すでに昨年12月に帰国された千坂氏を、ちらっと見かける。

食事後、帰宅。日本人学校の二階とは言え、一年半住み慣れた我が家は懐かしい。マリーがいたので荷物を部屋に入れてもらう。休憩する間もなく、すぐ大使館へ行き、ささやかなお礼として、菊池氏とウ・テイン・ハンにモールメン・パイプを、ウ・テイン・ハンにはさらに草履を置いてくる。次にアン・ジーさんの家へ行ったら留守だったので、パイプと草履とドー・キン・メーさんの手紙を置いて来る。夜20時頃、畑中先生宅にお邪魔し、パイプとモールメンの市場で買った漆の器をお渡しする。これで、お世話になった方への挨拶は一通り終わった。

21時頃、町へ出、グレゴリイ・ペック主演の『アラバマ物語』を観る。良い映画なのだろうが、英語が難しく、意味がよく理解できない。途中、うつらうつら眠ってしまった。旅の疲れも出たのであろう。デニスの家に行き、少し話す。昨晩、ヘンリーの家で、デニスの誕生パーティを開いたそうだ。

## シリアム〈ラングーン管区〉

10月1日(土)【1966】

### シリアムへドライブ

昨日、菊池淳くんより電話がかかり、シリアムへドライブしないかと誘って来てくれた。この上ないチャンスなので、OKと二つ返事で約束し、本日のビルマ語レッスンは、中止とする。また昨日は、使用人の給料日でもあった。昨日、ネ・ウイン将軍がアメリカ、日本、タイの訪問を終えて帰国したニュースも流れていた。

朝7時半に目を覚まし、身仕度を整える。コックが休みなので、朝食は、抜き。カメラ一台ぶら下げて畑中先生宅へ。宏くん、淳くん、謙くんを車に乗せ、ガーディアン紙新聞本社の横のアパートへ、ウ・テイン・トン氏を迎えに行く。彼は、田中氏宅で、ビルマ語のレッスンを終え、9時過ぎに帰宅したので、その後、全員でフェリー・ボートの桟橋へ出かける。新しく出来た桟橋で、そこの事務所で乗船手続きを済ませ、車をフェリー・ボートに乗せる。東洋系の外人一家を見かけ、甲板で話しかけたら、タイ人とのこと。写真を撮ったりする。お互いにジープをチャーターして来たので、「じゃあ、シリアムで一緒に行動しよう」という事になる。

シリアムに着き、彼らがレストランで朝食兼昼食を始めたので、我々も持参した握り飯を食べる。シリアムは、町というよりも、むしろ村落に近い。すぐ郊外に出、割にきれいで大きなチャイカウ・パゴダを見て回る。暑い。さらにドライブを続け、チャウタウンという村に出る。濁った大きな川の真ん中にパゴダが建っていて、その周りを大きな魚がうようよ泳いでいる。ポップコーンを投げると、たちまち魚が寄って来て、パックリと食べてしまう。そのパゴダの中で、タイ人一家に再会する。その後は、一家と行動を共にする。帰途、チャイカウ・パゴダにもう一度立ち寄る。タイ人の妹さんは、少々ちびで、太ってはいるが、愛想の良い娘さんである。

15時半のフェリー・ボートに乗る。車体が低いので、ガリガリ音を立てながら、車を船に乗せる。大分フレームに傷が付いたかもしれない。帰りの船の中では、タイ人の主人と、その弟と話をする。弟さんは、明日バンコクに帰国するとのこと。随分たくさん運転し、くたびれた。ラングーンに戻り、タイ人一家と別れ、ウ・テイン・トン氏を自宅に送り、子供達をそれぞれの家に送り届ける。

今晩タイ人に招待されているので、帰宅後、大急ぎで水浴し、18時頃、またウ・テイン・トン氏を迎えに行き、ウインダミア・ロードの端にある屋敷にお邪魔する。田中氏邸の近くの、立派な屋敷である。日本の盆踊りに少し似ているタイの踊りを踊ったりして、楽しく過ごす。お姉さんは、タイの伝統的な踊りを見せて下さった。弟さん（叔父さん）も、誠に好人物で、楽しく過ごす。今晩は、大使が日本でのネ・ウィン議長接待の役を終えて戻り、その報告会兼歓迎パーティがあるのだが、そちらの方は結局、欠席した。

明日の昼食を、共にする事を約束して別れる。

10月2日(日)【1966】

## タイ人一家と昼食・期末休暇終わり

朝9時半頃、背広を着て、ウ・テイン・トン氏を迎えに行く。

森田氏の近くの「ナム・シン・レストラン（南新酒家）」で、昨日シリアムで知り合ったタイ人一家と、昼食を共にする。姉妹は、今日も華やかに着飾り、ショート・スカートをはいている。僕が前払いで一〇〇チャットお渡ししたら、それが戻されてしまった。食事代は、合計三二九チャットで、申し訳ない気持ちで一杯である。食事後、飛行場まで車の競走をしながら、乗り付け、空港ロビーでまた酒を飲む。帰途、ウインダミア・ロードの彼らの屋敷まで行き、家の中には入らず、車の中から挨拶をして引き上げる。

シリアムへのフェリー・ボート上でタイ人一家と

期末休暇の最後の二日間、シリアム行きから、思わぬタイ人一家とも友達になれて、モールメン、タボイと、シリアムと続いた八日間の期末休暇も、あっと言う間に終わった。学校の仕事は、全然手を付けていないが、明日からの第二学期は、気分一新して頑張ろうと思う。

## バセイン〈イラワジ管区〉

10月28日（金）【1966】

### バセインへ船の旅

今日から四日間、マニーとイラワジ河流域デルタの都市、バセインへ船で旅行する。午前中、授業を済ます。

今日のガーディアン紙には、大きな記事が載っていた。ウ・ヌ氏とウ・バ・シュエ氏が拘禁状態から釈放されたというニュースだ。畑中先生からお借りした朝日新聞に、ざっと目を通す。プロ野球でセ・リーグの巨人が日本シリーズで再び優勝した事や、佐藤内閣の閣僚のトラブルが相次いでいる事などが記されている。

15時に、学校を出発。ゴッドリーフのモン・エイを連れてラングーン港に行く。着いてみると、船の切符と船室が取れてないとのこと。大使館のウ・テイン・ハンに、あれほど予約の催促をしておいたのに、当日、船上で買わなければならなくて、がっかりする。

18時頃出航。マニーはインド人のため、係官に遠慮しているためか、頼りなくちっとも埒が開かないので、業を煮やしてずかずかと二等船室に入り込み、新聞紙を敷いて床に座り込む。年ごろの娘を三人伴ったビルマ人一家が、椅子を分けてくれて、ようやくほっとする。夕食がないので、船内でケーキとジュースで済ます。覚悟を決めて、床の上で雑魚寝を始める。マウーベンの辺りで、数回目が覚める。深夜0時半頃、マウーベンでいったん止まる。この船は、昼頃にバセインに到着する予定で、さらに夜中の1時半から約三時間程眠る。これで何とか最低の睡眠時間はとったものの、まだ頭がボーッとしている。寒い。二階の前の部屋が一等室になっていて、そこは窓が開けっ放しになっているので、夜中は、ビュービュー風が吹き込んでくる。

本日の出費は、船の切符代二〇チャットを含めて、三七チャット。

10月29日(土)【1966】

## バセインにて

早朝4時半、船中にて目が覚める。船は、薄やみの中、巨大な水郷のように、椰子林に囲まれたイラワジ河の濁流を進む。昨日、船内で親切にしてくれたビルマ人一家と、世間話をしたり、「さくらさくら」「上を向いて歩こう」「ビルマ国歌」を歌ったりして、すっかり親しくなる。この家族は、父がウ・テイン・タン［U Thein Tan］、母がドー・ピョン［Daw Phone］、長女マ・セイン・ミャイン［Ma Sein Myaing］、次女ミャー・ミャー・セイン［Mya Mya Seine］、三女ティン・ティン・フラ［Tin Tin Hla］と言い、ラングーンの住所は西ラングーン［No. 136, Anawratha Road, East Rangoon.］である。

朝8時にワーケマーに到着。彼らの下船の際の荷物運びを手伝ってあげ、桟橋の所で全員の記念撮影をして別れる。彼らは手を振って往来を歩いて行った。9時まで船は、ワーケマーに停泊。その停泊中、ビルマの一人の子供が部屋に入って来て、彼の小銭入れを残しておいてから、ザンブリと河に飛び込み、濁流を向こう岸まで泳ぎ切り、再びこちらの船室に戻って来て、金をくれと言う。自分の泳ぎを見せて、小金を稼ぐ商売だ。マニーに竹に包んだ飯を買って来てもらうよう指示したところ、パンを買って来た。同室のビルマ人老夫婦が、僕らにご飯とおかずを提供してくれる。ビルマ人の親切が身にしみる。ようやく人心地がつく。一等船室も空いてきた。日本上段のベッドを独占して、上着を脱いでくつろぐ。日本に来たことのある青年と話をしたりする。バセイン到着は、夕方になるとのことで、こんな調子では、月曜日に戻れるか心配だ。

12時近くに、ミャウンミャという、比較的大きな船着場で、他の二家族も下船してしまい、バセイン・カレッジに入学する十八歳の学生と、その連れだけになってしまい、悠々と四人で船室を占める。

バセインへは、結局、16時に到着。昨日、カンベの家を出たのが15時だから、丸一日以上、船の中でも二十二時間ほどいたわけになる。バセイン・カレッジの学生と、夕食を共にしようと約束する。

はるか彼方に町らしい家並みが現われ、金色のパゴダが一つ輝いている。16時半、バセイン港に到着。町は、なかなか賑やかで、大きい。港付近は、沢山の輪タク、三輪タクシーが並んでいる。港の事務所へマニーと行くと、明日の切符は、すでに売り切れで、11月6日まで空いている切符はないとのこと。それまでバセインに足止めかと、一瞬びっくり仰天したが、そのクラークが明日の乗船台帳を見て、僕の名前で予約はしてあるそうで、直後ほっとする。「地獄で仏に会う」とは、こういう場合を指すのであろうか。大使館のウ・テイン・ハンが予約をしておいてくれたのだろうが、モン・エイが気づかなかったのであろう。だから、この行きの船旅も、多分一等船室に自分の席があったはずであろう。マニーの帰りの予約はしてないので、僕より遅れてラングーンに戻る事になる。姉の家でゆっくりすれば良い。

ゲスト・ハウスに行き、今晩の宿泊を頼む。大使館の紹介状を見せると、快く応じてくれた。マニーも同泊する。電話局に行き、以上のいきさつを、畑中先生宅に話す。輪タクで、マニーの姉の家を訪問。再びゲスト・ハウスに戻り、丸一日以上の汗をシャワーで流す。夕方18時半過ぎに、例の学生とその連れがジープに乗って、ゲスト・ハウスに来てくれた。連れとは、学生の伯父に当たるという事が、後で判明したが、全員でバセインの町に繰り出し、中華料理店で夕食をとる。空腹で大変うまい。町は、ちょうど灯祭りの頃で、近郊からやって来たビルマ人で大層賑わっている。横の露地に入り込めば、セロハンの提灯に蝋燭をともし、なかなかきれいだ。ラングーンと比べれば、やはり小さな町なので、ぐるぐる回っていると、同じ場所に何度も出てしまう。メイン・ストリートでお茶を飲む。一軒の傘屋で、日傘を買う。バセイン傘を「ブテイン・ティー」と言って、この町の特産品として知られている。傘をさしたバセインの女性は、なかなか美しい。

ジープの運転手と別れ、歩いて「シュエ・ムッドー・パゴダ」へお参りに行く。船の中から最初に目に付いた、一番大きなパゴダである。マニーやバセイン・カレッジの学生のモン・チョー・ティン君（通称、トミー）と花を買い、お祈りをする。夜のパゴダは、人も少なく、静かである。パゴダの外でおみくじを買い、トミーらと別れる。マニーとサイカーで宿舎に戻る。途中まで、自分がサイカーを漕いでみる。宿舎のゲスト・ハウスは、広くて居心地が良い。

本日の行動時間帯は、次の通りである。

0時30分マウーベン↓5時30分シュエラン↓8時ワーケマー↓10時30分サガミャー↓11時45分ミャウンミャ↓14時30カンユワ↓16時30分バセイン。

本日の出費は、バセイン傘二五チャットを含めて、七六チャット。

10月30日(日)【1966】

### バセイン遊覧

朝6時に起床し、バザールを見に行く。その町の朝のバザールは、一見の価値があるが、ビルマでは、とりわけパゴダと朝市が何と言っても興味深い。うろうろ歩き回り写真を撮ったり、朝食代わりにモヒンガーを食べたりする。サイカーで戻る途中、パゴダの近くでトミーに会う。彼は自分の下宿先を決めるために、われわれと今日は同行できない旨の置き手紙を、ゲスト・ハウスに届けた帰り道とのこと。仕方なく、予定を変更して、マニーと終日バセイン見物と買物をする事にする。パゴダの近くで、タクシー屋と交渉し、朝9時から午後16時までで、三〇チャットのオート三輪をチャーターする。午前中は、パゴダや飛行場、大学を見学。最初に行ったパゴダは、野原にぽつんと建つ寺院ではあるが、田圃の途中から境内になっているのか、裸足にならねばならない。休憩所のような小屋でフィルムを入れ換える。四、五人のポンジー（僧侶）が、物珍しそうに見ている。こんな所に来る日本人は、いないのだろう。町に帰り、再び郊外へ出てバセイン・カレッジを見る。日本の中学校のような二階建ての校舎が二、三棟あるキャンパス。飛行場をちらっと見た後、一軒の農家に立ち寄り、米を頼んでおく。一俵五〇チャットだが、今はお金の持ち合わせがないので、後でマニーがラングーンへ運んでくれるようにする。イラワジ・デルタの肥沃な土地で作った米だが、旅行のついでの米の買い出しは、日本ではちょっと想像できない経験である。

昼食を町の中華料理店で済ませた後、町で一番大きな傘屋さん「バンドゥーラ・アンブレラ・ショップ」で、バセイン傘を七本購入する。平均して一本一七チャットだが、いろいろめぼしい商品を並べてもらう。ここの親父は、英語も話せて、にこにこして愛想が良い。その後、マニーのお姉さんの家に行き、朝頼んでおいた「ハラワー」という、芋のゼリーのようなバセイン特産を三つ受け取る。

ジュースを飲んで休憩後、バセイン市内をもう一巡して、ゲスト・ハウスに戻り、運転手に車のレンタル料を払って別れる。朝は無愛想だった彼も、昼ご飯を共に食べたりしたので、半日ですっかり打ち解けて、帰りがけには、「サンキュー」と言ってくれた。

ゲスト・ハウスで支払いを済ませ、小休止後、帰り支度を始め、船着き場に行く。まだ船は、着いていないが、たくさんの人で大混雑だ。偶然そこで、トミーと伯父に会う。伯父は、僕と同じ船でラングーンに戻るとのことで、荷物を見守ってもらい、トミーとマニーの三人で、夕食を買いに戻る。川っぷちで、先ほどの運転手に再会したりする。先ほどの中華料理店で、二人分のカウスエと夕ミンジョ（焼き飯）を作ってもらい、葉っぱに包んでもらう。

　夕方17時頃、船が着いた。降りる客が済んだ後、みんな争って船に駆け込んで座席の取り合いをする光景は、日本のラッシュ・アワーのそれとそっくりだ。僕は二階の一等室のＦ室なので、あわてず乗船。

　一等室には、二人ずつ入るのだが、Ｆ室は、ミャウンミャ村までは、僕一人であった。ＡＢＣの各部屋は、全部ビルマ軍人が独占している。下の二等船室は、狭い場所に百人位のビルマ人が、茣蓙や紙を敷いて座り込んでいる。エンジンの音がうるさく、暑く汚くて狭いので、一等船室と比べると、一〇〇チャット分の相違があるように思えるのだが、三〇と一〇の、二〇チャットの差で、快適さで大きな差を感じる。マニー、トミー、ジープの

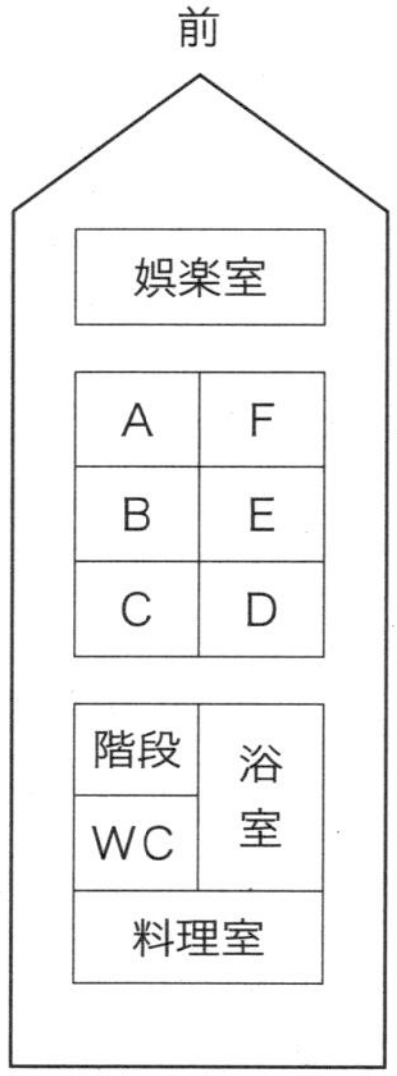


運転手は、夕方18時頃に帰って行った。

　夕闇が迫って来る。バセイン旅行も終わりに近い。イラワジ河畔の、夕暮のシルエットの、なんとロマンチックな事よ。

　予定より二時間遅れ、18時半出航。この調子では、明日の学校は遅刻するかもしれない。船は、汽笛を鳴らしながら、進路を変えて、ラングーンへの帰途に就く。イラワジ河口の小さな町ではあったが、このバセインへの船旅は、一生忘れはしないだろう。さようなら、バセイン。

　船の前部の娯楽室に入り、船窓を開けて、深呼吸をして夜風を思い切り吸う。船は、サーチ・ライトを水面に映しながら、河を上ったり下ったりして進んで行く。部屋の中は、蚊帳付きのベッドが二つ、洗面台、鏡、机、電球、通気孔、洋服タンスと、至れり尽くせりだ。夜21時頃、ミャウンミャ村から、一人のポンジー（お坊さん）と同室になる。眼鏡をかけた四十歳くらいの大柄な僧侶だ。僕は蚊帳を吊って寝たふりをしていたら、本当にぐっすり眠ってしまった。

　本日、訪れたパゴダは、①シュエ・ジー・イエ・ナウ・パゴダ［Shwe Kyi Ye Nauak Pagoda］（田圃の中のバゴ

ダ）、②タ・ガウン・パゴダ［Ta Kyaung Pagoda］（二番目に見た、写真を撮っただけのパゴダ）、③シュエ・ムッ・トー・パゴダ［Shwe Mu Taw Pagoda］（バセインで最も大きなパゴダ）の三か所だった。

本日の出費は、バセイン傘一二〇チャット、船賃三二チャットを含めて、三四四チャット。

10月31日(月)【1966】

## ラングーン帰着

デルタ地帯の朝は早い。5時に目を覚ますと、もう河岸は、ほの白みかけている。まだ船内は暗い。バス・ルームへ行き、入浴をする。水は濁ってはいるが、これぐらいは当然、我慢しなければならない。

同室のポンジーも起きてこられたので、朝の挨拶を交わす。朝食は、紅茶とトーストと卵焼きである。

朝8時半頃、マウービン村に着く。朝の賑わい。行きは、ここは真夜中だった。朝食後、トミーの伯父や、その友人五、六人が入れ代わり立ち代わり、僕の部屋に遊びに来る。そのビルマ人の中で、実に絵のうまい若い男がいて、ラングーン港に着くまでいろいろな絵を描いてもらう。マンダレイ王城、パガンのアーナンダ・パゴダ、ビルマの男女の踊り、尼さん、お坊さん、ビルマ族男女の正装、チン族・カチン族・首長族・カレン族・シャン族等の民族衣裳をまとった種族の絵を、何も見ずに次から次へと描いていく。少しは絵の勉強もしたのだろうが、実に器用な青年である。合気道や棒術を習ったという、インテリくさいビルマ人とも話を交わす。

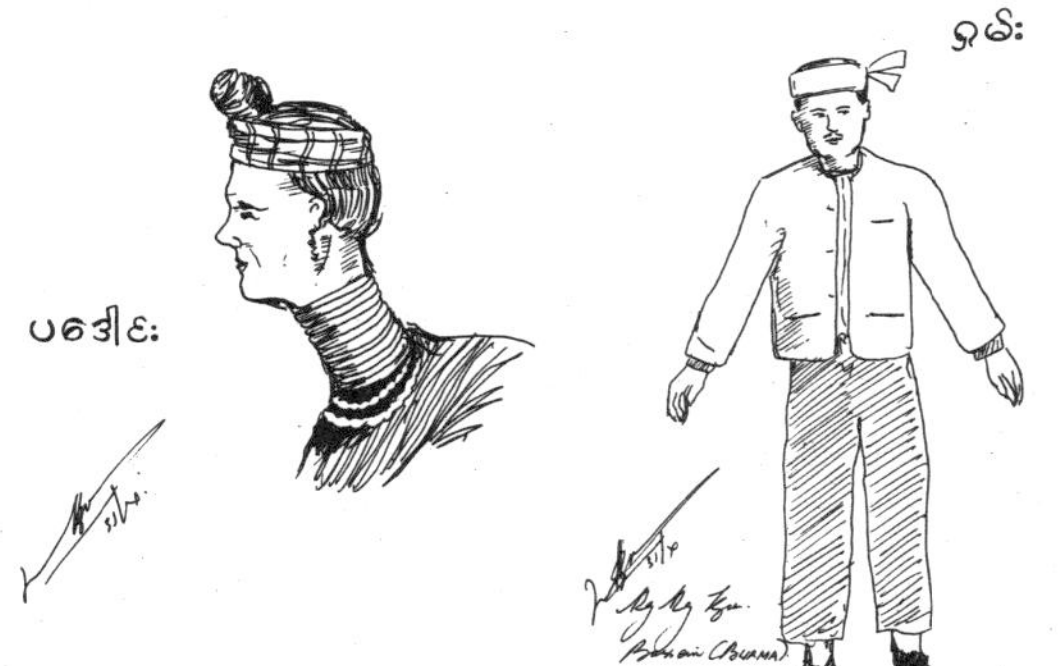

首長族（パダウン）とシャン族

9時頃、はるか向こう岸にラングーンのシュエ・ダゴン・パゴダが見えて来た。予定よりも早く帰れそうだが、日本人学校では、もう二時間目が始まっているだろうな。船内での喫茶や食事の支払いを済ませて下船の準備に入る。やはりシュエ・ダゴン・パゴダは、ラングーンの象徴だけあって、遠望してから港に着いたのは、それから一時間半後の10時半。船窓からモン・エイが車を止めて待ってくれているのが分かる。トミーの伯父や、その友人達に、あわただしく挨拶して、土産のバセイン傘等を小脇にかかえ、下船し、車に。バセインを二時間遅れの昨夕18時半に出航し、かっきり十六時間、ラングーンに二時間遅れで、到着した事になる。

大急ぎで帰校。学校は、昼の放課だった。

本日の行動時間帯は、次の通りである。

10月30日・18時30分バセイン→21時ミャウンミャ→10月31日・早朝ワーケマー→8時30分マウーベン→10時30分ラングーン。

本日の出費は、船内での食事代他、一七チャット。

## プロム〈ペグー管区〉

12月3日(土)【1966】

雨季も一月程前に終わり、僕の在任期間も少なくなってきた。

### プロムへドライブ旅行

午前中は、学校の仕事をし、午後からの週末を利用して、ラングーンより北西約三百キロの位置にあるプロム（ピィ）を、自動車で旅行する予定を立てて、大使館にも事前に旅行届けをウ・テイン・ハンに出しておく。

朝、早めに起きて、昨日からの「遠足のしおり」のガリ切りを続ける。マニーに、丁寧に洗車を頼んでおく。道徳の時間、帰国直前の内田克英くんへのお別れの手紙を書かせる。

授業後、すぐ食事を済ませ、ショート・パンツにスポーツ・シャツといった軽装で、いよいよプロムに出発。畑中先生宅のゴッドリッフへモン・エイを迎えに行く。ガソリンを満タンにし、脇田氏と三人で、長距離ドライブに出発。約百八十マイルあるので、各六十マイルずつを僕、脇田氏、モン・エイの三人リレーで運転する事に決める。

12時45分、畑中先生宅出発。

14時25分、タイチー通過。

14時52分、ちょうど六十マイル走行し、運転を交替。

15時、オーカン通過。

15時20分、トンゼ通過。

15時30分、タヤワディ通過。車の中で一時間仮眠。

17時、ちょうど百二十マイル走行し、運転を交替。日が暮れ始める。右手にはペグー山系かシャン高原か、はるか山並みが連なり、あとは一面の平原。国道を水牛、鶏、家鴨、犬等が横切るので、運転しにくい。

17時40分、パウンディ着。ここでガソリンが尽き、給油。日は、とっぷり暮れ、集落の中心のパゴダに灯が灯されている。ガソリン・スタンドがどこも閉まっていて給油できず、モン・エイがうろうろ探している。プロムまであと三十六マイルなので、もう一ガロンさえ入れれば良いのだ。消防署のおじさんに頼み込み、署の前のスタンドを開けてもらい、ドラム缶から二ガロンのガソリンを入れてくれた。その好意に感謝して、余分に金を払おうとすると、実費以外は、全然受け取ろうとしない。暗いのに、見物人が一杯集まって来て、我々の動きを見つめている。これでプロムまで大丈夫だ。結局パウンディには、三十分程時間を費やし、18時15分出発。

18時35分、エンマ通過。街道の脇の兵舎だけが、電気を煌煌と付けている。

19時07分、シュエダウン通過。

19時30分、プロム到着。ぴったり百八十マイル、パウンディでのロス・タイムを差し引けば、ほぼ七時間。ここは、一見してバセインと似たり寄ったりの規模の、比較的小さな町だ。ラングーンからの鉄道の踏み切りと交差する。町をぐるぐる回った後、とにかく宿舎を、とプロム駅の事務所に相談に行く。幸運にも、駅の二階の部屋が取れ、宿泊代三四チャット支払う。

荷物は車の中に入れたまま、町に引き返し、中華料理店でカウスエ、ヒンジョー等の夕食を、薄暗い光の中で取る。映画館の前をうろついて、果物を買う。夜21時頃、宿舎へ。疲れていたので、すぐベッドに横になる。

12月4日(日)【1966】

## プロム→ラングーン

朝5時に、モン・エイが起こしに来てくれた。荷物をまとめて、6時に宿舎を出る。プロムの朝風がすがすがしい。朝のバザールを見に行く。近くのイラワジ河で獲れたという一メートル位の大きな川魚も売っている。静かなイラワジ河の流れを、カメラに収めた後、朝食を道端の店で摂る。モヒンガーを食べる。

吉岡徳喜さんという、五十四歳の元日本兵を訪ねる。ウ・アウン・カーというビルマ名を持ち、ビルマの女性と結婚して、戦後も日本に復員せず、プロムに住み着いて、自動車修理工場で成功している方である。この地を訪れる日本人は少なく、我々を大歓迎して下さる。彼の経歴や戦争に対する考えを、いろいろお聞きした後、一緒にプロムの町を見学したり、有名なシュエ・サンドー・パゴダを参拝する。シュエ・サンドー・パゴダの境内で、五〇チャットで民族楽器の太鼓オーズィーを買う。

さらに、郊外にある二千年前のピュー族の遺蹟まで案内してくれたりする。そこからの出土品を陳列している展示館にも入ったりする。町をぐるぐる回り、昨晩の中華料理店で、吉岡さんが昼食をご馳走して下さった。12時過ぎ、吉岡さんに懇ろにお礼を申してお別れし、再び駅の宿舎で水を浴び、帰途に就く。

13時、ガソリン・スタンドで給油し、行きと同じコースで帰途に就く。やはり三人で、三分の一ずつ運転し、19時ぴったりに、学校に帰着。荷物を下ろし、早々に就寝。

今回のプロム旅行で、最大の収穫は、何と言っても、元日本兵の吉岡さんとの出会いであろう。

## パガン〈マンダレイ管区〉

1月2日(月)【1967】

### マンダレイ→パガン

本日から、ビルマ最後の冬休み六日間を利用して、マンダレイ、パガン旅行に出る。

午前4時、起床。5時20分頃、ラングーン空港へ。7時、離陸。麦わら帽子に長袖のYシャツといった出で立ちなので、機内でもスチュワーデスがビルマ新聞を渡してくれる。

9時かっきりに、マンダレイ空港に着陸。パガンに同行して下さるウ・マウン・マウン・ティン先生が、すでに迎えに来て下さっている。三十分以上待たされ、ようやく荷物を受け取り、チャーターしたジープで、マンダレイの町へ。モヒンガーが実においしい。

10時半、マンダレイを出発する。ここからジープで、パガンまで行くのだ。朝が早かったので、ジープの中で居眠りをする。朝風が冷たい。上ビルマも、今は「冬」なのだ。

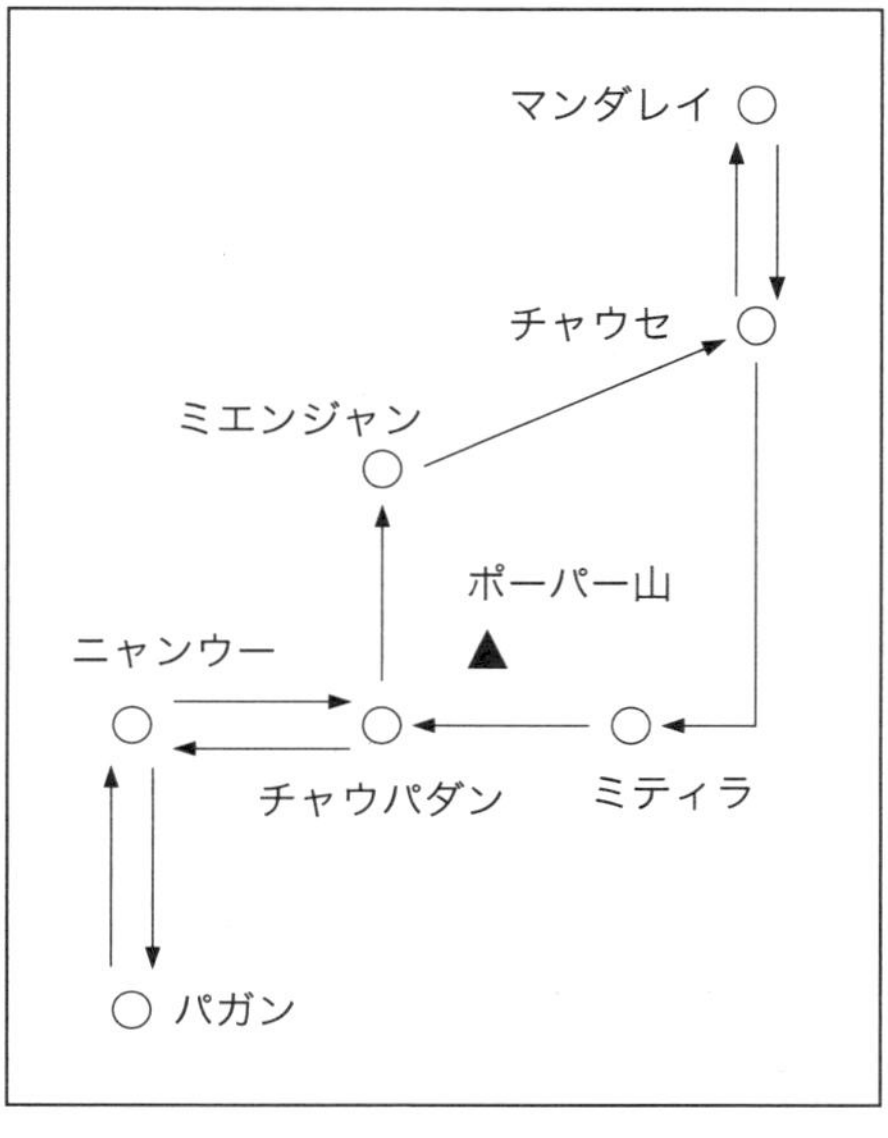


12時15分、クーメ［Kume］着。エンジンの調子が悪く、道端に止まって修理。

14時30分、ミティラ［Meiktila］着。戦争中は、「メイクテーラ」として日本兵には、激戦地として忘れられない町である。付近の農家には、色鮮やかな唐辛子が地面いっぱいに干されている。

16時30分頃、ポーパー山［Mt. Popa］が、はるかに見え始めて来る。死火山と言われるが、いろいろ仏教説話にも登場する山である。ミティラあたりからは、舗装道路も途切れがちになり、砂ぼこりを上げながらジープは、走る。少し運転をさせてもらったが、ハンドルの感覚がつかめず、あっちへフラフラ、こっちへフラフラと危ないので、すぐ運転手に交代する。

17時20分、チャウパダン［Kyauk Pataung］着。マンダレイから百五十マイル走破した。ちなみに、マンダレイ＝パガン間は、先日12月初めにドライブ旅行したラングーン＝プロム間とほぼ同距離の百八十マイル。従って、パガンまで、あと約三十マイル。夕闇が迫って来る。マンダレイで着替えたショート・パンツでは、寒く感じる。

18時25分、ニャンウー［Nyaung U］着。ついにパガン［Pagan］の入口に、着いたのだ。パガンは、十一世紀まで数多くのパゴダ群を建てたパガン王朝の首都であったが、蒙古軍の進攻によって攻め滅ぼされた廃墟である。数千の仏塔・寺院が、乾燥地の中に取り残されており、「ビルマの奈良」と呼ばれる。カンボジアのアンコール・ワット、インドネシアのボロブドールに比肩し得る世界三大仏教遺蹟ではあるが、まだまだ観光的には、前二か所には及ばない。が、帰国までに、一度は見ておきたい所である。中華料理店で夕食を取り、ウ・マウン・マウン・ティン先生の友人宅に民宿する。

うす暗い。大きな土間で、子供達が勉強している。疲れていたので、パガンまでは行かず、戸外で水浴をする。ただでさえ寒い晩なのに、思い切って水をかぶり、体中震え上がる。

夜20時、就寝。寒いので、靴下やトレパンを履く。

1月3日(火)【1967】

**パガン見学**

朝6時半に起きる。九時間以上眠り、昨日の強行軍の飛行機とジープ旅行の疲れも、少しは取れたか。寒い。

7時半にニャンウー出発。いよいよパガンへ。ウ・マウン・マウン・ティン先生が終始付き添って下さるので、大変勉強になる。

8時、ンゲ・ピ・タウン・パゴダ［Nget Pyi Taung］に上る。このバゴダは、シン・アラカン寺院［Shin Arakan's Monestery］とのこと。

8時20分、シュエ・ジ・ゴン・パゴダ［Shwe Gi-Gon］

見学。ニャンウーで、金色にキラキラ輝く、一番大きく立派な寺院で、釈迦の歯と骨が納められているとされる。折から訪れる人もなく、静かである。

9時、ティロ・ミンロ・パゴダ［Hti-Lo Min-Lo］見学。パガン市外にある、赤煉瓦で二層の大きなパゴダで、ちょうど一昨年冬のカンボジア旅行で観たアンコール・トムの「火の山」の遺蹟に似ている。パガンのパゴダ群が、一望の下に見下ろせるので、カメラに収める。

9時15分、博物館［Pagan Museum］を見学。アーナンダ・パゴダの横にある。そこで休憩し、焼きそばを食べる。10時半、アーナンダ・パゴダ［Ananda Pagoda］。パガンの数多くある寺院の中でも、最も良く知られているバガンを代表する寺院、と言われている。チャンスィッター王によって建造されたと言われている、バランスの取れたパゴダ。

11時、パガンのゲスト・ハウス到着。植え込みのある、割に小綺麗な建物で、二階の一番端の部屋を取る。先生は、ぶるぶる震えながら、水をかぶる。毛布をかぶって午後13時頃まで、仮眠を取る。下着を洗濯して、裏の空き地の曇り空に干す。

13時過ぎに、イラワジ河に下りてみる。ジープも戻って来たので、パガン見物を再開する。

13時半、ゲスト・ハウスのすぐ近くのゴドパリン・パゴダ［Godopalin Pagoda］に上る。これも美しくて大きなパゴダで、ちょうど午前中のティロ・ミンロ・パゴダの反対側より、パガン市内を見回すわけである。また、イラワジ河に近いので、河に向かって沈む夕陽の美しい眺めができるパゴダとしても、有名である。

14時半より、三つのパゴダを見学。①Nga-Kywe Na Daung Pagoda（苔の生えた壊れたパゴダ。タビンニュ寺院の近くにある。）②Nat-Hlaung Kyaung（パガンで唯一のヒンズー教寺院。ヒンズーの神ビシュヌ神が祀られているとされる。）③タビンニュ寺院［Thatbinnyu Temple］（パガンで、最も壮麗なパゴダと感じる。僕の好みとしては、アーナンダよりも惹かれる。白い大きなパゴダで、階段の上り口も、広々としている。アーナンダの近くにあり、パガンの中心部みたいな所。ここから城門タラバー門も、遠望できる。六十一メートルの、一番背の高い寺院。）

15時、タンドー・チャー石仏［Thandaw-Kya］。よく絵はがきで見る煉瓦作りの仏像。背後の小屋の煉瓦屋根が崩れ落ちて、青空が見える荒廃した寺院。その後、シュエ・グージー・パゴダ［Shwe Gugyi Temple］。アラウンシットゥ王が息子のナラトゥ王子に幽閉され、殺害された所。

15時15分、パガン王朝時代の図書館［Anawratha's Library］を覗いたが、鍵が掛かって入れない。

15時30分、パガン王朝時代の城門を、カメラに収め、近くの茶店でコーヒーを飲む。学校が終わったらしく、子供達がぞろぞろと帰って行く。ゲスト・ハウスに戻り、二時間程、昼寝。18時、ニャンウーへ夕食に。20時、ゲスト・ハウスに帰り、部屋の中で先生といろいろ話をする。帰国後も、ビルマの歴史で分からない事が生じたら、手紙で問い合せるから教えて下さい、とお頼みする。

1月4日(水)【1967】

**パガン→マンダレイ**

朝6時起床。今朝のパガンは、珍しく雨が降っていて、うすら寒い。

8時にニャンウー空港へ。バセインのように、野原の中に小屋が一軒あるだけ。脇田君が、ラングーンからマグエを経て、ニャンウーに来るのを待って、マンダレイに戻ろうというスケジュール。半袖のスポーツ・シャツとロンジー姿なので、雨がしとしとと降り、寒さ極まりといった感じだ。予定の11時になっても到着しないので、昼過ぎにいったんゲスト・ハウスに戻り、マグエ空港に電話をしてみる。飛行機は、天候の関係で、マグエから直接マンダレイに向かうという進路変更が分かり、すぐウ・マウン・マウン・ティン先生と、ジープに飛び乗って、12時40分にニャンウーを出発する。寒いので、ズボン、シャツ、トレパンを着込む。日本の10月頃の気温。牛の群れを追っているビルマ人達が、冷たい雨に濡れている。ただ、道路が埃っぽくないのは良い。

13時50分、チャウパダンでガソリンを入れる。ここから往路とは別の、ミエンジャン経由を取る事にする。

14時20分、死火山ポーパー山の西側を通過。まるで日本の山道のようなつづら折りを回りながら進む。イラワジ河流域の広大な沖積平野の景観ばかりの中ですごしてきた自分にとっては、伊豆半島の山中を車に揺られているようで、むしろ奇妙な感じさえ抱く。ポーパー山は、信仰の山として知られているが、今後もっと研究してみようと思う。

14時30分、ポーパー着。山村。ここで熱いコーヒーを飲む。吐く息が白いのは、ビルマで初めての体験だ。ダンプ・トラックの荷台に乗った三十人くらいのビルマ人一行が、震えながら到着。

15時頃、乾季にもかかわらず道路が川になっている場所を二、三か所、ザブザブとジープは渡って行く。普通車では、冠水して、とても進めない。雨季には交通が途絶えるはずだ。15時50分、タウンター［Taung Tha］着。

16時25分、ミエンジャン［Myingyan］着。ここで帰りの行程の半分まで来た事になる。帰り道の方が、行きよりやや長い。

18時30分頃、日はとっぷりと暮れた。真っ暗な中で、ライトの修理に三十分くらいかかり、夜気がひしひしと迫って来る。

19時、ミッター［Myittha］着。

19時15分、イエーウォン［Ye-Wun］着。ジープはひた走りに走って、とうとうラングーン－マンダレイ街道に出たのだ。

20時、チャウセ［Kyauk-Si］着。マンダレイまで、あと三十マイル。所要時間約一時間の地点まで辿り着いた。マンダレイには、夜21時頃到着予定だが、それではレストランが閉まっているので、この町の中華料理店で、慌ただしく夕食を済ます。

20時半、チャウセ出発。21時半、マンダレイ到着。約九時間のドライブ。午前中に発つ事が分かっていれば、もっと楽に帰れたのだが、昼過ぎの出発は、大変きつかった。町の店で、コーヒーを飲む。パガン以上に雨が降ったらしく、道路がぬかるんでいる。すぐトン・フラ・ホテルへ。畑中先生、宏くん、ウ・ティン・トン、脇田氏らは、もう寝入っていた。起きてもらい、今回の旅を話し合ったりする。畑中先生一行は、明日パガンへ行かれるとのこと。飛行機便の変更で、僕と入れ違いの逆のコースになってしまった。シャワーを浴びて、23時就寝。

1月5日(木)【1967】

## マンダレイ見学

朝7時に、ホテルで全員集まり、朝食を摂る。どしゃ降り。畑中先生一行は、僕と逆のコースでパガンに行かれるので、我々の使ったジープとドライバーを紹介する。7時半に、先生方は出発された。寒さ除けのために、ジープに幌が掛けられている。風邪をひかないように、注意して出かけてほしい。

カウンターで火鉢に当たりながら、すっかり馴染みになったトン・フラ・ホテルのマネージャーのウ・サン・キンと雑談をしながら、ウ・マウン・マウン・ティン先生を待つ。

9時、先生がホテルに来られて、しばらく雑談。三十分後に、ホテルを出る。朝食はモヒンガー。台湾系の中国人で、呉中庸さんの家を訪問。マンダレイの菓子商で成功している方で、以前小林先生達との旅行で、すでに対面済み。ビルマ名は、ウ・マウン・マウン［U Maung Maung］と言い、日本語はペラペラ。相変わらず共産中国を罵り、佐藤栄作内閣を誉める。日本では、「黒い霧」問題で、佐藤内閣の支持率は落ちるばかりなのに。

マーケットを覗いた後、11時に先生の家を訪れ、図書館兼書斎を見せてもらう。大使館の後藤氏をはじめ、日本人等からのグリーティング・カードが、たくさん飾られている。ジンを飲み、蜜柑を食べながら、時間を過ごす。先生は、お酒が好きで、一緒に旅をした場合、アルコール類は必ずお目にかかる。

13時、先生の車で外出する。マハームニ・パゴダ［Maha-Muni Payaggi］見学。マンダレイで最も大きく、美しい有名なパゴダ。別名アラカン・パゴダ、あるいはヤカイン（ラカイン）・パゴダとも。本尊のマハムニ仏が、ビルマ西部のアラカン地区から移された由来による。またこのパゴダ（仏塔）は、一七八四年にボッドパヤー王によって建造が始まったとされる。その金色に輝く均整の取れた塔は、ビルマで最高の美しさだと、僕は評価している。参道の売店で、大使館の石堂氏より依頼のあった象牙の彫刻を買う。草履屋のおばさんが、どこかで見かけた人と思ったら、第二回目のマンダレイ行の際、サガインの洞窟みたいな所で出会った女性で、先生の親戚とのこと。先生と行動を共にすると、至る所で先生の知人や教え子、親類縁者に出会う。パゴダの回廊に、世界一と言われる銅鑼が釣り下げられていた。カンボジアからタイのアユタヤ王朝を経て、ペグー経由で持ち込まれた戦利品の青銅像等も陳列され、お腹に触るとご利益があるとされ、腹の部分がテカテカに光っている。

14時、ウ・フラ・トン［U Hla Tun］氏宅へ。この方も、やはり前回のサガインに一緒に行った紳士で、旧交を暖める。ここ数日の寒さで、風邪をひいて寝ておられたが、僕の来訪に、わざわざ起き出してくれ、梅酒を振る舞って下さる。三人でドライブをし、マンダレイ・ヒルの裏側を走ったり、ＵＢＡオフィスで飛行機のリコンファームをしたりする。

マンダレイ王城とバックのマンダレイ・ヒル（絵はがき）

16時に、一旦ホテルに戻り、ラングーンに連絡をする。長距離電話の調子が悪く、おおよその勘で通話する。17時過ぎに町のレストランでビールを飲み、夕食を摂る。実においしい。ホテルでコーヒーを飲み、早めに就寝。

【後日談】マンダレイの台湾系ウ・マウン・マウン氏とは、三十一年後の一九九八（平成10）年にラングーン（ヤンゴン）で再会。ステテコ姿で相変わらず意気軒昂のご老体。時の流れを感じさせないほどの迫力であった。

1月6日(金)【1967】

## ミンゴンとマンダレイを見学

6時半、起床。昨日行きそびれたミンゴンへ、ウ・マウン・ティン先生が連れて行って下さる。7時半に、ホテルに迎えに来て下さった。

8時、イラワジ河の船着き場に。ビルマ人達が、水牛を使って河に浮かんでいる材木を岸に引っ張り上げている。河岸の小屋で、コーヒーとパンの朝食を摂る。先生がビルマ新聞を読んで、ウ・ヌ前首相が仏門に入ったニュースを教えてくれる。船で対岸に渡るのだが、最初の船のエンジンが、ちっともかからないので、別の船に乗り換え、9時15分にようやく出帆。急ぐ旅でもないし、みんなのんびりしたもの。尼さんもたくさん乗っている。イラワジ河を約一時間、距離にして十一キロ程溯る。

10時15分、ミンゴン［Mingun］着。船着き場より上陸して、ミンゴン・パゴダまで歩いて行く。

10時30分、ポン・ドー・パゴダ［Pon-Daw Pagoda］見学。これは、ミンゴン・パゴダが完成された時を想定して、作られた模型のパゴダで、高さ二メートル位の小さなもの。次にセットー・ヤー・パゴダ［Set-Ya Pagoda］見学。イラワジ河を見下ろす、小ぢんまりした白いパゴダ。

いよいよ目的のミンゴン・パゴダ［Mingun Pagoda］に着く。これは大きい！　二百年近く前、ボッドパヤー王が百五十メートルの世界一の大パゴダを建造しようとして果たせず死んでしまい、台座が残ったままの薄い赤茶色のパゴダだ。全体の五分の一程度しか出来上がっていないが、台座の一辺が七十から八十メートルあり、高さも数十メートルはあろう。完成したなら、高さ地上百五十メートルで、百メートル弱のシュエ・ダゴン・パゴダの一・五倍はある。煉瓦が崩れ落ち、赤い壊れかけの小山のようだ。パゴダの周囲を回る。中には入れない。そのパゴダに合わせて作られた世界最大の鐘を見学する。

11時、ミャー・テイン・ダン・パゴダ［Mya-Thein-Dan Pagoda］を見る。これは、塔を中心に何重もの波形の塀が巡らされ、少し変わった作り方の白い美しいパゴダだ。先日も、ラングーンの有名な女優ワー・ワー・ウィン・シュエらが、このパゴダでロケーションをしたということだ。

11時半、帰途に就く。その途中、養老院を訪問。こんな奥地で降って沸いたような施設が現れ、びっくり。外来者の我々には、桃源郷のようにも見える。かなりしっかりした建物が十棟も並び、男女の老人が余生を送っている。先生は、一人一人のお年寄りに、年齢や入所時期、あるいは出身地等を聞いて回る。中国人、カチン人、シャン人等、雑多の種族の老人、あるいは中気の体をぶるぶる震わすお年寄り等。ここの管理人に若干の寄付をして、辞去。

ミンゴンの船着き場に戻り、すぐ近くの診療所で、先生が太った一人のビルマ人を紹介してくれる。そこのお医者さんで、先生の友人だそうだ。部屋に入ると、何十と所狭しとばかりに仏像が並べられている。ドクター（名前はウ・ニョン・ルイン［U Nyunt Lwin］）の趣味なのだろうが、個人のコレクションとしては、あまりの壮観に一つ一つ丹念に観賞させてもらう。その僕の様子は、仏像に強い興味を持つ日本人に見えたのか、あるいは物欲しそうな風に見えたのか、傍らの段ボールに詰め込んである仏像を、みんな持って行け、と言う。ドクターにとっては、大した代物ではないのかもしれないが、僕はありがたく十体程いただく。いずれもサガイン、マンダレイ、パガン等で掘り出されたらしい銅製や粘土作りの小さな仏像である。中には、八百年前のパガン王朝の出土品もある。感謝・感激の至りで、お礼として、バッグ、手ぬぐい、ボール・ペン等の、その時の所持品を受け取っていただく。ドクターと、オフィスの前で写真を撮り、ドクターは船着き場まで、牛車で送って下さった。今日のみならず、この旅行の最高の収穫だろう。先生との旅で、素晴らしい事が多く、嬉しい。

13時、行きと同じ船でマンダレイに戻る。今度は、河の流れに沿って下るので、四十五分で帰着。

馬車に乗り、先生の家に戻り、図書館で話をしていると、三人の学生がやって来た。いずれも先生の教え子で、詩や童謡を作る若者達だ。中の一人が、最近受賞した童謡の本を一冊、僕にくれる。学生が帰った後、大阪外国語大学の機関誌『イラワジ』の内容を、先生に説明しながら、読んであげる。

15時半、トン・フラ・ホテルに帰着。部屋で先生に待っていただいて、ひと風呂浴びる。半乾きの下着を付け、残りの衣類やタオルやシャツ類を、全て先生に差し上げる。16時40分、マンダレイの鉄道ホテルで、ビールを飲む。先生の友人で、マンダレイ大学の教授も来て、一緒に飲む。

18時近くになり、往来で繰り広げられているマンダレイ名物のナイト・バザールを見て回る。呉中庸氏の家に立ち寄り、彼も引っ張りだして中華料理店で、夕食を共にする。氏は、そのお返しとして、明日の昼食を招待して下さるとのことだ。19時半になり、マンダレイ王城の公園を散歩する。芝居小屋や夜店が立ち並び、人々の往来が激しい。ビルマ人形劇の小屋に入る。中の芸人達も、みんな先生の知り合いなので、舞台裏に招じ入れてくれ、お茶もご馳走してくれる。彼らは、あやつり人形芝居［Puppet Show］を上演する一座である。ウ・ミャー・タウン［U Mya Thaung］と、ド・ミャー・タン［Daw Mya Than］が、座長夫妻である。八十四歳になるお爺さんが、大きな声で合いの手を入れている。元気なものだ。このパペット・ショーは、ミンゴン見物と並んで、いつまでも忘れ得ぬ印象的なものになるだろう。

20時半、トン・フラ・ホテルに帰着。畑中先生一行が、既にパガンより戻っておられた。いよいよパガン、マンダレイ旅行も、終わりに近づいた。

【後日談】ミンゴンのドクターにいただいた仏像類は、帰国後、大阪の国立民族学博物館へ、他のビルマ民芸品や楽器と共に寄贈した。

## 1月7日(土)【1967】
## マンダレイ→へーホー→ロイコー→ラングーン

旅の最終日に、ようやくすっきり晴れて、寒さも少し和らいできた。それほど今回は、「寒い旅行」だった。

8時に、ウ・マウン・マウン・ティン先生がホテルに迎えに来て下さる。宿泊費の支払いを済ませ、脇田氏と町に出る。町の中心の時計塔付近を散策する。さすがにこの辺りは、非常に活気に溢れ、喧騒と雑踏の中で、本屋を覗いたり、市場の中に入り込んだりする。チンロン、シャン・バッグ、象牙製品を見たりする。畑中先生一行は、ジープでサガインへ行かれ、呉中庸氏の私邸で落ち合う予定だったが、戻って来られないので、そこで豪華な昼食をいただく。私邸は、少し日本風の立派な屋敷で、周囲のみすぼらしい民家と対照的だ。いったんホテルに戻り、再びマンダレイ王城の周りをドライブしたり、土産用の赤飯（餅米）を買ったりして、14時に、マンダレイ空港に行く。そこで、サガインから直行された畑中先生一行に再会し、全員集合。

帰り間際に、ウ・マウン・マウン・ティン先生がコーヒーを奢って下さる。この一週間、最初から最後まで親身になって付き合って下さった先生の好意には、感謝の言葉もない。

15時、マンダレイ空港を離陸。なかなか立派なフォーカー・フレンドシップ機である。先生が、空港事務所の脇の芝生の上に立って手を振り、見送って下さる。最後の最後まで、ありがたい。機は、市街上空を旋回しながら南へ機首を移し、あっという間に山々の上を飛び越して行く。

16時、へーホー［Heho］空港着。この飛行機の乗務員・スチュワーデスや機体が、一年前の旅行、カンボジアのプノンペンからラングーンまで乗ったＵＢＡ機の同じメンバーだった事に気づき、彼らと挨拶する。ヘーホーから飛び立ってしばらくすると、インレ湖が見えてくる。乾季のせいか、小さく可愛い湖に見える。機が大きく揺れるので、先生からいただいた梅干しの飴を酔い止め用にしゃぶる。

16時25分、ロイコー［Roikow］空港着。カヤ州の州都だが、近くにパダウンと呼ばれる首長族の居住する村落がある。飛行機見物に来ていた首長族のお婆さんを見かけて、すごく興奮して写真を撮らせてもらう。首輪は取ってあるが、首が異常に長く紛れもなく、それと分かる。「パダウン ラー?」（首長族ですか?）と聞くと、お婆さんは笑って「そうだ」と言う。短い時間で、珍しい経験ができた。ここからの乗客が、バナナを機内に詰め込んだりして、ローカル色豊かである。

16時55分、ロイコー発。夕闇が迫って来る。シャンの山並みも遠ざかり、山が切れると共に、イラワジの広大な平野が見え始める。

17時50分、ラングーン空港に、無事着陸。一週間に及ぶ上ビルマの旅行も終わった。18時半頃、帰宅。ハウス・オーナーに餅米のお土産を届ける。

## ペグー〈ペグー管区〉

1月29日(日)【1967】

### ペグー・シッタンへドライブ

大使館の書記ウイン・ペさんと、その友人とで、日帰りのペグーへドライブに出かけた。ペグーには過去二度も行っているし、多忙な毎日で、いろいろ迷ったが、ビルマでの最後のドライブ旅行にもなると思われるので、シッタン河まで足を伸ばそう。

6時半、ウイン・ペさんとその友人宅に行き、メンバーを拾って出発。タケタの橋付近で、日の出が霞み、赤みを帯びて昇る。

8時45分には、ラングーンから五十五マイル（約八十八キロ）のペグーに着いた。造りかけの荒廃した煉瓦のマハ・ゼーディー・パゴダに上ると、ペグー市内が一望できる。

9時半、コー・テイン・コー・タン・パゴダ［Ko Thein Ko Than Pagoda］見学。木の橋が掛けられ、きれいな水が流れている。パゴダ内には、各種の動物が、小さなパゴダを一つずつ背負っている。

10時15分、寝釈迦シュエ・ター・フリャウンとシュエ・ムッドー・パゴダを、相次いで参拝。ここは、何度も訪れたペグー観光では、欠かせない有名な寺院。

朝は寒くても、さすがに日中は暑い。11時45分、ペグー市内の大きな中華料理店で昼食。ついでに顔と手も洗う。

12時35分、ペグーを出発して、ここからは初めてのシッタン方面に車を走らす。二十分後に、パヤジー［Payagyi］を通過。

13時45分、シッタンに到着。第二次世界大戦末期に、飢えとマラリアと雨と英国軍の追撃とで、追い詰められた日本兵達は、折からの雨季末期で増水したこのシッタンを渡河しようとして、激流に押し流されて命を落とした人は、何万人とか言われている。今は乾季で、この「魔のシッタン」も、静かに流れ、当時の濁流は、想像もできない。有料のシッタン・ブリッジを渡り、山を切り開いた新しい道路を、さらに走る。

モッパリン［Mopalin］という鉄道駅のある小村を過ぎ、14時15分、ようやくシッタン村に到着。途中、道を間違えたので、意外に時間と距離がかかった。ペグーから五十マイル。茶店でジュースを飲み、小休止して、帰途に就く。シッタン・ブリッジに戻った時、河畔に下りて、シッタン河の泥をビニール袋に入れる。二年前の赴任の際、戦死した名古屋の日本兵の母から、シッタンの土を持ち帰って欲しいという依頼を受けていたのだ。ちょうどそこで土砂工事をしていた女人夫達に、この事を説明すると、その中の年配の婦人が、この岸辺近くを戦時中、多くの日本兵が溺れ流され死んで行くのを目撃したものだと、指さして説明してくれる。感慨無量だ。

15時半、シッタン出発。フル・スピードで、先ずペグーまで戻る。途中まで、一台の車がぴったりと追送して来て、ワー村で止められた。警察の車で、スピードの出しすぎを注意される。車がほとんど走っていない田舎では、珍しい。

16時40分。ペグーに戻る。店先でアイス・クリームを放り込んで、すぐ出発。夕陽が、西のイラワジ平野に消えかかろうとしているところを、猛スピードで真っすぐ南下する。18時、タウチャウン［Taukkyan］帰着。三十分後に、ラングーン市内に入る。

学校に戻り、ウイン・ペさんに風呂に入っていただく。

今日だけで約十二時間、二百十五マイル（約三百四十五キロ、東京・名古屋間の距離）を走った事になる。日本の名神高速道路とは違い、水牛や鶏が横断する田舎の簡易舗装道路だから、随分の強行軍のドライブ旅行と言えよう。これで、在任中に再びペグーへ行く事もないので、帰国準備の忙しい合間の強行ドライブは、楽しい思い出となろう。

19時に、ロンジーに着変えて、ウイン・ペさん達と、「ホワンチュー」で、ウィスキーを飲みながら夕食を取る。彼らをアパートまで送り届け、帰宅。宇野千代の『色ざんげ』を読むが、結構面白い。

## アキャブ〈アラカン州〉

2月12日(日)【1967】

### アキャブとサンドウェイ日帰り飛行機旅行

今日は「ユニオン・デイ」（連邦の日）で休日。午後からアキャブ方面へ、飛行機による日帰り旅行を強行した。

午前中は、文集や文化祭のガリ切りをしたりして、学校の仕事をする。大工が来て、黒板作りを始める。BBS放送をテープに吹き込んだり、あれこれ雑用をこなしていく。

シャワーを浴び、背広に着替えて、12時頃、学校を出る。空港に着き、手続きを済ませる。バッグが一つだけなので、至って簡単である。

13時半頃、飛行機にあわてて乗り込む。すぐ離陸。スチュワーデスにアキャブに着いてからの行動を尋ねると、自由時間が三十分くらいしかないので、市内見物の余裕はないそうだ。先日の公邸で出会った慰霊団の方の知人の調査は、とても今回の旅行では無理だという事が判明する。スチュワーデスといろいろ話していると、ハウス・

オーナーの長女と親友で、近くのヤンキン地区に住んでいる事も分かった。世間は狭いもので、こうなると話もよく合い、はずむ。

アキャブは、アラカン州の州都で、ビルマ語では「シットエ」と言う。ビルマ西部、つまりインドや西パキスタン（バングラデシュ）の国境に近く、人々の風貌もインド人に似ており、あまり「ビルマ的」な感じがしない。マンダレイのマハーミャムニ・パゴダ（ヤカイン・パゴダあるいはアラカン・パゴダ）は、このアラカンから持ち去られた仏像が本尊として、安置されている。

大使館のウ・テイン・ハンが紹介してくれたウ・バ・ソー［U Ba Saw］という係官は、ラングーン空港に勤めていた顔見知りの男だった。一年数か月前に、カンボジアのプノン・ペンからＵＢＡ機に積み込まれた我々の荷物が手違いで、フランスのパリまで行ってしまい、ラングーン空港のＵＢＡオフィスまで日参し、いろいろやり取りした男で、「やあやあ」と挨拶する。この件でも、世間は狭いものだという事が分かるが、振り返ってみると、この二年間のビルマ滞在で、いかに多くのビルマ人と知り合えたかという証拠にもなる。

やはりアキャブでは、十五分くらいしか時間がない。親切なスチュワーデスに頼んで、空港でジープを借り、大急ぎで町を見物。予想以上に小さな町で、一見バセインに似通っている。小原ドクターから依頼された砂を拾い、ムービー・カメラを回して大急ぎで町の様子を収める。

15時45分頃、空港に戻る。ジープのドライバーに二〇チャット支払い、同じ飛行機に飛び乗る。パイロットがムッとした表情だったので、平謝りに謝る。僕の帰りを待って、すぐ離陸。慌ただしいアキャブの見物だった。機は、左へ大きく旋回しながら、ベンガル湾に出る。

16時半、サンドウェイ［Sandoway］空港着。ここは、「タンドウエ」とも言い、ビルマ語では「ンガッパリ」と呼ばれ、ビルマでは評判の高いリゾート地（海水浴場）である。アメリカ人らしい一団が、真っ黒に日焼けして、飛行機に乗って来た。帰りは、機内の前部の方に座る。

16時45分頃、サンドウェイ空港発。夕闇が迫って来る。一時間後にラングーン空港着。車がないので、ＵＢＡのバスで帰ろうと思い、車内に座っていたら、スチュワーデスが僕を呼んで、乗務員専用のバスで、カンベの家の近くまで乗せて送ってくれた。今日は、パイロットには迷惑をかけて叱られたり、スチュワーデスの親切に感謝したりの、慌ただしい半日旅行だった。

今日は、ビルマの休日である。圧倒的に多いビルマ族以外の、シャン、モン、カレン等の多くの少数民族との対立は、ビルマの歴代政府の悩みの種だった。ビルマ連邦を構成している各民族との融和・友好のために設定された祝日である。夕食後、夜店が出ている競馬場に出かける。乾季になってすでに四か月経つので、すごいほこりである。

# ■第四章■

# さまざまな人との出会い

わずか二年のビルマ生活においても、数えきれない程の多くの方々との出会いがあった。特に印象深い人との思い出を、記したい。

## 《ビルマの父親・恩師》ウ・マウン・マウン・ティン先生

4月1日(金)【1966】

### マンダレイ再訪

大使館理事官補でビルマ語研修生の奥平龍二氏とマンダレイを旅行した。

ビルマへ赴任して十一か月。日本人学校は現在、夏休みである。マンダレイへは、昨年9月末に、小林先生ご一家と飛行機を利用して訪れたので、今回の再訪は、鉄道を利用。ラングーンからマンダレイまで、ディーゼル・カーで約十四時間、距離は東京－大阪間ぐらいあろうか。乾季の終わり頃のためか、車中からは、大して見る物も少ない。終日、果てしなく広がる平野、カラカラに乾いた農地、水牛と時折森に見えるパゴダ。熱気と土ほこりにまみれて、マンダレイ駅に着いた時は、シャツは真っ黒、ズボンは真っ白。前回と同じトン・フラ・ホテルに宿泊。ここに寄宿して、ビルマの鉄道の指導に当たっている日立のエンジニアに会う。

明日は、マンダレイ・ヒルやら、市内の主要なパゴダを巡る予定。ウ・マウン・マウン・ティン先生［U Maung MaungTin］が案内して下さる。

「コ・ティン・カイン」のビルマ名を付けて下さったビルマの父であり師でもあるウ・マウン・マウン・ティン先生

4月2日(土)【1966】

## マンダレイ・ヒルで先生よりビルマ命名される

マンダレイ・ヒルに登る。ウ・マウン・マウン・ティン先生も同行する。先生は、元マンダレイ大学ビルマ文学科助教授で、MA［Master of Arts］（文学修士）の称号を持つ、五十代の小柄なビルマ人学者である。ネ・ウィン軍事政権のパージにあって退官し、現在は著述関係等で生活しておられる。数年前に、大阪外国語大学の「立石」とかいう大学生が、外務省から語学研修生として派遣され、先生宅でホーム・ステイしながら、ビルマ語の勉強をしていた事が機縁となり、日本人との付き合いが始まったらしい。奥平氏もそのような縁で先生と近づきになり、僕自身が「立石」という日本青年に風貌が少し似通っているところから、先生と親しくなったのである。

マンダレイ・ヒルは、丘全体が信仰の地であり、頂上からはマンダレイ市内全部が見下ろせる。裸足で千段近くを上る。丘の途中で休憩した時、先生が僕のビルマ名を付けてくれた。「コ・ティン・カイン［Ko Tin Khaing］」。「コ」は、男性の尊称を三段階に分けた際の真ん中である。目上や社会的に地位の高い者には「ウ」、目下や若輩の者には「マウン」を付ける。僕の場合は、一応社会人ではあるが、先生から見れば目下の若者であるので、親しみを持って「コ」を付けて下さったのである。「ティン」は「美しい」、「カイン」は「強い」の意味を持つとのことで、ちょっと立派過ぎるビルマ名である。

【後日談】帰国後も頻繁に先生からお手紙をいただいたが、エアメールの表書きに"Ko Tin Khaing"が英語で記されており、日本の郵便配達の方も、訳が分からなかったと、想像される。

午後、先生のお宅の図書館やら、マンダレイ第一のマハーミャムニ・パゴダを見物に行く。イラワジ河は、乾季の終わりのため、水位が下がり、昨年の様相とはガラッと変わっているのに驚かされる。

帰途、市内の目抜き通りで菓子商を営んでいる台湾人・呉中庸氏を訪ねたりして、いろいろ話を交わす。彼は戦時中、台湾から日本軍と共にビルマへ侵攻して、敗戦後も帰国せず、マンダレイに住みついて成功した人である。大宅壮一氏の『黄色い革命』（文芸春秋新社）の「ビルマ篇」にも、彼の事が述べられている。もちろん日本語はペラペラ、我々も日常は忘れているような表現や言葉の使い方、古い諺等を用いて話す人だ。

4月3日(日)【1966】

## モンユワーへ

マンダレイより北西九十マイルの位置にある、モンユワーという所の「モニエン・パゴダ」を、ウ・マウン・マウン・ティン先生と共に訪ねた。比較的新しい、色彩的にも美しいパゴダだが、そこまでの道程は、ずっと荒地が続き、時折牛車が行き交う田舎である。二十年以上前には、日本軍がろくに食糧も武器も持たずに、この道を西に向かって行軍し、インパールを目指したとのことだった。その苦しさ・辛さは、筆舌に尽くしがたい。当時の戦車の残骸が今だに野ざらしに放置され、鬼気の迫る気さえ感じる。ちなみに、第二次世界大戦中に、ビルマで死んだ日本人は、約十八万人。その大半は餓死や病死の兵隊で、純粋な戦死者は少ない、と聞く。

「モンユワー」の「ユワー」は、「村」という意味だそうで、その近くを流れるチンドウィン河も見える。少年達が、川中に水牛を入れて、体を洗っている。

埃だらけになって、マンダレイへ戻る。マンダレイ・ビールのうまかった事！

4月4日(月)【1966】

## メイミョウへ

日立の広中氏、奥平氏、ウ・マウン・マウン・ティン先生の四人で、メイミョウを訪れる。ここも昨年来た高原の避暑地で、小ぎれいで瀟洒な町である。桜もちらほら、カウボーイ・スタイルの乗り合い馬車が鈴をシャンシャン鳴らしながら通り過ぎて行く。昨年、早朝は霜が下りるくらいの温度で、下ビルマの暑さに慣れ切っていた我々には、ぶるぶる震えて朝を迎えたのであるが、今回は日中なので、さすがに日ざしが強い。小ぎれいな町ではあるが、やはり植民地の痛手が残っているような感じがある。

帰りのジープは、途中でスプリングが切れてしまい、マンダレイに戻った時は、とっぷりと日が暮れてしまっていた。

4月5日(火)【1966】

## サガイン・ヒル

昨年のサガイン・ヒル訪問では、パゴダ群の参詣に少々食傷気味で懲りてしまった事もあり、今回の再訪は、あまり気乗りがしなかったが、先生の強い勧めで、しぶしぶ付いて行った。結果的には、一緒に行って、大変良かった。その理由は、最初の大きなパゴダを見た後は、途中の回廊の脇にある先生の知り合いの家で、食事をしたり、休憩をしたりして、あんまりせかせかとパゴダ巡りをせず、ゆっくりしたからである。そこで出された食事を、初めて手で食べた。ビルマ人の通常の食事は、左は不浄の手として、右手でご飯とおかずを捏ね回し、その感触を楽しみながら、器用に口へ運ぶ。僕があまりに不器用に食べているので、一座の人達は笑い出して、スプーンを貸してくれた。ここは、いわゆる大家族制で、二十人くらいのビルマ人が住んでいる。中には、「三菱の○○さんを知っている」という人が、片言の日本語で話しかけてくる。このような、田舎にも日本人が入り込んでいるものだと感心する。

帰途、サガイン・ヒルの麓の寺院へ寄り、先生が修業を積んだというお坊さんに会う。さすがの先生も、この高僧の前では、ガバッと平身低頭して敬意を表し、帰りには土下座で僧侶に挨拶をされるので、我々もそれに倣って、寺院を辞した。ビルマは、上座部仏教の国と言われているが、その実生活に根ざした信仰の厚さを、垣間見る機会だった。

4月6日(水)【1966】

**マンダレイ市内にて僧衣を購入**

先生と、マンダレイ市内の写真を撮ったり、買物で、旅行最後の日を過ごす。

マンダレイ王城の周囲の堀や、かつて先生が教鞭を取っておられたマンダレイ大学、博物館を見て回り、市内中心部のマーケットに入り、ロンジーやエンジーの他に、ビルマ仏教に関する書籍を購入した。僧侶の黄色い衣を記念に欲しいと、先生に頼んだところ、知り合いの僧坊へ寄って、特別に分けていただく。僧衣は、市場には無論ないし、僧籍にはない普通の人間には、手に入る物ではない。これも全くウ・マウン・マウン・ティン先生のおかげである。この一週間近くの旅行中、朝から晩まで先生に案内していただき、感謝の至りである。夜、ホテルで日立の広中氏と歓談し、早めに就寝。

【後日談】帰国後、これら僧衣等の民族資料の大半も、前述の仏像と共に大阪の国立民族学博物館に寄贈した。

4月7日(木)【1966】

**ラングーンに戻る**

朝4時に、ホテルの夜警が起こしてくれ、5時にマンダレイ駅に着く。ウ・マウン・マウン・ティン先生、日立の広中氏も見送りに来て下さった。「さようなら、マンダレイ。ありがとう、先生」

十四時間半の汽車の旅の後、ラングーン駅に到着。

※ウ・マウン・マウン・ティン先生［U Maung Maung Tin］は、翌一九六七（昭和42）年1月の冬休みを利用してのパガン、マンダレイ、ミンゴンのジープ旅行にも終始付き添って下さり、親身なご指導をいただいた。また帰国後も、ビルマを訪れるたびに、肉親も及ばぬご

厚情をいただいた方で、先生を抜いては、ビルマの思い出は語れないのだが、今回のこのマンダレイ、モンユワー、メイミョウ、サガイン旅行において、先生よりビルマ名を付けていただいたり、僧衣を購入・着用した事等、格別な思い出の多かった旅であったので、この第四章に挿入した次第である。

※《(午後19時頃、マンダレイ駅の）出札口に向かって歩いていた私は、「ミスター・オーノ?」と呼びとめる声に思わずふり返った。眼鏡をかけた小柄なビルマ人が一人立っている。年は四十過ぎぐらいであろうか、髪の毛を思い切って短く刈っている。年の割に若く見えるのはそのせいかもしれない。

「カミャー?」（そうですが）私の返辞にその紳士は緊張していた表情をゆるめて、「チュノー・マウンマウンティン・バー」（私は、マウンマウンティン、です。）といった。

ウー・マウンマウンティン。元マンダレイ大学ビルマ文学科助教授。ビルマ字日刊紙「労働者人民日報」に、文化関係の記事をよく書いている。助教授当時は、ミヤワディ、シュマワ、グーウェターイー等の月刊誌にも盛んに記事を書いていた。ビルマ文学、特に文学史に造詣が深い。日本にいる頃から一度は会いたいと思っていたビルマ人学者の一人である。それに数年前外務省から語学研修生としてマンダレイ大学に派遣されていた私共の大学の一学生が、随分世話になった人でもある。私はマンダレー旅行を思い立った時、真っ先にこのウー・マウンマウンティンに面会の申込みをしていた。氏に会ったことのある大使館のI理事官やラングーン大学でビルマ語を研修中のO理事官補の話によると、ウー・マウンマウンティンは物腰が柔らかく、よく他人の面倒をみる人だということであった。

「はじめまして、大野です。お会いできたことを嬉しく思います」私はていねいに挨拶した。（後略）》

大野徹『知られざるビルマ』「第二章・10 ビルマ文学者ウー・マウンマウンティン」（芙蓉書房・昭和51年刊）にも、先生の事が取り上げられているが、文中の「私共の大学の一学生」が、あと書きにも登場する「立石氏」であり、「I理事官」「O理事官補」は、同じ時期に僕との交流のあった「石堂氏」「奥平氏」を指すものと思われる。僕の在任中、親しくお付き合いいいただいたラングーン外国語大学・日本語学院の河原崎先生は、僕の帰国の約一か月後に、退任され、その後任が大野教授であった。従ってほんの一月違いで、この時期に大野氏とはビルマでお会いする事はなかったが、お互いに帰国後は、いろいろ交流したり、ご指導を受ける機会も生じた。また、この『ビルマ日記』の巻頭言も、大野教授よりいただいた次第で、改めて謝意を表したい。石堂氏や奥平氏は、ほぼ同じ時期の共通の知人として、この著書にも登場するわけである。

※《（マンダレイ）飛行場にはマウン・マウン・ティンさんが迎えに来てくれていた。小柄な老人で日本からの留学生をはじめ、すこしでもビルマを知ろうとして訪れた日本人で、この人の世話にならぬ者はないという有名な親日家である。文学史家で歴史家、正規の学歴は知らないが、もとマンダレー大学の助教授という肩書を持っている。（中略）この人は今は独身で、一人で静かな小路の、余り上等でない平屋の家に住んでいる。ちょっと立寄ったのだが、アンペラで囲ったその書斎には本がぎっしり、そこにカメラからリュックサックまでいろんな日本人が置いていった品物が大切そうに保存してあった。奥平書記官をはじめ、「私にはビルマの子はないが、日本人の息子がいます」というほど世話になり、その人柄によって愛されているらしい留学生も二、三人いる。（後略）》

会田雄次『アーロン収容所再訪』中の「タウンジからマンダレーへ」及び「ビルマ人というもの」（文芸春秋・昭和50年刊）にも、ウ・マウン・マウン・ティン先生について「日本留学生への愛情」という小項目で、紹介されている。会田雄次京都大学教授は、第二次世界大戦でビルマに従軍し、敗戦後、ラングーン郊外のアーロン収容所で捕虜生活を体験し、帰国後『アーロン収容所』を出版された方である。戦後四半世紀以上経って、ビルマを再訪し書き上げたのが、前記『アーロン収容所再訪』である。文中の「日本の息子」の一人に、僕自身も含まれていると思われる。僕自身、先生とお目にかかった時は、日本人学校の教師ではあっても、ビルマ語研修生であった立石氏や奥平氏と同じ世代の者として、見られたのであろう。

［先生は、二〇〇一年5月31日（木）、心臓発作で急逝された。享年八十四歳。心よりご冥福をお祈り申し上げる。］

## 《若き日の遊び仲間》デニス、ヘンリー、ブライアン、マージリーらのビルマの若者たち

12月15日(水)【1965】

### 名家のデニス一家

浅井兄弟の帰国お別れ会を兼ねた遠足で、ラングーン水源地の貯水池に行く。

帰宅し、夕方デニス・ソー・ニョンの家でヘンリー、ブライアンらと歓談する。デニスは、日本人学校の裏手のハウス・オーナーの息子で、十五年前に亡くなった父親ウ・ソー・ニョン［U Soe Nyunt］の写真等を見せてもらう。故ウ・ソー・ニョンは、英国より独立した後の初代駐米ビルマ大使であり、ビルマ独立の父と言われる故アウン・サン［Aung San］将軍や、現在の最高権力者ネ・ウィン［Ne Win］革命評議会議長と一緒に写っている写真もある。いわばデニス一家は、ビルマでも名家なのである。母親ウ・ソー・ニョン夫人が名目的なハウス・オーナーではあるが、実質的にはデニスのお姉さんが、家賃の値上げとか校舎の修理等を取り仕切っている。いわばデニスは、居候的存在なので、今日はハウス・オーナー一家が外出しているため、平屋のハウス・オーナー宅で、三人遊んだのである。

6月26日(日)【1966】

### ハウス・オーナー婚約式

デニスの家で、朝からガヤガヤ声が聞こえるので、二階から眺めると、たくさんの人や車が集まっている。彼の末妹が婚約する日なのだそうだ。窓から見下ろすと、アン・ジーさんも来ている。僕は、別に招待されていないので、職員室でたまった仕事を片づける。午後から写真の整理。

夜、デニスの家に招かれる。婚約式の後の、コーヒーとケーキのお茶会。妹さんのご主人ウ・ミョー・ニョンは、三十四歳。花嫁の二倍の年齢である。風貌が中国人そっくりなのだが、「ピュア・バーミーズ」(純粋のビルマ人)だと言う。タボイの副知事として赴任するとのことで、近くに旅行したら、寄ってくれと言って下さった。

ヘンリー達は、昨晩「ドミノ」に行ったりした時に、無

免許運転で警察に捕まり、一晩留置場に放り込まれたとのことだ。

※ヘンリー、ブライアンは、隣一軒を隔てたビルマ人兄弟で、この三人と僕の年齢も近い事から、遊び友達として、よくラングーン市内をうろついたものである。デニスにしろ、ヘンリー、ブライアン兄弟にしろ、いずれもビルマの上流社会に属する若者であり、デニスのように純粋なビルマ族もいれば、後の二人のようにアングロ系の血の交じった兄弟もいる。いずれもイングリッシュ・ネームを持ち、日常会話も英語とビルマ語を併用している。当時の総合大学は、ラングーンとマンダレイの二都市にしかなく、彼らの多くは、ラングーン大学を卒業したエリートなのであろう。が、社会主義国家という不自由な抑圧された組織の中で、定職もなく、昼間からブラブラしている青年が多い。学校が終わった後は、このような若者とよくパーティに出かけたのだが、彼らとの交流を通して、多くの友人を作る事ができた。他に、ジャッキー、トミー、ムラ・トンらの男友達や、モーリン、マージリーとノーリン姉妹、リンダ等の女友達との交友も、懐かしい思い出である。マージリーには、ビルマ語の先生として、いろいろお世話になったが、アングロ系の気位の高い大学生で、後に外交官になった英語の助教授ウ・ウィン・ムラと、すでに婚約していた。デニスらは、僕の帰国の際も、空港まで見送りに来てくれ、心より離別を悲しんでくれた「弟分」だった。デニスは、「気立ての良

当時の遊び仲間だったビルマの若者たち
（写真上・右から２人目がヘンリーくん、
下・後列左から２人目がブライアンくん）

い放蕩息子」の部類に属する若者であったが、大声で笑ったりする気さくで磊落な長兄のウ・モン・モン・ニョンは、モールメンの、あるいは前述した末妹の夫ウ・ミョー・ニョンはタボイの、いずれも高級地方官として活躍しており、「名家」の残像を留めていた。

※戦後賠償事業の一つとして、バルーチャン発電所建設のために滞在していた日本工営の職員の宿舎が、以前このカンベの建物であった。ここを、初の日本人学校校舎に選んだ経緯は、このプロジェクトに関わってい た当時の日本人会長のニチメンの森田氏のご尽力に負うところが大きい。森田氏は、部下の浅井氏の息子、伸介・紀彦両兄弟の教育に腐心されており、積極的に学校開設を日本の政府に働きかけ、学校創設と、校舎確保に、実に熱心に努力された。一九六四（昭和39）年に設立されたラングーン日本人学校は、タイのバンコック日本人学校に次いで、世界で二番目に古い海外日本人学校である。駐在日本人や子供も少ない小国ビルマに学校が作られたのも、偏に森田会長を始めとする日本人会諸氏や、小田部大使以下の大使館員等、官民こぞっての熱意の賜物に他ならない。

六四年に赴任された小林先生は、当座ストランド・ホテルに仮宿泊しながら、適当な校舎探しを続けられ、このカンベの屋敷を校舎とされたわけで、創設二年目に赴任した我々職員も、教材・教具の不足に悩まされた。白墨にインクを染み込ませて色チョークを作ったりとか、授業後はダウン・タウンに出かけて使えそうな物品の購入に明け暮れたりとか、苦労を上げれば枚挙に暇がない。その校舎の二階に、僕は寄宿しながら、独身の気軽さで、二年間の教師生活を終えた。いわば「職住一体」の生活であり、学校管理を兼ねる便利さと引き替えに、「公私混同」の煩わしさも味わった生活だった。

校舎は、その後三度程移転し、二〇〇〇年現在は、四度目のタンタマン・ロードに落ち着いている。ちなみに、大使館は、当時のゴールデン・バレーから、ナトマック・ロードの現在地まで、一回しか移転していない。

※後日談として、①デニスについては、帰国後四年後位にビルマを再訪した折、学校で再会し、愉快な一夜を過ごす事ができた。その後、校舎は他人の手に移り、

レストランから照明器具展示会社にたびたび変遷して行った。僕がミャンマーを訪れる際は、必ずこのカンベ通りの旧校舎に行くのだが、デニス一家は離散し、学校自身の正門から玄関先にかけての敷地も、さらに他人の手に移り、現在は、クリスマス・カードも転居先不明で返送されている。隣のヘンリー、ブライアンも同様、他人の家になっている。②ブライアンについては、僕の帰国時期の直後に渡米する予定と言っており、その後全く音信はない。③ヘンリーについては、外国航路船員となり、帰国数年後に、ひょっこり名古屋港に立寄り、結婚して妻や乳飲み子の長男の住む我が家を訪問し、感激の再会を果たした。が、その後の連絡は皆無である。④マージリーとノーリンは、共にアングロ系・ダンカン家の美しい姉妹で、特に姉のマージリーにビルマ語の基礎から簡単な日常会話を教えてもらった。気位の高い賢い女性で、アングロとしての誇りを崩そうとはせず、時には衝突する事もあったが、最後まで誠意を尽くしてくれた。僕が現在でも、簡単なビルマ文字が読めたり、会話ができるのも、彼女のお蔭である。姉が都合悪い日は、妹のノーリンが代わりに先生となってくれた。ノーリンは、後にヘンリーと懇意になったようである。マージリーについては、帰国四年後のビルマ再訪時に、ハルピン・ロードの家で会う事ができた。ビルマ語の勉強をしたバウンダリー・ロードの古びた屋敷は、転居していた。後に、外交官の夫君家族と、日本に立寄ったというクリスマス・カードをもらったが、やはりその後の音信は不通である。帰国して三十五年も経つと、当時の友人たちは、いずれも連絡が取れないまま、懐かしい思い出のみが残っている。

ハウス・オーナー一家に再会（帰国４年後の 1971 年８月、オーナー宅にて）後列左がデニスくん

## ピアノのリバーズ先生と英会話のロゼアー先生

4月23日(土)【1966】

### ピアノのレッスン

9時半より、ピアノのレッスンに出かける。カマユッの近くのリバーズ夫人の家に行くと、すでに僕の前に二人の子供が習いに来ていた。母親が日本人で、父親のタイ人は在ビルマのタイ大使館に勤務している。下の子は、目のクリクリした可愛らしい男の子で、日本語もしゃべる。

ピアノを教えて下さったリバーズ先生（カマユッの先生宅にて）

「さくらさくら」をリバーズ先生から教えていただく。ビルマでは、美空ひばりの歌謡曲「蝶々さん」が流行している。「肥前長崎港町、異人屋敷の黄昏は……」というのだ。ついでにビルマ人なら、大抵の者が知っている日本語は、チョウチョウさんの他、トウキョウ、ジュウドウ、スキヤキ、アリガトウ、サヨナラ、フジヤマや、アジノモト、ヒノ、マツダ、ニチメン等の企業名が続く「味の素」の味覚は、どんな田舎でも普及しているので、我々を見て「ヘーイ、アジノモト」と叫んで来る。

10月4日(火)【1966】

### 『ビルマ民話』の翻訳

一か月ぶりに、英語とピアノのレッスンに出かけた。今月は休まずに、一生懸命勉強しようと思っている。ミス・ロゼアー宅で、『ビルマ民話』の講読を始める。これは昨年、インヤ・レイクの本屋で買い求めたマウン・ティン・アウン［Maung Tin Aung］の“Burmese Folk-Tales”（オックスフォード大学刊）で、日本の「兎と亀」に似たような平易な民話が載っており、英語講読の勉強に役立つということで、所々難解な単語をロゼアー先生に尋ねながら、ノートに日本語訳を記録していく作業である。多忙を口実にして、英語もピアノもほぼ一か月間休んだので、ちょっと行きにくかったが、月謝と石鹸を持参してとにかく出かけたのである。ピアノのリバーズ先生は、パーティに招かれて、今日のレッスンは都合悪いとのことだったので、欠席の弁解を考えなくて済み、これ幸いと月謝を家の人に預けて帰る。

夕方、第二学期の授業表の組立作業を、必死になって行う。これは、いつも頭痛の種だ。

※リバーズ先生は、インヤ・レイクをはさんでカンベの学校の西に位置するカマユッという地区で、英語と音楽を教えておられるアングロ・バーマ（英国とビルマの混血か？）の先生である。公邸のあるユニバーシティ・アビニュー（ラングーン大学通り）を西進し、プロム・ロードに出たロータリーを少し南下した露地にある私邸で教えておられる。日本人の主婦等も、英会話を習ったりしていて、よく賑わっている家である。

学校では、専門の国語の他、体育・英語・社会・音楽を受け持つ、複数教科担当制度を取っていたが、僕自身の一番の悩みは、音楽の指導であった。大学の「教材研究」単位では、小学校の全教科の単位履修が義務づけられ、コーリューブンゲン等の初歩のピアノ実技は習ってきたし、高校では、芸術選択で音楽を三年間学んできたので、最低限の楽譜の読みはできた。しかし、この程度では、中学生の音楽の授業はとても望めないので、菊池氏から紹介を受けて「泣きの涙」でピアノのレッスンに通った。リバーズ先生は、あまり小さな物事にこだわらない、大らかな初老のご婦人で、レッスンをしばらくさぼっても何も言われず、こちらの教えてほしい教材曲を、嫌な顔もされず弾いて下さったり、テープに吹き込んで下さったりした。お蔭でその上達は予想以上に早く、帰国前日の終業式と退任式では、「君が代」も「蛍の光」も間違えずに演奏でき、有終の美を飾って二年間の勤務を終える事ができた。

※ロゼアー先生は、カンベの学校から東へ歩いて五分、同じ「ヤンキン地区」のスーニラム・パークという、閑静な一軒の屋敷に住んで、英語を教えておられた先

生である。この方も、内田氏より紹介していただき、英会話と、二年目は前記のように『ビルマ民話』の講読を通して、英語を教えていただいた。当時でもすでに七十歳前後の独身のご婦人で、やはりアングロ・バーマ、と言うよりは、インド系の血も混じった方である。ビルマで生まれ育った方ではあるが、ビルマ語が話せず、というより覚えようとせず、立ち居振る舞いから日常の全てを、終生英国流の生活で通したプライド高い老女である。お手伝いは、カレン人の娘を使ったりしていた。ビルマがイギリスの植民地になった時、大多数を占める仏教徒のビルマ族を牽制するために、英国人は、タイとの国境山岳地帯に住む少数民族のカレン人を、キリスト教徒として懐柔し、使用人として雇ったり、ビルマ中央政府に敵対させようとした。いわゆる「分離統治政策」、それが戦後のビルマ政府を悩ませてきた民族問題の一つの遠因でもある。

　リバーズ先生と同じく、とかく休みがちだった僕の、たまのレッスンも嫌な顔をされず、同じ難語句の質問も根気良く説明して下さった。帰国後も、カンベの校舎の次に必ず先生宅を表敬訪問していたが、間もなく亡くなられ、姪に当るナンシー・メイ・ロゼアー［Mrs. Nancy May Rosair］が、この旧居を改装して、イタリア料理店を経営されており、ロゼアー先生への懐旧談に花を咲かせるのを常としている。

※リバーズ先生もロゼアー先生も、共に大変お世話になった恩師として、いつまでも僕の脳裏に残っている。

英会話を教えて下さったロゼアー先生（中）に再会。
（帰国四年後の一九七一年八月、先生宅にて）

## 《外国大使館員》米国のキンドン・W・スウェイン氏とオーストラリアのキーリー氏

4月26日(火)【1966】

### レッスン・デイ

夏休みも三分の二近く過ぎた。ビルマでは、3月から4月にかけて、酷暑期に当たるので、日本の夏休みと春休みを逆にして、この時期を一月以上長期休業にするのである。

日本語と英語を教え合ったキンドン・W・スウェイン氏（ラングーン中心街スーレ・パゴダ近くにあるアメリカ大使館前にて）

今日は、一日中「お稽古ごと」で終わった。朝、ピアノのリバーズ先生宅で、教材曲の「アマリリス」「鯉のぼり」の練習を見ていただく。

午後、デニスらの友人グループがサンドウェイ・ビーチ（ンガッパリ）へ海水浴に遊びに出かけたので、飛行場まで見送りに行く。午後16時、ロゼアー先生宅に赴き、英会話のレッスン。17時、スウェイン氏の邸宅で、英語と日本語の交換授業。夜19時、バウンダリー・ロードの一階の屋敷で、マージリーよりビルマ語のレッスンを受ける。

※キンドン・W・スウェイン氏は、この4月の日記より約半年前のマンダレイ旅行からラングーンへの帰途、UBA機で偶然に隣席に座った在ビルマ・アメリカ大使館員である。僕が、小田実の『何でも見てやろう』を読んでいたら話しかけてきた。身長は僕より高く、百八十センチは越そうかという、四十歳前後の中年白人の、立派な紳士だった。目次の「禅（ZEN）」という項目あたりを覗きながら、最初は英語で、僕がその意

味をよく理解できない様子を見て、流暢な日本語で話しかけてきた。以後、ラングーンに戻ってからも、氏とお付き合いが始まった。以前に、東京の米国大使館に勤務していたとのことで、日本語の力は、僕の英語以上だったが、交換教授という条件で、それぞれ母国語を教える時は、自分の家で指導する、という割り切り方であった。東京時代に新婚間もない日本の皇太子夫妻（つまり、平成天皇と皇后夫妻）を前にして、後ろに氏を含む三人の長身の大使館員がにこやかに写っているスナップ写真を見せてくれたりした。当時は、日本が高度経済成長時代に入りつつある時期であったので、東南アジアにおける日本の優等生ぶりを誉めてくれて、僕のナショナリズムを大いに鼓舞してくれたものである。僕の家（つまり校舎）に招待して、ドボルザークの交響曲『新世界』のレコード鑑賞会を開いた時も、嫌な顔をせずに、全曲終了まで目をつむり、体でタクトを振って聞いて下さった事を、今でも覚えている。

ある時、ダウン・タウンの白い独立記念塔のあるマハ・バンドゥーラ公園近くの米国大使館に、教材を持参した際、正門受付でピストルを携帯した黒人兵の厳しいチェックの後、氏に面会した時は、私人の気さくな応対とは全く違う大使館員の厳格な態度に、プロとしての面を垣間見た。独身ではあったが、屋敷の中は極めて清潔で清掃が行き届いており、東洋、とりわけ日本の昔のエリート同士の、バンカラ的で微温的な付き合い方とは異なり、フランクではあるが、マナーに厳しく、公私を厳格に峻別する欧米人との「民度」の違いを感ぜざるを得なかった。

帰国後も、クリスマス・カードのやり取りは続いた。ペンシルベニア州の田舎の町名は忘れたが、氏の故郷の町長選挙に立候補して、見事に当選した喜びを、「！」を用いて知らせてくれた。フランクなアメリカ人気質と、米国へ戻って、大学教師から町長へと、外交官に一生しがみつかず、適材適所で自分の人生を切り拓いていく、日本の終身雇用制度にとらわれない、フロンティア・スピリットに満ちた氏の生き方から、大いに学ぶところがあった。帰国後二十年近く経ち、僕が文部省の教員海外派遣でアメリカ・カナダ・メキシコ研修旅行に参加し、その報告をカードで書き送ったところ、久しぶりの思いがけない便りに、大変喜ばれて、近況写真を同封して下さった。その時は、恐らく全ての役職を退かれたらしく、町の老人たちとアウトドアでバーベキューを楽しむ、にこやかなほほ笑みを浮かべた一人のアメリカの好々爺然とした姿が写っていた。その後も生涯独身で、氏らしい清廉な余生を送っておられるのであろう。

※オーストラリアのキーリー氏は、赴任して二か月後頃、使用人のダースに付いて行って、偶然出会った男性である。学校の近くのコカイン・ロードに邸宅を構える大使館員であり、当初はたびたび行き来していた。

出会いの時期は違うが、オーストラリアのキーリー氏とアメリカのキンドン・W・スウェイン氏とは、共に親切で温厚な白人の友人として、今でも思い出に残る方々である。

←お世話になった歯科医ウ・ティン・ミン先生
（バイブル・ソサイエティ・ビルの診療室にて）

## お世話になった歯科医ウ・ティン・ミン先生と親日家ウ・アン・ジー氏

9月17日(土)【1966】

### 歯の治療

授業後、15時に、ダウン・タウンにある歯医者ドクター・ティン・ミン［U Tin Myint］に行く。歯科医は、中国系のビルマ人である。中肉中背の、一見して日本人とも見られる方で、簡単な日本語の話せるお医者さんである。病院は、ラングーン駅を過ぎて最初の、東西に走るボジョ・アウン・サン・ロード（アウン・サン将軍通り）と、南北を貫くスーレ・パゴダ・ロードの交差する至便なビル“Bible Society”の二階にある。しばらく通院していて、今日が一応一区切りの日で、歯石をガリガリと取ってもらう。済んで、ビルの前で、病院受付のおばさんの写真を撮る。いつも表情をほとんど変えずブスッとしている中年の、このおばさんに写真を撮らせてほしいと申し出たら、苦笑いをしていた。（歯の治療に通い始めた頃は、この婦人がティン・ミン先生の奥さんと、勘違いを

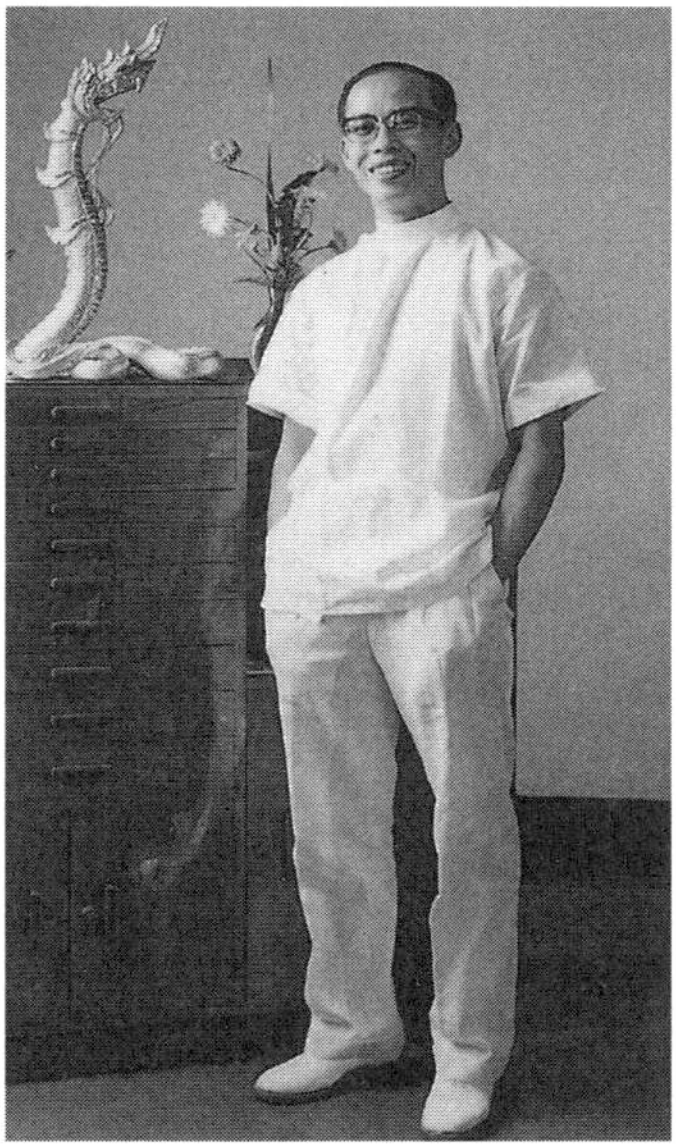

していたものだ。）その後、ビルマ語の勉強と、ヨット・クラブ。明日からは、期末整理で忙しくなりそうだ。

9月23日(金)【1966】

**教官会議・アン・ジーさんの紹介状**

一、二時間目は、国語。菊池寛の『仇討ち三態』を中学生に、『鉢の木』を小学生に読んで聞かせる。

三、四時間目は、身体測定と大そうじ、そして、明日の終業式の練習。僕自身の視力は二・〇、体重は六十一・五キロ。ビルマへ赴任して、少しずつ減ってきている。マニーにポリッシュをさせる。昨日、床の崩れて欠けた部分をセメントで詰め込んで、その上からレッド・ポリッシュをかけたら、すっかりきれいに修復された。「君が代」を、明日の式に弾くため練習する。

13時半まで、教官会議。一学期の反省と、二学期の予定等。昼食後、旅行の準備を始める。明後日より、モールメン方面に行くので、その準備が楽しい。

15時に大使館より戻ると、エアコンの掃除人が来ていた。アン・ジーさんから電話がかかる。「旅行の方はどうなったか」と聞かれるので、「もう切符は買いました」と答えると、「紹介状を書いてあげよう」と、親切に言って下さる。アン・ジーさんの家に出かける。プロム・ロードの屋敷で、道路で待っていてくれる。アン・ジーさんが書いてくれたモールメンの知人とは、奥さんのお姉さんでド・キン・メイと言う方だそうだ。奥さんを紹介されたが、すごくきれいな人だ。美男美女の夫妻と子供三人の、全員写真を撮る。お礼に、石鹸・歯磨きを渡す。

※外国の生活を送る上で、言葉と医療の問題は、大変大きい。ビルマは、英国の植民地であったため、英語が

親日家ウ・アン・ジー氏（中）を囲んで（氏の右はラングーン外国語大学・日本語学科教授の河原崎幹夫先生。大使公邸での川島正二郎国会議員歓迎パーティで）

よく通じる。言葉の点では、ほとんど不自由しなかった。「英語が通じる」と言っては、ビルマの方に失礼であり、われわれ日本人の方が、相対的にはるかに劣っている。洋画は、字幕にビルマ語がついてなくても、彼らはゲラゲラ笑ったりしていて、楽しんでいる。僕の場合、そのギャグが分からず、悔しい思いをする事が多い。もう一つの医療は、日本より衛生面や気候面でずっと悪い状況の中で生活しなければならないので、かなり深刻ではある。学校医も、赴任一年目はいなかったが、畑中先生の代に、日本で医学の勉強をし、日本人の奥さんを持つウ・グエ・ソー先生を迎え、格段の進歩を見た。帰国時に、伝染病の予防注射をしたり、ペストが流行すれば手洗いくらいしか対策が立てられない。今思い起こすと、実にいい加減な学校保健運営だったと思う。僕自身も、若い時期であったので、病気等は眼中になかったが、歯に関しては、年齢を問わず大いに悩まされた。前述のように、日本語や日本人の気質もよく理解されているティン・ミン先生に、歯の予防治療でお世話になったのは、大変幸せだった。

　先生とは、帰国後もずっとクリスマス・カードのやり取りが続いたし、ビルマ旅行の際は、必ず病院か、先生の屋敷への訪問を常とした。先生の私邸は、学校の近く、英語教師のロゼアー先生宅をさらに南西に進んだ、同じスーニラム・パークに、立派なお住まいを構えておられ、美しい娘さん達に囲まれ、幸福で裕福な家庭を営んでおられる。娘さん達も、アメリカに留学をされたりとか、先生も歯学会出席のため、日本やアメリカを行き来されるとか、社会主義政権下での不自由で貧しいビルマでは、極めて恵まれた階層の一家と言えよう。娘さんは、後に東芝の日本駐在員の青年と結婚され、埼玉県に在住のため、彼らに会うために、先生はしばしば日本に来られるようになったとか。ダウン・タウンの先生の診察室（病院）のデスクには、アウン・サン・スー・チー女史のブロマイドが挟んであり、軍事政権抑圧下の市街地内で、ドキッとさせられる場面であるが、日本や欧米民主主義世界もよくご存じの、中国系の先生にとっては、当然の「勇気ある行為」なのであろう。

※アン・ジーさんについては、第二次世界大戦中、日本の兵士から日本語を教わり、「安治」という名刺を作り正確で美しい日本語を流暢に話す親日家である。上ビルマ方面で手広くコーヒー園を経営しておられた「民族資本家」で、歌手としてもビルマでは誰一人として知らない者はないという程有名な方である。特に、アコーディオンを弾きながらの日本の歌の演奏は圧巻で、その美声と正確な歌唱力は、遠く日本を離れた者に、感動と郷愁を呼び起こしてくれるのに十分過ぎる程のものがあった。従って、大使公邸でのパーティでは、ビルマ側のお客さんとしていつも招待され、日本人会主催の忘年会では、その素晴らしい日本歌謡を披露して下さった。やや色黒の風貌は、インド系の血が混じっていたかもしれないが、端正な顔立ちと、上品な民族衣裳・上着エンジーとロンジーに身を包んで、明治・大正・昭和の歌曲から、軍歌まで、日本人以上の表現力で熱唱される姿は、印象深いものであった。社会主義政権下で、個人企業は厳しく制限されていた時代に、民族資本家としての氏の生活は、以前より非常に厳しい状況であったと想像されるが、それでも豪邸に住み、優雅な生活を送っておられ、日本人の友人・知己も多かった。僕がアン・ジーさんと、お付き合いし始めた時期は、はっきりしないが、恐らくそのようなパーティや、独唱に感激してお声をかけたのがきっかけであろう。特に親しくお世話になったのは、このモールメン方面旅行からであろう。また、学校のハウス・オーナーとも懇意で、精霊信仰のためのナッツ祭りを行っている時にも顔を出された。奥さんのお姉さんのド・キン・メイさんや、その甥の警察官キン・モン・タン氏には、モールメンで大変お世話になった。ド・キン・メイさ

んは、半年後の僕の帰国二日前に、わざわざラングーンまでお別れの長距離電話をかけて、離別の思いを伝えて下さった。当時のビルマでは、市内はもちろん、市外電話の通話も容易ではないのである。また、若いキン・モン・タン氏は、後に日本の運輸交通事情を視察するため、ビルマの代表として来日された。東京の宿舎まで出向き、氏に再会。更に後に、ビルマ再訪の際、マンダレイ管区の上級官吏に昇進した氏に、再びお会いし、氏の五、六人の部下と、マンダレイ中心の時計塔と近くの市場の夜店を散策したのも、楽しく懐かしい思い出である。

アン・ジーさん自身については、帰国後十五年程の頃、来日されたが、真冬の厳しい寒さの中、日本の戦友を頼って全国を巡っておられた。名古屋では、戦友で医師の故土井次夫先生や僕達とお会いしたが、公務多忙で十分なおもてなしができず、失意の中にビルマへ帰られたのが、今でも申し訳なく気がかりである。もし今でもご健在なら、ミャンマーを再訪した際、お詫びと誠意あるお返しをしなければ、という心残りを持ち続けている。

## 《元日本兵》吉岡徳喜氏（ウ・アウン・カー）

12月4日(日)【1966】

### プロムにて吉岡氏に会う

ラングーンの北西約三百キロにあるプロム（ピィー）へ一泊二日の予定で、自動車で来ている。

日本人が、このプロムに住んでいるという事を聞き、そこを尋ねる。吉岡徳喜《よしおかのりき》さんという、五十四歳の元日本兵で、ウ・アウン・カー［U Aung Kha］のビルマ名を持ち、ビルマの女性と結婚して、戦後も日本に復員せず、プロムに住み着いて、自動車修理工場で成功している方である。運転手のモン・エイに問い合せてもらうと、すぐ分かった。小さな町での日本の元兵隊は珍しいので、町民はみんな知っているのである。

ガソリン・スタンドの近くで、プロム－ラングーン国道という場所に、“Japan Machinery Work-Shop”という英語とビルマ語の看板を掲げ、自動車の修理業を営んでおられる。奥さんとの間に、子供四人があり、うち一番上の長女は病死、長男はラングーン大学生、次男と三男は

帰国後三十二年ぶりに元日本兵・吉岡徳喜氏（ウ・アウン・カー、八十六歳）にプロムのご自宅で再会。そのお元気さにただ驚嘆。

プロム在住。我々日本人の、突然の珍しい来訪に、大変驚かれたり、喜んだりされて、大歓迎をして下さる。以下、お茶をよばれながら、吉岡氏より聞いたお話を、箇条書きにしてみる。

㈠ 氏の年齢は、五十四歳。吉岡氏は、痩せ形の温顔の男性で、日本の実業家の松下幸之助氏に、ちょっと似通っている。奥さんも同年か、一歳年上。奥さんは、眼鏡をかけた色黒の、ごく普通のビルマの老女。ちょうど訪問した時は、熱を出して休んでおられたので、ちょっとだけ顔を出して、覚束ない日本語で挨拶された。吉岡氏は、奥さんの発熱を、昔の軍隊用語で「熱発」と説明され、戦後世代には、一度聞いてもピンとこない。やはり、時代の隔たりを感じる。

㈡ もちろん戦争中から日本へは一度も帰国した事はなく、二十年以上もビルマ暮らしである。二十九年前、氏が二十五歳の時に中国に出征。北支、中支、満州、ノモンハンと転戦し、一時帰国した後、氏が三十歳の年、つまり二十四年前に第二次世界大戦に遭遇し、再度召集。ベトナムのサイゴンに上陸し、陸路でタイからビルマに進軍。ラングーンを通り、プロムに入る。そこで、現在の奥さんに出会う。インパール作戦に参加し、敗走に敗走を続け、ペグー付近で終戦を迎え、九死に一生を得る。プロムの捕虜収容所で、四年間服役後、収容所にいた二千名の日本兵は、全て帰国。戦友が一緒に日本に帰ろうと勧めたが、ただ一人同地に残る。プロムで一年間、百姓をした後、国内の反乱軍から流れた闇物資で、機械の部品を手に入れ、現在の修理工場、ワーク・ショップを開く。その頃、奥さんとの間にすでに子供も産まれていた。吉岡氏の述懐、「私は、戦争のために、この世に生まれて今まで生きてきたようなものだ」は、額面通り受け取って良いだろう。

㈢　長男は、現在ラングーン文理科大学・RASUへ通っている。大学への入学資格は、高校の卒業試験が三十五点以上の者で、医科大学や工業大学に入るためには、さらに十点高い四十五点以上なくてはならない。吉岡氏の息子さんは、七十点という図抜けて良い成績であったにもかかわらず、父親が日本人という理由で、現在の文理科大学にしか入れなかったということだ。

㈣　吉岡氏は五、六年前に肝臓を痛め、それ以来めっきり体が衰弱してしまったそうだ。酒は、全然飲まない。歯も、ビルマで何度も治療してきた。下唇に縫合の跡があるのは、作業中にくわえ煙草をしていて、火傷を負い、それが化膿してしまい、一種の皮膚癌にかかってしまったので、タウンジーにあるソ連の病院まで出かけ、切開・縫合したとのこと。溶接の作業で目を傷め、乱視気味である。

㈤　出征前にも、日本ですでに結婚しており、今では日本の孫もいるそうである。先妻から時々便りがあるが、大抵は子供の事についての相談。二十年以上も妻を放っておいて、離婚した状況で彼女は一生を終えなければならない。いつも、頭痛の種である。

㈥　土佐・高知県に吉岡氏のご両親も存命中。自分の生存が分かって、日本との音信も可能になってから、雑誌等も送って来るようになった。現在は、吉岡氏の弟さんが家を継いで、工場を経営している。ラングーン大学生の長男を日本に送れ、彼の生活費や学費を全部引き受けるから、と手紙で言ってきてくれる。しかし、日本の両親や兄弟、妻や子供等を、二十年以上も放っておいて、ビルマに永住しておきながら、そんな図々しい事は、とても頼めない。

㈦　終戦後五年目に、初めて日本の船がラングーン港に入った知らせを聞き、自分は居ても立ってもいられず、プロムから出かけて、日本の家族宛の手紙を、日本船員に託したのが発端となって、日本との音信が可能になった。その時、五年ぶりの日本語が咄嗟に口から出て来ず、船員は、自分が本当に日本人かどうか、半信半疑だったという。丸五年間、一人の日本人にも会わず、一言の日本語もしゃべらない生活だったから。

(八) 吉岡氏の軍の所属は、森部隊の自動車隊。その時の技術が、今のワーク・ショップ工場を作るのに、役立ったのは、言うまでもない。

(九) 戦時中に、他の日本兵が産み落としていったビルマ女性との混血児は、極力面倒を見ようと心がけている。先日も、北ビルマ・カチン州のミッチーナまで出かけて、日本兵の産み落とし子を探して、引き取ろうとしたら、母親がどうしても放したがらなかったそうだ。(ちょうどその場に居合わせた一人の若者も、日本とビルマの混血児だった。十八歳くらいの、がっちりした中肉中背のハンサムな青年で、油にまみれた作業衣をまとって、工場で働いていた。その若者の父親は、「〇〇ウメオ」と言い、森部隊の自動車隊の兵士で、アラカン山脈の麓のパトンという所にいた。父のビルマ名をバ・ミン［Ba Myint］と言い、母親はマ・ティン・ニン［Ma Thin Nyint］と言い、まだ存命している。)

(十) 吉岡氏の結論。

「戦争は、絶対してはならない」「私は、戦争の犠牲者だ」「また、共産主義もいかん」

「血筋は争えないものだ。日本人との混血児は、みんな非常に優秀だ」

「個々の例外もあろうが、ビルマ人の中では、ビルマ族が一番駄目だ。シャン族、カレン族、カチン族の方が、毅然としている。ビルマ族は、小ずるい」

「人間の住んでいる所なら、どこでも私に住めない事はない、という生来の私の風来坊的な生き方が、私をこんな境遇にさせた。だから、今の自分は、自業自得の結果だ」

「でも、ビルマのチャットを外貨に替える事ができるのなら、今すぐにでも、家財道具を引き払って、日本に帰りたい。チャットでは何の価値もなく、ビルマから出る事は、夢のまた夢だ」

「死ぬ時は、日本の土の上で。そうでなければ、死んでも死にきれない」

「女遊びもしたし、日本とビルマで二度も結婚し、両方の国で子供も作っているような私だから、自分の子供の結婚に関しては、干渉はしない。例え、息子がルンペン（乞食）の女性を見初めたとしても、子供が自分の責任において行動するなら、敢えて反対はしない。

喜んで彼らの生活用具を買い揃えてやり、以後は彼らに自主独立させる」

等々であった。その後、吉岡氏は、プロムの町を案内して下さったり、町で最も有名なシュエ・サンドー・パゴダを参拝したり、ピュー族の遺蹟跡を見学後、中華料理店で昼食をご馳走して下さった。昼頃、氏に厚くお礼を申して、ラングーンへの帰途についた。

※ビルマに来て、吉岡さんという元日本兵に初めて会い、その生々しい感想を聞く事ができたのは、このプロム自動車旅行の、最大の収穫であった。戦争末期に、各地で起きた反乱で、日本の兵隊が土民に殺害されていった話になると、涙ぐんでおられた。松下幸之助を思い起こさせるような温顔で、今までの苦労を内に秘め、淡々とした衒いのない話しぶりには、好感が持てる。戦争の落とし子を、自分の工場に引き取って世話をしたり、自立のための技術を教えようとしたりする姿勢や、ビルマの妻子のために、敢えて祖国の日本を捨てた、その誠実さには、頭が下がる。親切で真面目な、自分自身に忠実であろうとする人だ。

※しかしながら、戦争を経験していない僕達には、やはり「古くさい」という感じも否めない。例えば女性観にしても、戦前の男尊女卑的・封建的な考えが、話の中から感じ取られる。「戦後日本の二十年間の民主主義」を体験していない吉岡氏にとっては、これは当然かもしれない。だから、戦争中の日本人としゃべっているような錯覚、あるいは感覚の断層を見いだす。「私は、戦争のために、この世に生まれて今まで生きてきたようなものだ」という氏の感懐は、もっともな真実であり、常に吉岡氏は「戦争の影」を引きずっているわけである。

※ラングーンでお付き合いする日本人の方々は、戦後賠償関係等で第二次世界大戦とは間接的に関わりがある人もあろうが、ほとんどの駐在員は、戦争と無縁である。しかも、余暇はゴルフとかヨットとかのリクレーションで明け暮れ、自宅には、夜警、コック、掃除人、ボーイ、運転手等の使用人を五、六人は雇い、大邸宅で暮らす。僕などは日本に帰れば、もちろん使用人も付かないし、せいぜい団地暮らしが妥当な生活水準の

身分である。プロムに定住している吉岡さんと同じであり、本来の生活形態である。それらの点からも、氏にお会いできたのは、本当に良かったし、混血の若者の日本人の父親探しを、機会があったらお手伝いしなくては、と思い、帰途についた。

※その後、一九九八（平成10）年12月に、ミャンマーを訪れ、ウ・マウン・マウン・ティン先生と、車で再びピィー（プロム）を訪れる機会があった。三十二年ぶりの、半ば偶然の二度目の訪問であった。今回の訪問の目的は、NGO団体「ミャンマー協会」の要請で、同協会のアドバイザーとして少数民族の言語・生活保存記録のための、教育省（文部省）への寄付行為として、ウ・タン・アウン教育大臣に接見する事と、ピィー遺蹟保存のための現地視察とであった。首都ヤンゴンから、少しは道路舗装が改善されたものの、昔ながらのピィー・ロードを、鶏や水牛を避けながら12月28日（月）夕刻、三十二年前より二時間早めの、所要時間五時間で到着。翌日、吉岡さんを尋ねて行ったところ、前よりは少しは老け込んだ程度の氏に再会！　ビルマの奥さんは、すでにお亡くなりになっていたが、氏は八十六歳になっておられた。三十二年前の僕との出会いは、残念ながら忘れておられたが、相変わらずの温顔、日本語も確かである。ミャンマー連邦の長老とも言うべきウ・マウン・マウン・ティン先生も、吉岡氏よりは三、四歳年下であり、お二人のお元気さは、甲乙つけがたかった。子供さん達は、五十代から六十代に達していて、氏の孫が九州や大阪の大学に留学しているという時代になっていた。ダイオキシンとか大気汚染等の公害を除けば、気候・医療・食生活・衛生面のいずれを取っても、日本に劣るであろう亜熱帯ミャンマーで、しかも若い時期は、生死をさ迷うような苛酷な従軍生活を十年近く続けてからのさらに半世紀後の、このお元気さ・生命力は、まさに驚嘆に値する。「私には、今は何も心配事はありません」という氏の楽天主義が、このようにミャンマーの大地に、どっしりと根を下ろして半世紀以上生き続ける、源泉なのであろうか。

# ■第五章■

# 近づく帰国

## 昭和41年度《三学期》

1月1日(日)【1967】

### 大使公邸にて新年祝賀式

ビルマ滞在最後の年が明けた。お正月といっても、相変わらず南国の眩しい太陽が照っている。

8時起床。使用人達と、"A Happy New Year!"と、挨拶を交わす。

日本から送ってもらった背広を初めて着る。ずっしりとした着ごたえが感じられる。奥平氏を迎えに行き、畑中先生宅へ、新年のご挨拶後、11時に、日本大使公邸へ。もうかなりの日本人が到着している。高瀬大使以下、会う人ごとに、挨拶を述べる。昨年のように、日本の正月の音楽を流すような事はなく、石堂氏のマイクでの誘導で、雑煮をいただいた後、余興が始まる。丸紅の関口氏の軽妙な司会で、次々に指名された人達が、歌ったり、落語を話したりさせられる。我々も指名されたので、大急ぎで学校へ楽器のスペリオ・パイプやオーズィを取りに戻り、「しょじょう寺の狸ばやし」や、ビルマ音楽の我流の目茶苦茶なリズムを打ったりする。畑中先生も、地元の三河漫才を熱演。我々日本人学校の独演会みたいになり、後の出し物では、一座が軽い虚脱状態のようになってしまった。

午後、帰宅。明日からのマンダレイ、バガン旅行のための準備に取り掛かる。

昼食後、アングロ・インディアンのグループが、部屋に押し掛けて来て、クリスマス・キャロル・スインギングをする。正月なのに、ジングル・ベルもおかしなものだが、彼らの歌声の後、こちらも「上を向いて歩こう」を、お返しに歌う。

1月11日(水)【1967】

## 精霊信仰

ハウス・オーナーが、三十七の精霊・スピリッツ（ナッツ神）を呼び出し、家内の安全を祈願するための歌舞音曲を、昨日から今日にかけて丸二日間、家の前庭で大々的に催している。巫女のような女の子が、次第に熱してきて、ブルブル体を震わせて泡を吹いてぶっ倒れる。と、そこで楽器がひときわ激しく打ち鳴らされる、といった儀式を朝からぶっ通しで行なうので、隣のこちらもたまったものではない。青森県の恐山に伝わる「イタコ」を連想させるが、死者の霊魂を呼び戻すという共通性があるのかもしれない。

ビルマは、仏教徒が圧倒的に多いが、キリスト教やヒンズー教等の他の宗教以外にも、こういうアニミズム(精霊崇拝）も、日常生活に生きているのである。ハウス・オーナー宅は、ビルマでは、欧米文化の影響を受けた、上流の知識階級に属するビルマの家庭であるのは明らかであるが、このような家庭にも、精霊信仰は脈々と受け継がれているのが分かる。つい一週間前に、ウ・マウン・マウン・ティン先生とジープで旅した上ビルマのポーパー山では、このような精霊が祀られていると聞く。

あと四日で、三学期が始まる。そして二か月後には帰国しなければならない。ビルマに着任した当初は、二年間もの長い期間をどう過ごそうかと思っていたが、帰国の日が近づく程、ビルマを離れがたい気持ちが募ってくる。

1月14日（土）【1967】

### 三学期始業式

定刻通り、三学期の始業式が行なわれる。日野自動車の井上夫人が、小学校一年生の男の子を連れて来校、転入の手続きをされる。これで一年生は、四人に増えた。始業式後、昼頃まで、教官会議。三学期の行事予定を立てる。卒業式は3月15日。僕の離任・帰国日は、同16日。

今は「涼季」で、朝方は、冷え冷えするが、この涼しさはあと一月もないだろう。

来週から、三学期の課外授業を兼ねて、玄関前に畳六畳分の池を、先生と子供全員で造ろうという発案が、畑中先生よりなされる。教材用に、池の中の深い所に魚を入れたり、浅い棚の部分は、稲の栽培観察もできるようにしようという試みである。

日本人学校の校歌もないので、在任中に歌詞を考えて作ろうと、あれこれ考える。

1月19日（木）【1967】

### 北朝鮮映画鑑賞

授業後、子供達が集まって池造りを始める。前日までに、マリーにも手伝ってもらい、我々先生達が穴だけは掘っておいたので、今日は池の側面に粘土を塗り付ける作業だ。全員、手も足も粘土だらけにして、こねたり塗り付けたりする。昨日の慣れない作業のため、指に豆ができて、その豆がつぶれて痛い。夕方17時に子供達が帰った後も、暗くなるまで三人の先生で、粘土塗りに精を出す。

夕食後、町に出て、ネイピドウの映画館で、北朝鮮（朝鮮民主主義人民共和国）の“The Spinner”（紡績女工）という映画を観る。今日が上映最終日のため、観客は数人という淋しさである。ストーリーは、一人の若く貧しい女工が、日本軍統治時代から朝鮮動乱という、二つの困難な時期を生き抜き、金日成首席の教えの下、模範工員・優秀女工に成長する過程を描いた、多分に憂国的、国家主義的で、共産党賛美の色彩の濃い映画である。日本では、北朝鮮の映像を観る事は滅多にないので、興味深かった。北朝鮮の宣伝用のカラー・ニュースで紹介された。そこには、日本から忘れられつつある北朝鮮の風景があったが、荒涼として寒々とした国土だ。「クーバ（キューバ）」名の名前がしきりに出てきたが、キューバとはお互いに孤立した国同士で、友好関係にあるのだろうか。北朝鮮の人々の風貌も、我々によりも蒙古人に似通っている。もっともおなじモンゴル系で、大差はないのだが。音楽は、日本の哀調を帯びた地方の古い歌に通じるものがある。他に、ソ連のニュース映画や、中華人民共和国映画の予告等があり、ビルマが社会主義国と密接な関係を持っている事を改めて感じさせられた、興味深い今晩の映画鑑賞だった。

## 1月20日(金)【1967】

### 池造り・ポエ

四時間目の高学年の特活（特別教育活動）は、池に砂をまく作業をする。バケツ一杯分の砂は重いので、車で雨天体操場から池まで運ぶ。明日から、その池の補修とセメント塗りを行い、来週から水を張る。この池造りは、三学期の大きな行事になりそうだ。

15時より、教官会議。文集発行と写生会が議題。帰国までに、さらに文化祭の準備と図書の整理と、忙しい毎日が続きそうだ。もちろん、自分自身の帰国準備もある。卒業式翌日の16日に、帰国の途に就いて、香港と台北に各三泊して、東京に着く予定が、固まりつつある。

19時、公邸でパーティ。男性だけの集まりで、近畿放送主催・ビルマ戦線慰霊団の歓迎会。高瀬大使の挨拶の後、高岡という僧正のお話と団員紹介と、隠し芸の披露。僧正の師匠が、五十年程前にアキャブで病死したそうで、来月僕が当地を旅行した際、情報が得られれば調査してみようと約束する。コロンボ・プランの松澤氏や、国連の小原ドクターも同席され、歓談する。

21時頃、パーティが終わった後、プロム・ロードを南に向かってドライブしながら、ネ・ウィン邸の近くの交差点の広場で、ビルマ・ダンス「ポエ」が上演されているのに遭遇する。漫才と、その間の女性のダンスが軽妙だ。半ばプロの劇団らしく、影絵の装置や衣裳等も、これまで見たのとは違って、随分豪華だ。見とれてしまい、しばらく立ち去り難かった。

1月31日(火)【1967】

**吉田外務事務官&城倉文部事務官視察**

深夜1時半頃、ダラワンに起こされ、背広を引っ掛け、畑中先生を拾ってラングーン空港に。

2時半頃、パン・アメリカン機が到着。顔見知りの若い米国大使館員が、「パウチ」（交信）を持って、空港に詰めかけている。恐らく機密文書として、機長を通じてアメリカ国務省に送るのであろう。吉田外務事務官と城倉文部事務官が到着された。大使館の佐久間氏と野元氏も、空港に出迎えられる。城倉氏は、若く知的な風貌の方である。吉田氏は、佐久間書記官の知人ということで、佐久間氏の邸に滞在される。城倉氏は、畑中先生宅に宿泊される。空港で別々に分乗する。僕の車で畑中先生と城倉氏をお乗せして、先生の家にお送りする。寒いと感じる深夜の気温も、厳冬の日本から来られた両事務官には、暑くてかなわないようだ。3時過ぎに辞去し、帰校して三時間程仮眠をとる。

四時間目の音楽、幼稚園の「きゅっ、きゅっ、きゅっ」の合奏の練習は、授業参観で、お母さん方が教室の後ろで見ておられる。両事務官も、大使館への表敬訪問の後、来校され、ついでにこの授業を視察される。その後、父母との懇談会を行なう。小中学生の合同図工は、トーテム・ポール造り。

13時より、両事務官を囲んで、歓迎昼食会。参事官や田中氏等の大使館関係者と、日本人学校教官が出席する。食後、一足早く帰校し、16時からの両氏との懇談会の準備をする。学校の現状について、説明・懇談をする。夜、公邸で歓迎パーティ。

両氏は、明日はラングーン市内見物をされるので、授業後の案内を引き受ける。明後日の早朝、両氏は次の訪問国インドのカルカッタに向けて旅立たれる予定。深夜に来訪され、丸二日間視察と見物とパーティに引っ張り回され、さらに酷暑のインドに向けて早朝出発と、大変なハード・スケジュールで、さぞお疲れであろう。明朝、再び空港に見送りに行くつもりだが、カルカッタ行きのUBA機が遅れる可能性が多分に生じる。その場合、授業に遅れるため、離陸までは見送れないかもしれない。

夕方、日本からの新聞を読む。中国の文化大革命も、いよいよ行き着くところまで来たようだ。また、アメリカの国防費が、国家予算の五十六パーセントを占めたとか。そのうち、ベトナム戦費が二十九パーセントにもなるそうだが、それは日本の二年分の国家予算に匹敵するそうで、ベトナム戦争の泥沼にはまり込んだアメリカの姿が、数字に現れている。

2月15日(水)【1967】

### ペスト流行

文化祭まで、あと数日を残すのみとなった。壁新聞作り、学校沿革史作り、書写等の展示、研究発表とリハーサル、文集発行と、目の回るような忙しさで、気は焦るばかりである。18日（土）は、リハーサルである。

大使館からの再三の電話で、ペストの流行が上ビルマから下ビルマにまで広がってきており、注意するようにとの連絡があった。日本では、大正15年以来発生していないそうだが、カミュの小説『ペスト』でも分かるように、流行し始めると、町全体が死滅してしまう程の恐ろしい伝染病である。学校としても、消毒液を作って、子供達に手洗いを励行させる。またその一方、鼠捕りを家の中に置いておいたところ、翌日には二匹引っ掛かっていた。文化祭に出す「シャーミー」のケーキやアイス・クリームも、衛生上、中止した方が良いのではないかという意見も出ている。

2月19日(日)【1967】

### 文化祭

文化祭の準備とリハーサルのため、昨晩（今朝）は深夜2時まで、学校職員全員残って仕事をした。「忙しさ、ここに極まれり」という感である。教室の片付け・大掃除と飾り付け、ペスト予防のため倉庫に殺虫剤散布、大使館より借用したテント・椅子・テーブル等の設置、映画会上演用のスクリーン張り等の作業を続けているうちに、結局ほとんど一睡もしないまま、今日を迎えた。

朝7時に、職員室でアンケートのガリ切りと印刷をする。マニーに手伝わせ、色紙を部屋に吊して飾る。「シャーミー」のボーイが三人、ケーキとアイス・クリームを届けに出校する。合田夫人や武田夫人が「くじゃく会」（在ビルマ日本人婦人会）のメンバーの生け花や出品物を持参し、飾り付けを始められる。

11時過ぎ、昼食を大急ぎで済ませ、背広に着替えて、係の受付に出る。

文化祭は、午後開始。大成功に終わった。高瀬大使以下、子供も含めて七十人から八十人程のお客さんが、来校されたであろうか。ハウス・オーナーも、河原崎先生が指導されているラングーン日本語学院のビルマ人学生も来て下さった。受付の後は、司会をして、すっかり上がってしまった。

運動場でのゲーム。パン食い競走。大人全員の綱引きでは、綱の強度が足りずに、途中でベリベリと綱が切れてしまった。映画会も、予想以上のたくさんの人々が観て下さった。

文化祭終了後、職員室で、教育委員の武田氏、山口氏、野元氏、田部井氏の四氏と、先生三人で、祝杯を上げる。文化祭が成功裡に終わったので、話題も明るい。大使館から借りた椅子を校舎内に入れておく。

文化祭が終わって、いよいよ「帰国」が実感として迫ってきた。あと二十五日位でビルマを離れる。

2月20日(月)【1967】

**代休日・大使館員からの餞別の「ビルマの竪琴」届く**

昨日の文化祭が日曜日開催だったため、本日は代休日。僕の部屋も展示会場だったので、7時に起きて、一人で片づけを始める。見る間に、室内が片づいていく。

モン・エイが、前にオーダーしておいた「ビルマの竪琴」を運んでくれた。帰国の際、大使館員の方々が餞別金を出し合って、自分の好きな記念品を買うのであるが、僕は竪琴を希望したのである。船の形をしたハープで、ビルマ語で「サウン・ガウ」と言う。竹山道雄氏の小説『ビルマの竪琴』にも登場する楽器である。横腹の部分には、希望して、次のように英語で書き付けてもらっておいた。

to Mr. KENJI IWAUCHI
Presented by Mr. JIRO TAKASE, Ambassador of JAPAN
and the Staff of the Embassy of JAPAN.
RANGOON. March, 1967
［岩内健二氏へ。日本国大使・高瀬侍郎氏および日本国大使館員より贈呈。ラングーン。一九六七年三月］

ビルマで購入した洋書類の整理をする。本箱は、学校寄贈。河原崎先生が、ラングーン日本語学院生を十数名引率して来校される。昨日の文化祭に来られた学生もいる。僕の日本の住所を知らせたり、日本語習得の心構え等を話し合ったりする。

大使館に出向き、安井参事官・杉田事務官と、主に帰国費用や外貨、チケットとビザ申請等についての相談に乗っていただく。安井氏は、僕の出身の明和高校（愛知県）の先輩でもあり、親近感が強い。大学の学生課の事務官からも手紙が届いており、帰国後の就職や給与については、ほぼ目処が付いた由。いろいろな方のお世話で、自分が生きられる事を再認識すると同時に、いよいよ帰国が近づいたのを実感。

夕方、ヨットを楽しむ。車が来ないので、インヤ・ロードまでぶらぶら歩いて行く。ラングーン大学・RASUでは、卒業式か学位授与式が行われているのか、たくさんの旧式の自動車が路上駐車していた。

夜、帰国のための荷造りを始める。船便で送る物と、手荷物で持ち帰る物とを分ける。オーズィー（大太鼓）もうまく収納できて、作業の三分の二は、済んでしまったかもしれない。こういう作業は、本来楽しいのだが、帰国の淋しさがふっと頭をかすめ、複雑な心境になる。

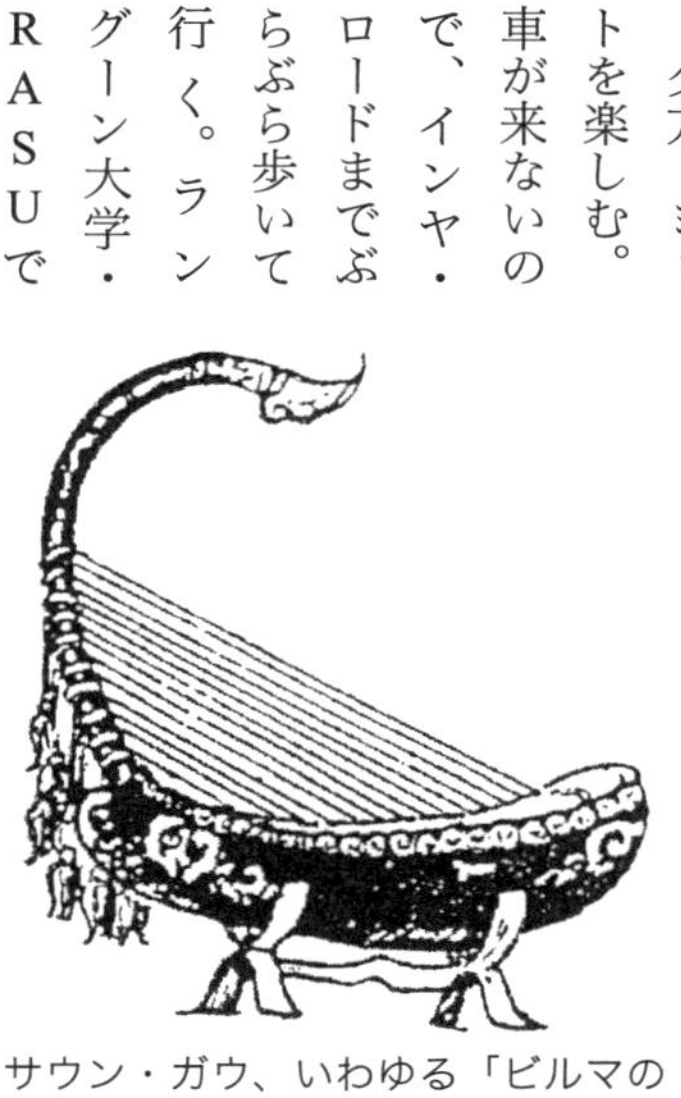

サウン・ガウ、いわゆる「ビルマの竪琴」（ヤンゴン日本人学校『社会科副読本・ミャンマー』再版本より）

2月24日(金)【1967】

## ヨット・クラブ・さよならパーティ

小学校低学年の体育は、武田はるみさんが鉄棒の逆上がりが成功したのに刺激・誘発されて、山口正和くん・吉野光彦くんもできるようになった。みんな大喜びである。僕も嬉しい。

授業後は、文化祭の礼状作りと文集の印刷。すでに原紙を十一枚切り、千百部印刷を終えた。あと七枚、七百部程で完成だ。高瀬大使の「校長のことば」もいただけば、原稿は出そろう。

英語のレッスンに行き、ミス・ロゼアー先生一家の記念写真を撮る。あと一回で、ビルマでの英語の勉強も終わりにする予定だ。それから今度は、ピアノのレッスンに出かけ、リバーズ先生に「仰げば尊し」を教えてもらう。何とか弾けそうにまで上達した。

夕方、インヤ・レイク・ヨット・クラブのパーティに出席する。2月末に、クラブ会費を払って退会する予定であるが、今日は僕にとって、実質的に最後の集まりである。昼間会った中国人が、僕を一つのグループに入れてくれる。中に、ポーランド大使館に勤務しているアングロ・バーミーズのプリスィラ・モン・モンという女の子も紹介される。たいていの参加者が、少しは日本語を知っていて、愉快に喋ったり歌ったり踊ったりする。途中から男性達だけで、床に座って歌ったり飲んだり、手拍子を叩いたりして、夜中過ぎまで、大いに騒ぐ。僕も「さくらさくら」を歌ったりして、さよならパーティを楽しむ。泥酔して深夜2時に帰宅。明日の授業は、厳しいぞ。

ウ・タント国連事務総長が、故国ビルマへお国帰りをして、母親に会ったり、ビルマ政府の閣僚を接見している新聞記事を読む。国内では大きな顔をしている政府の要人や軍人も、国際的な国連事務総長の前では、神妙な態度で写真に写っていた。

3月1日(水)【1967】

## 畑中先生に感謝

3月。今日から期末テストが始まる。最近は、学校の忙しさや帰国直前の切迫感のため、強い緊張状態が続いており、時々吐き気を催す。先週、大使館より引っ越し用の二個の大きな木箱が届き、これで薬品類を除いて、ほぼ全部の荷造りを終えた。邪魔になるので、ガレージの中にしばらく木箱を入れておく。

午後、畑中先生ご一家と、インヤ・レイク・ホテルに行き、お礼の昼食会と心ばかりの記念品を贈呈する。二年間のビルマ滞在中、小林先生と畑中先生には、各一年ずつ直接の上司として、大変お世話になった。教員免許は持っていても、実際の教職生活は、全く素人である僕が、何とか「先生」として勤める事ができたのも、この経験豊かな両先生のお蔭であり、どんなに感謝しても足りない。食後、久しぶりにプールで泳ぐ。船越さん、小関さんや、西ドイツの太った婦人も泳いでいた。16時半頃、中国人の大工が我々の荷造りのために、来校して作業していた。

夕食後、文集『やしの実』の表紙を描き、これでほぼ九十パーセント完成。先月は、池造りから始まり、文化祭の準備、そして後半はこの文集作りに、ほとんど精力を注いだ感じである。

3月2日(木)【1967】

## 農民の日・ラングーン市内写真撮影

ビルマの祝日「農民の日」で、休校。のんびり朝寝坊をする。

帰国が近いので、今日はラングーン市内の写真を撮ろうと思い、外出をする。一週間程前、2月24日のインヤ・レイク・ヨット・クラブのパーティで知り合ったプリスィラ・モン・モンの家を探し当て、日本のカレンダーを届ける。彼女の家は、ゴールデン・バレー、つまり日本大使館の近くにある。アングロではあるが、仏教徒とのことで、姉妹にモデルを頼みつつ、シュエ・ダゴン・パゴダを写す。シュエ・ダゴンは、現在、尖塔の部分を筵で蔽って修復中である。スイス人の観光客が、ぞろぞろ歩き回っている。姉妹と、さらに独立記念塔、チャイナ・タウン等の市街地をバックにスナップ写真を撮る。ストランド・ホテルでお茶を飲み、ブラック・マーケットで万年筆を買ってあげたりして、モデルになってくれたお礼とする。

昼頃帰宅し、コックと一緒に文集『やしの実』の表紙貼りつけをして、完成する。後は、糊の乾きを待つばか

イギリス植民地時代の様式を残す
ラングーン市街の最高裁判所庁舎

りだ。明日の午後、教育委員会が開催されるので、その席上、委員の方々に配布できる。昼寝後、航空便の手紙を書いたり、3月の行事予定を黒板に記したり、期末考査の問題を作ったりする。

夕方19時過ぎに、山部氏宅に夕食の招待で出かける。氏とは、ヨット・クラブの付き合いもあるが、率直なお人柄で、不思議によく気が合う。氏は民間企業の駐在員なので、大使館員や外務省役人の「官尊民卑」的な体質を、時々辛辣に批判したりする。氏の親戚が浜松市にいるので、僕の帰国荷物の中に、氏からのお土産をついでに運んでくれないかと頼まれ、快く承知する。

## 3月3日(金)【1967】

### コレラ予防注射

日本なら「ひなまつり」の日、国立大学一期校の入試日でもあろう。

一時間目に国語のテストを済ませた後、ラングーン港近くの病院に、コレラの予防注射を受けに行く。一時間半位待たされて、ようやく医者に射ってもらう。このドクターは、第二次世界大戦中に、日本語を勉強したと言って、にこにこ笑顔で注射してくれた。にこにこ顔は好ましいのだが、針が悪いのか、非常に痛かった。が、これで出国もできるというものだ。

大使館に出向き、ウ・テイン・ハンに、帰国のフライトの確認をする。大使館のクラーク四人に、日本のカレンダーを進呈した後、役所のブルーバードで帰宅。注射のせいか、体がけだるい。

畑中先生に、ビルマでの勤務証明書と、帰国後の挨拶回り先のリストを作っていただく。

3月6日(月)【1967】

## 授業参観・父母会

三時間目の授業参観の後、幼稚園教室で、父母会を開く。僕も挨拶をする。懇談会では、この一年間の反省、幼稚園児の始業時間の変更、学校保健医療問題等が話題になった。13時頃に終了。

昨日で、帰国荷物作りが終り、部屋の中は、がらんどうになり、すっかり淋しくなってしまった。午後、船荷のリストを作りタクシーで大使館に提出する。日本郵船の大島氏に聞くと、3月末にラングーン港に入る「三雲丸」で、僕の荷物は運んでもらう。途中、香港・神戸・大阪・東京と寄港し、名古屋港には5月中旬に陸上げされるというお話だった。

日本から公信が入り、来年からこのラングーン日本人学校にも、教科書無償法が適用されるようになったとのことだ。

3月12日(日)【1967】

## シュエ・ダゴン・パゴダ徘徊

帰国まで、あと四日になった。同時に今日は、ラングーン最後の日曜日となってしまった。朝、飛行機便の変更の手紙を、両親や外務省の吉田氏宛に書く。ガレージ内の船荷に、黒のエナメル・ペンキで日本の宛先を書く。ペンキは、昨日、山部氏よりいただいた物である。

9時過ぎに町に出て、最後の散髪をする。いつも髪を切ってくれるビルマ人に、帰国予定や日本の住所を話したりする。町をドライブし、あちこちの写真を撮ったり、シュエ・ダゴン・パゴダの回廊をうろついたり、売店でお土産用に仏像を買ったりする。回廊に座り込んで、参詣人をぼんやり眺め、ビルマの最後の風物にひたっていると、この国を離れる悲しさ、淋しさが突き上げてくる。

夕方から、帰国の挨拶回りを始める。日野自動車の独身寮、ストランド・ホテルの大島氏、武田氏、野元氏、山口氏、宮内氏、田中氏と、お世話になった方々を回る。田中氏は、お留守だった。最後に、河原崎先生宅にお邪魔し、夕食をよばれる。チリ鍋が、とてもおいしい。先生ご夫妻も、4月には帰国される予定とのこと。浅井氏、菊池氏、河原崎先生と、僕にとっては忘れられない日本人家族が、次々とビルマを離れて行かれる。僕にとっての、一つの時代が終わっていく感じだ。

3月13日(月)【1967】

**最後の授業日**

最後の授業日。水疱瘡で休む園児も多い。特に感慨はない。四時間目の空き時間に、15日午後に学校で実施するコレラの予防注射案内の書類のガリ切りをする。

午後、アン・ジーさんの家に、お別れの挨拶に出かける。

夕方、成績通知表作りをする。

3月14日(火)【1967】

**帰国挨拶・送別パーティ**

一、二時間目は、明日の終業式と退任式の練習。三、四時間目は、長尾姉妹の送別会。西瓜割りや風船割りをして遊ぶ。

コカイン・ロードの学生、トミーが挨拶に来た。この一週間で、ビルマの主な友人・先生とは、ほぼ全員お別れの挨拶は済ませた。ヘンリー、ブライアン、デニスとは、3日に挨拶済み。ブライアンは、近日中にサン・フランシスコに移住するらしい。タイ人のアンマラ一家、ミャー・ミャー・セインの家族、プリスィラ・モン・モン姉妹は4日に、ピアノのリバーズ先生は11日に、モーリンには9日に、それぞれお別れに訪問したりした。デニス等三人とは、9日に豪勢な夕食を持って来てくれて、幼稚園の部屋で共に食べたし、翌日は倉庫にあった家具の片づけ手伝いもしてくれた。マージリーとノーリン姉妹及びクローディーには、明日訪問するつもりである。日本人の方のお別れ夕食会は、ほとんど毎日続き、枚挙に暇がない程である。

昼過ぎ、背広に着替えて、大使館に正式に帰国挨拶に出かける。合田氏を除いて、全員の会議をしていたので、そこでまとめてお礼を申し上げる。ウイン・ぺさん、ウ・テイン・ハン、上田さん、ミス・パトゥルーシア等の、館のクラークにも丁重に挨拶する。ただ、コーさんには会えず、残念である。この二年間、郵便物や写真の現像等でお世話になった中国人クラークで、ぜひ一言お礼を述べておきたかった方である。(ところが、ニチメン事務所で田部井氏と福田氏に挨拶の帰途、スーレ・パゴダの前で、偶然コーさんに会えて良かった！)

午後、帰宅したら、モールメンのド・キン・メイさんから長距離電話で、お別れの挨拶をしてきて下さる。日記をつけたりして、身辺整理に励む。

夕方18時半過ぎ、身仕度を整えて大使公邸に。今夕は、松澤氏と我々の送別、及び土屋書記官の歓迎が目的のパーティである。吉野氏と公用出張の杉田氏を除く館員夫妻、民間人としては、田部井氏、山口氏、岡野氏、川村氏の各夫妻である。本日は、主賓という事で、高瀬大使の横に座らされて、少し緊張・興奮気味だ。一同が、我々のために乾杯し、記念品の「ビルマの竪琴」が大使より僕に手渡される。若輩の僕に、最後まで、親切にして下さった日本人諸氏に、心より感謝。夜22時半頃、公邸を辞去する。

3月15日(水)【1967】

## 終業式・退任式

ビルマ滞在は、今日一日を残すのみとなった。本日は、終業式（修了式）と退任式。明日からは、年度末休業・春休みとなる。

7時まで、ぐっすり眠る。7時過ぎ、朝のラングーンをドライブする。第二の母国となるかもしれないビルマの首都ラングーンとも、いよいよお別れだ。8時過ぎに帰校して、朝食を摂る。今日も快晴。

8時過ぎに、子供達が登校して来たので、黒板に本日の式次第を書く。背広に着替え、9時頃より、式の練習を始める。

10時、高瀬侍郎特命全権大使兼日本人学校長、教育委員の宮内氏、田部井氏、野元氏の諸氏を迎え、昭和41年度の終業式（修了式）と、我々の退任式が挙行される。式前までは、大変緊張したが、始まると同時に気分も落ち着いてきた。「君が代」と「蛍の光」のピアノ演奏も、間違えずにうまく弾けた。「この二年間、皆様のご協力・ご指導で、大過なく勤務でき、心より感謝している。帰国後も何らかの形でお返しする事により、皆様のご恩に少しでも報いたい。それが私の責務でもあると考えている」旨の、退任の挨拶もハキハキとしゃべる事ができた。無事に終わって、本当に嬉しい。日本人学校での最後の仕事や儀式をきちんとこなし、有終の美を飾る事ができた。式後、校庭で記念撮影。子供達とも、スナップ写真を、いろいろと撮る。来賓、父母が帰られた後、コレラの予防注射会場作りをする。

昼頃、ヘンリーより電話があり、ムラ・トンの家で昼食を一緒にどうかという誘いがあり、学校のすぐ近くなので、歩いて行く。ビルマ最後の昼食を、現地の人に招かれて食べるのも、思い出深いものとなろう。

13時半、学校医のウ・グエ・ソー先生が来校され、コレラの予防接種を始めておられた。僕は、注射会場を見て回ったり、ガレージ内の船荷造りと梱包作業を行う。昨晩、高瀬大使と大使館員より贈呈された「ビルマの竪琴」も、船荷に加え、15時頃来校した中国人大工により、荷造りは完了した。二か月後の5月に、このでかい荷物と、名古屋港で「再会」する予定だ。

夕方、公邸に出かけ、高瀬大使・林田さんに、お礼の挨拶をする。我々のために大使自ら、香港の日本総領事館と台北の日本大使館に連絡が徹底しているかどうか、問い合わせをして下さった。重ねて感謝の意を表す。田中氏、安井参事官宅にも伺う。帰途、ヨット・クラブ・ハウスに立ち寄り、インヤ・レイクからの、ビルマの最後の夕暮れを眺める。

夜22時半、帰宅。ウィスキーを飲みながらしばらく物思いにふけり、翌日の0時半、就寝。

3月16日（木）【1967】

## ビルマ出国

今日からは、日本人学校は、年度末休業・春休みに入った。相変わらず、ラングーンの空は青い。

朝6時に目が覚めてしまい、日記を書いたり、マニーに部屋の掃除をさせたりする。出発の準備は完了。最後のシャワーを浴びる。

大使館のウ・テイン・ハンに確認してもらった帰国日程は、次の通りである。

16日（木）　ラングーン11時40分→香港16時40分（ＢＯＡＣ英国航空・ＢＡ936）三日間滞在。
香港総領事館訪問。領事館の林氏に終始お世話になる。日本人学校視察。マカオ見学。

19日（日）香港15時15分→台北16時30分（CPAキャセイ航空・CX056）二日間滞在。

台北日本人学校視察。谷口校長先生出迎え。日本大使館訪問。台北市内見学。

21日（火）台北16時15分→東京20時40分（CPAキャセイ航空・CX576）

谷口校長先生の案内で台北郊外の陽明山公園見学。

22日（水）外務省・文部省へ帰国報告→名古屋帰着。


9時半、部屋の中を完全に片づけ、不要な物を全て使用人に分ける。彼らにも随分お世話になった。むしろわがままを言い過ぎたくらいである。身仕度を完全にし、施錠し、その鍵を畑中先生に託す。

空港では、多数の日本人の他に、ブライアン、ヘンリー、ムラ・トン、ウ・タン・ルイン、アン・ジーさん、ヘーマバン姉妹、使用人全員が見送って下さった。淋しいが、もう後には戻れない。一人一人に、ねんごろにお礼の挨拶をし、出国手続きを済ませて搭乗。離陸。あっと言う間に、シュエ・ダゴン・パゴダやラングーン市街が消えて行く。


さようなら、日本人学校の子供達。

ありがとう、お世話になった日本の方々、ビルマの先生・友人達。

僕の二十歳代前半の貴重な青春時代を、こんな異国で過ごす事ができた。なんと幸福な二年間だったか。

ありがとう、ラングーン！

さようなら、金色に輝く仏陀の国、ビルマ！

# 第II部

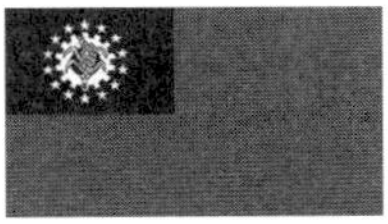

# 帰国後の交流〈論文集〉

日本拓植学会会誌『拓植学研究』３・４号　一九七一（昭和46）年３月31日

# ビルマの文化と教育

## 1　開発途上国としての問題

ビルマは英緬戦争（一八二四年）をきっかけとして、その後全領土を英国に編入された一八八六年から完全独立（一九四八年）に達するまで、実に六十年以上の長期にわたって、英国の支配を受けてきた。この六十余年の植民地時代は、ビルマの文化、社会、政治、経済、その他の諸側面に深い影響を与えたことは、言うまでもない。むろん、いわゆる「ビルマ的」なものは、植民地時代およびその前後を通して、ビルマ文化の底流をなしていることは明らかであるが、現在のビルマの社会にはとりわけイギリスのそれが深く影響を及ぼしている。

ここで論じようとしている現在のビルマの文化と教育の基礎は、英国植民地時代にその大枠が形成されたものであり、ラオス、カンボジア、ヴェトナムのようなフランス植民地であったインドシナ半島の諸国とは事情を異にする。まして王朝を保持し、外国の支配を一度も受けなかったタイ、イスラム教のマレーシアとインドネシア、カトリックのフィリッピンなどの国々とも性格を異にする。

この国は独立後二十年近く経過し、現在では強力な軍事政権のもとで、かたくななまでの中立政策をとり、いわゆる「ビルマ式社会主義」を掲げて独自の道を歩もうとしている。この政治的閉鎖性は、すべての政策に現われている。

ところで、このような政治体制は、民政（ウ・ヌ政権）の失敗を収拾するために出現したものであるが、独立後の政権は、軍政と民政の奪権によって、何度か交替した。そこには、ビルマ以外の国を含めた開発途上国の、経済的自立を遂げるための苦しい試みが見られる。政治的排他性を擁護する、軍政による国家的統一は、第二次大戦後の東西二大勢力の対立のさなかに独立を遂げた国の一つの選択である。その意味で、国際環境が、この国の政治体制に少なからぬ影響を与えている。

一方、この国は、他の開発途上国と同じように、工業化を経済的独立の指標としている。この国家目標の設定については、軍政時代にも民政時代にも共通している。しかし、どちらの政権下においても、工業化への道は険しく、離陸への準備は遅々としている。それは何故か。この問いに完全に答えるためには、複雑な諸要因を考えねばならないが、ここでは文化と教育の問題を特に取り上げる。

工業化政策においては、教育は人的能力の開発を通して、経済発展に寄与するものだと考えられる。この観点に立つ教育政策は、一般に、初等教育では識字率の向上を、また高等教育では古典研究よりも専門家育成に重点を置くものである。ビルマの教育政策も基本的には、これと軌を一にするものである。ところがビルマの教育、及びそれを支える文化的要因には、大きな特殊性がある。その特殊性とは、宗教、とりわけ小乗仏教（上座部仏教）の重みが著しいところにある。工業化のための教育制度と宗教的教化とは、近代的指向と伝統温存の、二つの相異なる選択を端的に表現する。

教育に関する近代的要素と伝統的要素は、ビルマでは対立するものか、それとも併存しているものであるか。そして教育の伝統的要素は、ビルマ人の価値観や生活様式にどのように定着しているか。教育制度を考える上での通説的な観点は、一国の社会体制や政権の特徴、及びその具体的現われである教育政策の内容から説明しようとするものである。しかし、このような方法を離れて、国または民族の伝統文化や、その文化の国民への浸透度などを考えに入れて、教育の方向や教育制度を検討することが必要である。開発途上国の教育を考える場合には、それは、特に重要な知見を提供することであろう。

本稿は、必ずしも綿密な分析枠によっているとは言えないが、以上のような問題意識を通して、ビルマの教育を考えようとしている。具体的には、以下のようなことが主な論点となる。

## 2 言語の統一

共通の言語を持つことは、国家的統一を遂げるための第一の要件である。ビルマの場合には、主な土着語だけでも、チベット・ビルマ語系統に属するビルマ語、カチン語、チン語、シャム・シナ語系統のカレン語、モン・クメール語系統のモン語、パラウン語などがある。それに外来語としての英語、ヒンディ語、中国語、タミール語などが入り組んでいる。土着民族の多様性が複数の言語を持っているだけでなく、植民地支配の名残りとしての外来語も通用しているのである。

ビルマ政府は、言語の統一をめざして、一九四八年にビルマ語を公用語に定め、二年の猶予期間の後に、一九五〇年からその実施に踏み切った。ビルマ語以外の土着の言語や外来の各言語は、多様にわたっているにもかかわらず、ビルマ語の普及には政府の母語政策以降、著しいものがある。

これは、なぜであろうか。いくつかの理由が考えられる。その一つは、強力な軍事政権が続いているからである。これによって、ビルマの奥地でも公用語がかなり普及している。端的には、看板、道路標識、公的事務などにビルマ語の統一が早かったのである。

第二に、ビルマ語に熟達していない者は、公的な栄達の道が閉ざされているという事情が、ビルマ語の普及を早めた。

第三に指摘されなければならない点は、この国では、すでに第二次大戦以前から、かなり高い識字率を保ってきたことである。一九三四年の約八五〇〇万のビルマ人のうち、読書能力を持つ者の比率は、約三五%を示していた。この識字率は、当時の全印度一〇%の識字率をはるかに凌ぐものであった。独立以前の早い時期から、ビルマが高い識字率を保っていたのは、僧院教育のおかげであり、その意味では、この国の伝統的な文化と教育の形態が、独立後のビルマ語の普及に大きな影響を与えたと言える。

経済・社会の発展を企図している現段階で、言語の問題は、ビルマ語の識字率の低下ということの他に、少数民族同化のための施策、外国語教育のあり方といった別の問題を抱えている。

先ず、ビルマ語以外の母語を持つ少数民族は、国民の約四〇%を占めるが、今でもその母語を日常生活に使用している種族は少ない。政府は、これらの種族に対して、ややゆるやかな言語政策を取っている。歴代の政府は、少数民族融和の方針で、少数種族諸語の保存をとなえ、学校では各種族固有の言語による教育を認めたり、それらの言語による放送も行っている。ここに非ビルマ系種族を含めた民族的融合のために、ビルマ語統一の無理押しを控える政策を見ることができる。

次に、外国語の使用についての問題がある。英語は植民地時代の名残りとして、中国語やヒンディ語は商業上の習慣から、公用語の制定後も使用されている。独立ビルマのこれからの発展のために、また国際交流の必要性から、適切な外国語の教育と普及が重要視されている。一九五一年に刊行されたユネスコ教育使節団の報告書は、この外国語の選択と教育について、次のように勧告している。

先ず勧告は、ビルマ語を国語として確立し、教授されるべき言語として、それを学校で用いるという政策は健全である、と同意している。その後で、外国語、たとえば英語を学校で教えることについて、「ビルマは農業国であり、その国民の八四%は、田舎の社会に住んでいる。そして一万八千の村々があると言われている。これら大多数の国民にとって、英語または他の何らかの外国語は、どんな実際的な役に立っているだろうか。それ故、田舎の社会において、英語教育を一般的に保持することは正当化できない。その上、教師が非常に不足していること、特に英語に十分に資格のある教師が不足していることは、英語を教育する価値を疑わしいものにする。……そして、さらに、適当な資格のある教師がいるところでは、すべての学校において英語の教授が許容されるべきであり、第五学年からよりはむしろ、第三学年からそれが始められるべきである」と、述べられている。

この勧告は、外国語教育の具体的な点に触れているが、どの外国語を選択すべきかについて明示していない。しかし、現実には英語が外国語として、最も広く使用されている。これは、独立以前からの外国語として、そして最近では政治・経済の国際的な言語として普及しているためである。この勧告は、外国語として英語を念頭に置いていることは明らかである。そして、その組織的、効果的な教育のあり方について勧告しているものと言えよう。

ところで、この英語が通用しているのは、公的機関、貿易関係、および知識階級の間だけであると言える。しかも地域的には、ほとんどラングーンやマンダレイのような主要都市に限定されている。そして他方では、高等教育機関での講義では、使用言語を英語からビルマ語への転化が進められている。土着文化の拡散と外来文化の導入という二つの方向が、開発途上国の取り得る道であるが、この両者をどのようにバランスづけるかという問題は、この国の今後の発展の指針と大いに関連を持っている。その上、複雑な国際関係の消長は、国の発展を左右するものであると同時に、言語政策にも少なからぬ影響を及ぼしている。

以上のような母国語の浸透には、他の二つの注目すべき背景がある。第一は、社会的効用に関するものである。ビルマ語以外の地方言語についての教育が公的に認められ、またラジオでもそれらの少数民族語による放送が行われている。しかし実際には、ビルマ語に熟達していないと、官界、産業界を問わず社会的栄達の道が閉ざされている。各部族が独立した政治的・経済的活動を行い、部族間の閉鎖性がゆるみ、国としての統合が進められるにつれて、社会的成功の単一の基準が形成されてきている。これがビルマ語の通用範囲を拡大させる重要な条件となった。

第二に挙げられることは、政策的な国の統合化が直接間接に、ビルマ語拡散の背景となっている点である。長年にわたって強力な軍事政権が続いている国では、コミュニケーションの手段が集権的に占有される傾向にあり、このことがビルマ語を話す人口を増大させる原因となる。

## 3　日常習慣と民族性

ビルマはインド・中国の二大文化圏に隣接し、古くからインド文化、中国文化の流入があったと考えられる。特に仏教は、ビルマ文化の基調をなすものであり、タイやラオスと共に小乗仏教（上座部仏教）を信ずる国であるが、その教義、戒律などから小乗・大乗を云々するより、ビルマのそれは国民仏教的色合いをかなり帯びたもののようである。たとえばビルマの祝日十三日の大半は、仏教関係の諸行事によって決められている。

ビルマ国内を旅行して目につくのは、ちょっとした村落の中央部、または山や丘の上には、必ずと言っていいほどパゴダ（**Pagoda**〈仏塔、ビルマ語で「パヤー」〉）が建立されていることである。ニッパヤシで葺かれた農家とは、対照的な豪華さである。国民総生産、国民所得ともにアジア諸国では低位にありながら、人口の約八四％を占める仏教徒は、わずかな収入のうちから、かなりの額を寺院に寄進する。富を貯えることの必要性を感じながらも、一方では物欲、金銭欲を蔑視することも極楽往生の道であることを彼らは信じて疑わない。黄色い衣の僧侶は、人々の厚い尊敬と崇拝を受け、民衆は厳しい戒律をよく守り、殺生を忌み嫌う。

四月の水祭りは、互いに水をかけ合って、無邪気に陽気に新年を祝う。からからに乾いた田畑に、やがて半年近く続く雨季に豊作を祈願する。十月の戒律の解けた行事である灯祭りには、人々は夕方になるとパゴダに参拝し、参道近くで夜を徹して行われる芝居を楽しむ。仏教に対する深い畏敬の念と祭りへの参加は、この国の人々の生活に密着した宗教のあり方を示している。

その他の生活習慣を概観しよう。

### ⑴ 服装

人々は、男も女も「ロンジー」という筒型にこしらえた長いスカートをはき、「エンジー」という中国風の上着を着る。ビルマ族の男子は、礼式用に「ガバウン」という籐で編んだ上に絹の布を貼りつけ、左横に結び目を垂らした帽子をかぶり、草履をはく。雨季になると、雨が降らない日でも、常にこうもり傘を携帯する。ビルマ族以外のシャン族、カレン族、カチン族、チン族、その他の少数民族は、各部族毎に民族衣装を持っている。外国高官の出席する場においても、彼らはこれらの民族衣装を着て出る。

### ⑵ 食生活

主食は、いわゆる「ビルマ米」で、イラワディ河デルタ地帯は、世界有数の米作地帯となっているが、最近はゲリラのために集荷は減っている。右手の指三本で器用に食事をとり、左手は不浄な手として決して用いない。また肉類、野菜を主な副食として、魚貝類はそれほど多く摂取しない。調味料としてカレーや唐辛子などの刺激物を多く用い、脂っこい料理が多く、刺激物や魚を煮て作った「ンガピ」を調味料として添える。さらに唐辛子などの薬味類をスープにして麺類を入れた「モヒンガー」を、常食とする。

中華料理店、インド料理店は、ラングーンや他の都市でもあるが、ビルマ料理店は少ない。また、ビルマ人はコーヒーをよく飲むが、受け皿にコーヒーを入れてすするので、見た目には不潔な感じがする。彼らに言わせれば、熱くてそのまま飲めないからだそうである。

### ⑶ 住居

ラングーン、マンダレイは、日本の賠償でできたバルーチャン発電所のおかげで電灯があるが、一歩郊外に出ると、ランプやろうそくの生活である。地方の農民の住居は、ほとんどが木造である。床を一メートル以上も高くした杭上家屋である点は、東南アジアの各地の民家と共通している。屋根はニッパヤシの葉を編んだものを重ねて葺いてあるが、山地などでは、大きな木の葉で葺いた家もある。壁や床には竹が多く使われている。農家でも仏壇が祭ってあり、花や線香を絶やさない。

### (4) 水浴

ビルマ人は水浴を好み、日に数度浴びる。共用の井戸や水路や河畔で、ロンジーを着たままで水浴をしている光景がよく見受けられる。男も女も全裸になることを極端に忌み嫌い、女は胸の上までロンジーを引き上げて水浴をし、上から乾いたのと取り替える。村の共用の水浴場は、一種の社交場であり、水浴をしたり、洗濯をしたり、食器を洗ったりしながら歓談をする。洗濯は大部分がたたき洗い、踏み洗いである。

### (5) 娯楽

娯楽の少ないビルマでは、映画を観ること、サッカーに興じること、ビルマ・ダンスを習うことぐらいが娯楽と言えよう。ビルマ、タイ、カンボジアの三国は、西からインド文化を、北から中国文化の影響を受けている。また、たとえばジャワのガムラン音楽と関係を持ち、打楽器中心の合奏形態が発達した。歌、音楽、舞踊を豊富に取り入れ、結婚式、パゴダの祭り、男児の得度式、水祭り、その他の年中行事には、ビルマ式ショーとも言うべき「ポエ」(pwe)を見ることが出来る。これは楽団がビルマ楽器によって音楽を演奏し、その合い間に漫才や男女の踊り手による踊りや歌が入れ替わり演じられ、夜通し続けられるものである。また同様の方法によって、あやつり人形芝居も、夜祭りには欠かせないものである。

また演劇としては、仏教説話のジャータカやラーマニヤ物語に取材した筋書きを持つ「ザッ」(zat)があるが、これもパゴダ祭りなどの際、夜間に街の広場などで行われる。近来は、下ビルマ(南ビルマ)の進歩的な人たちや、アングロ系の混血、インド人によってヨーロッパ音楽の研究が盛んで、従来の民族音楽と対立している。また中国人、インド人の音楽も、それぞれの民族の間で広く浸透している。

なお一九四七年九月、共和国憲法二一五条で新国旗が制定され、また同じ頃「ド・バマー」(わがビルマ)の国歌が作られた。政府の主催する儀式や、映画館での上映前には必ずこの国旗が掲げられ、国歌が奏される。その際、僧侶を除いて全員起立しなければならないが、このことからもビルマの新興意気盛んな愛国心がうかがえる。

テレビは開設されていない。ラジオはビルマ国営放送（Burma Broadcasting Service・ＢＢＳ）一局あるだけで、これもパート・タイム制で、朝・昼・夜しか放送されていない。またビルマ人は映画好きで、ほとんど全国各地に映画館があり、ビルマ映画も上映されている。ラングーンでの料金は最高四〇〇円程度で、一般民衆は一階の一〇〇円程度の座席で観る。外国映画としては、米、英、インド、中国の映画が大部分を占め、邦画は柔道に関するもの、戦争映画、ギャング映画などが主として配給されている。

競馬は、クーデターにより禁止され、公設の賭博場はいっさい禁止されている。しかし彼らは一般に賭け事が好きで、家畜や物を賭けて極く内密に賭博に興じる。また単純なルールによるビルマ式のチェスもある。

軍人によるクーデター以後のバー、キャバレーの類は皆無と言って良いが、ソ連の援助で建設された第一級のインヤ・レイク・ホテル（Inya Lake Hotel）では、週に二度ナイト・クラブが開かれ、他はラングーン市内に数ヶ所あるだけである。また国内では、マンダレイ・ビール（Mandalay Beer）というビールとＣＳ（Country Spirits）と呼ばれる地酒に似た酒が生産されるくらいで、仏教の戒律からもビルマ人は、あまり酒をたしなまない。

## ⑹ スポーツ

ビルマ独特のスポーツとしては、チンロンという籐で編んだ直径十五センチぐらいのボールを、手以外の体の各部を使って、地面に落とさないようにして遊ぶ競技がある。これは、数人が輪になってボールを蹴り上げたり突き上げたりして、回数の多さを競い合ったり、競技中の演技の巧拙によって勝敗を決めるスポーツである。国立のチンロン指導所もあり、膝、頭、背中などで蹴る訓練がなされる。あるいは足を使っても良いビルマ式ボクシングもあり、タイ式ボクシングとほぼ似通っている。最もしばしば見かけるのは、やはりチンロンである。西洋のスポーツでは、英国の影響を受け、サッカーが盛んであるが、ビルマ人はチンロンに馴れているので、足さばきがうまく、サッカーに強い。東南アジア諸国中では、サッカーの盛んな国の一つで、サッカー人口も多く、そのレベルも相当高い。ゴルフもラングーン近郊、シャン州のタウンジー、マンダレイに良好なコースがあり、ビルマ人上流階級層や在留外国人の間に盛んである。

美術に関しては、インドに隣接している関係上、早くからインド文化の流入があったと想像される。考古学的調査の不充分なこともあって、六世紀以前の遺物、遺蹟は充分に発掘されていない。

### (7) 芸術

ビルマの芸術は、建築を主体とし、それも大体パガン王朝（一〇四四～一二八七）からで、いずれも仏教関係である。パガンには「建寺王朝」の異名を得たパガン王朝の諸王により、造建の盛んであったことを示す数千のパゴダが、乾燥地の荒野の中で、半ば崩れながら林立している。これらの建築材料は、煉瓦を主用として、石造のものは少ない。代表的なパゴダとしては、パガンのアーナンダ・パゴダ（十一世紀）、釈迦の遺髪を蔵すると言われるペグー（バゴー）のシュエ・ムッドー・パゴダ、数多くのパゴダの中でも最も有名で、巨大で金色に輝く、豪華なラングーンのシュエ・ダゴン・パゴダ、ラングーン中心部に美しい姿を見せるスーレ・パゴダ、マンダレイのアラカン・パゴダなどであろうか。

彫刻では、パガン時代にインドのパーラ時代の様式を受け、これをビルマ的に表現しており、アーナンダ・パゴダの本尊の四仏像は、薄く身体の透けて見える通し肩の衣をまとい、裾を左右に広げ、インド仏の系統を思わせる。礼拝の対象は如来像で、菩薩像は少ない。近世のものに、ペグーの寝釈迦の像が有名で巨大なものであるが、彫刻として取り上げるに価しない。しかし、いかにも陽気で原色的なビルマ人の気質、仏教生活を反映している。また彼らの漆芸は有名で、うるしは日常道具のほか、建造物や彫刻や仏器にも適用される。

以上、ビルマの仏教生活、服装、食生活、住居、音楽、娯楽、スポーツ、芸術の各方面について、やや網羅的に述べてきた。これらに特徴的なことを、以下に要約することができる。

(i) ビルマ文化は、中国文化の影響もあろうが、それ以上にアラカン山脈やインド洋を越えて渡来したインド文化の影響が極めて強く、中国とシャムの文化が融合され、現代のコマーシャリズムの波にもまれたタイの文化とは、性格を異にする。タイのそれが洗練された都会的な様式美を持つのに対し、ビルマは土着的な泥くさい、しかもアーリアンのにおいすら感じられる。

（ii）地理的、歴史的に考えても、ビルマ人の平均的な民族性として、陽性、オプティミスティック、大陸的、牧歌的という印象を列挙することができる。それが文化にも深く根ざし、いぶし銀のような繊細さ、といったものは望むべくもない。原色的で大味な特徴が有形無形にあらわれていると考えられる。

（iii）英国からの独立後の、ことさらにナショナリズムを強調しようとするビルマ政府およびビルマ人の硬質な感情が、厳しい戒律の下で、彼らの精神生活を支配する小乗仏教と相まって、禁欲的で弾力性の乏しい面を作り出し、それが日常習慣、思考様式ににじみ出ている。この点も、タイ人の柔軟で変わり身の早い民俗性と異にしている。

さらにビルマの教育について考える時、前記（iii）の特徴が大きな比重を占めてくる。現在の政府の教育行政、教育制度の基本的姿勢は、主に（iii）の特徴によって規制され、特色づけられてゆくと思われるからである。

## 4　宗教と生活

一九三一年の英国側統計によれば、ビルマでの宗教人口比率は、仏教八四・三％、精霊崇拝（アニミズム）五・二％、回教四％、ヒンズー教三・九％、キリスト教二・三％、その他〇・三％となっているが、その後もこの比率は、大きく変化していないものと推定される。仏教人口比の高さもさることながら、この国における仏教の持つ意味を、再び検討する必要がある。

元来、ビルマへは五世紀頃にインドから仏教が渡来したが、その後大乗仏教が行われ、十一世紀頃の仏教の碑文や観音菩薩などの像が発見されている。しかしビルマの大乗仏教は、その後堕落して、性力信仰と化した。これが決定的にセイロン伝来の仏教に代わったのは、パガン王朝のアノーラタ王が全ビルマを平定し、性力派の僧侶を追放し、南方のタトンより戒律仏教を移入した時である。ビルマ仏教の特色であるパゴダの信仰も、パガン王朝時代から始まり、パガン王朝は「建寺王朝（あるいは建塔王朝）」とも呼ばれるほどである。ついでペグー王朝、アランパヤー王朝と、王朝は交替したが、代々の国王は熱心に仏教に帰依し、仏教を広めるのに努力した。十九世紀にコンバウン王朝は、英国に滅ぼされたが、仏教教団はよく伝統を維持して、現代に至っている。

ただし、ビルマには仏教伝来以前、すでにインドの占星術、インド密教、あるいはビルマ固有の原始的精霊崇拝などが存在していたので、これらが仏教と結びつき、現在のビルマ仏教も戒律の厳しい実践的仏教思想と守護神的なナッツ（Spirit〈精霊〉）崇拝思想とが混じり合っている。

現在、仏教は国民の生活の隅々にまで浸透しており、彼らは富を蓄えると惜し気もなくパゴダへ喜捨する。それは国家権力とは異なった意味で国民の間で権力を持つものであり、ビルマの諺に「石を投げれば、犬か烏か坊主に当たる」とあるほど僧侶は多く、社会的に尊敬され、優遇されている。

仏教徒は、日曜日にはピクニックにでも行くつもりで手弁当を作り、いそいそとパゴダへお参りに行く。木陰の涼しい大理石の床の上でおしゃべりをしたり、昼寝をしたり、仏像を拝んだりして一日を過ごす。時には、高僧のお説教を聞いたりする。そして僧侶の前で懺悔をし、極楽への往生を祈願する。ウ・タント国連事務総長も帰国すれば、必ずパゴダにお参りに行く。男子仏教徒は、一生に一度は剃髪し、仏門に入るのが社会的習慣となっている他、俗人にあっても戒律を守るのに忠実であり、またパゴダの建立、修復に熱心である。職業僧を除いて仏教徒男子は、得度（出家）の数が多いほど罪障から解放される、と考えられる。年少の僧侶は、僧院に入って経典、経文の読み書きを高僧から習う。

パゴダを中心とした村のお祭りに欠かせない
ビルマの踊りと音楽（絵はがき）

なお、この国では職業僧はいるが、日本のような檀家制度はなく、パゴダを個人のものとして所有しないようである。日本の仏教が、現在では葬式と祖先法要に終始しているのに対して、ビルマのそれは今もって民衆を教化、啓蒙する役割を果たし、僧院内での教育がこの国の文盲（非識字）率を低める一因になっている。また、仏教研究は、パーリー語の典籍の研究において著しい。宗教が儀式や学問的研究の対象となる時は、信仰としての生命はしばしば衰えているという点からすれば、ビルマの仏教は、まだ生きた信仰として国民の生活に根深く宿っている。

しかし一方では、数多くの僧侶の存在が、この国の後進性からの脱皮を妨げている大きな要因となっていることも否めない。労働、貯蓄、立身出世はむしろ罪悪であるという仏教の立場からすれば当然だが、仏教および仏僧の存在が国民の労働意欲を殺ぎ、中堅労働者層を減殺させ、近代化促進を要求される産業の開発に障害となっている。

これらの諸事実から総括されるのは、仏教の国民生活への浸透が、工業化の前途にプラス・マイナスの二面の要素となっていることである。プラスの側面は、仏教が人心に深く入り込んでいることを通して、政権と不十分な形で融合している点にある。この結果として、国民的統合を支えている。つまり宗教が国民的統合に対する撹乱的要因となる機能を持たず、むしろ安定を維持するように働いている。

ところが、国民的統合は、工業化の基礎的な要件となってはいるが、充分な条件にはなっていない。ある種の停滞を招くことは、工業化に対するマイナスの側面である。国民的統合があり、その上に目標に向かっての、革新的な動機(innovative motivation)が、工業化推進の要因となる。この国では、仏教が国民性に深く沈潜していることは、むしろ変化への消極性、現状の墨守の基盤になっていると言えよう。

## 5　ビルマ人と外国人——ナショナリズムの性格

ナショナリズム（Nationalism）を、現在「民族主義」と受け取る時、一方では自由や独立への動きを表し、他方では侵略、相克、抑圧などの傾向を示し、また激情的な集団的暴力の契機としてもとらえられている。また「アジアのナショナリズム」と呼ぶ表現には、民衆運動そのものに重点が置かれていると言うことができる。このようにナショナリズムの現実の様相は、多岐にわたっているように見えるが、歴史において民族を中心とする運動の諸側面が、さまざまの形をとって発展している。

また、ビルマの「外国人」が、特定の少数者でないことも留意しなければならない。つまり、ビルマ人そのものが、ビルマ族、カレン族、シャン族、カチン族、その他多くの混合部族に分かれ、一体ビルマ人にとっての外国人のカテゴリーをどこに求めればよいか困難である。たとえば、カレン族やシャン族のような部族は、ビルマ族による現政府に不満を持ち、自身の独立国家を形成せんがために、いわゆる彼らの「部族としてのナショナリズム」を展開しているし、印度人や中国人に対する感情と、白人に対して抱く感情とでは、明らかに差異がある。

このように、ビルマにおける「外国人」カテゴリーの限定に関しては難点があるが、いわゆる支配者としての白人一般に対して、ビルマ人がどのように対応しているか。

欧米の植民地主義、帝国主義に対して、ビルマ人は極めて従属的、日和見的であり、中産階級層を欠くように階級の分化、貧困化の傾向があった。これは物質欲、征服欲をむしろ否定する仏教も影響を及ぼしたであろうし、英国の巧妙な懐柔策、部族間の牽制策にもよる。大らかな国民性が、植民地時代の遺恨を消し去ったとも言える。彼らは外国人に対して、人なつっこく接する。が、現在も彼らの経済生活を圧迫している印度人、中国人にはかなりの反発を持っている。

## 6　ビルマの教育制度

前節までに、ビルマの文化の諸側面について述べてきたが、これらの断面がビルマの現在の教育制度のあり方に、どのような影響を及ぼしているかに注目して考えていきたい。

## (1) 教育制度の現状

ビルマは一九三五年の英国のビルマ統治法制定により、一九三七年四月一日を期して、インドから分離し英国の直轄植民地とした。そして一九四八年の独立までに、ビルマには三種の学校系統、すなわち①英国系の学校、②英語と母国語(ビルマ語)とで教える学校、③母国語だけで教える学校があり、この影響は現在でもわずかに残っている。①については、英国人とビルマ人の上流階級の子弟、②については、比較的裕福なビルマ人の子弟、③については、一般ビルマ人の子弟が入学し、教育を受けた。

最近のビルマの識字率は、一九五六年のユネスコ統計によれば、約四〇%である。しかしこの調査年齢対象が十歳以上であり、最近のビルマの積極的な文教政策からすれば、非識字率(文盲率)は、さらに低下していると見て差し支えない。いずれにしても、東南アジアの低開発国の中では、ビルマは一、二位を争うほどの非識字率の低い国であり、十六歳以上の識字率は、現在では六九・九%と言われている。

ビルマの教育制度は従来、小学校(4th Standard School)四年、中学校(Middle School)三年、高等学校(High School)二年の、四・三・二制であり、高校卒業試験(Matriculation)が大学入学試験を兼ねていたが、一九五九年五月、選挙管理内閣によって若干変更された。すなわち高校卒業と大学入試とは別個の試験に切り離され、高校卒業試験は高校二年で実施されるが、大学進学希望者は、卒業試験合格の上、さらに一年勉学後、改めて大学入学試験を受けることになった。したがって高校のみで学業を終える者には、四・三・二制であるが、大学進学希望者には、四・三・三制となることになる。この改革は、大学生の質的向上を意図したものであると言われる。また大学進学希望者で、大学入学試験がスレスレの線で合格した者については、自分の希望する大学に入学を許可されない場合には、一年間浪人をし、翌年再び試験を受ける例もある。現に、筆者の友人(ビルマ国籍を持つ中国人)は、本人はラングーンの教育大学を希望したが、成績が芳しくなく、一年間ブラブラしていた。

なお、ビルマでは現在、義務教育制度は実施されていない。その理由としては、仏教徒の男子生徒で学業の途中で剃髪し、僧院に入る者が始終絶え間なく、休学や退校の数が絶え間ないこと、僧院内での学習内容と学校のカリキュラムとの組合せが難しく、カリキュラム編成上の種々の障害を引き起こしていること、農村では少年少女の労働力を必要としていて、就学にブレーキをかけていること、などがあげられよう。

### (2) 開発途上国としての教育計画と大学教育

最近の国家予算における教育比率は、次の通りである。

一九六〇年度　一二・〇%
一九六一年度　一三・一%
一九六二年度　一三・八%
一九六三年度　一二・九%

革命政府も、現実に即した教育振興の必要を、しばしば力説しており、一九六二年四月四日に発行された「革命政府綱領」(The Constitution of Burma Socialist Programme Party) には、「現行の不平等な教育制度を改革し、科学教育に重点をおく」旨、ならびに「初等教育の徹底」を謳っている。この精神を具体化するために、革命政府は、

①小学校の増設
②職業教育施設の拡充
③農業学校の増設
④体育教育の重視
⑤教員養成の充実

などの計画に着手している。

一方、革命政府は、一九六三年一月二日、ビルマ式社会主義を周知徹底するため、教科書委員会を結成し、また同年六月に、私立学校登録法を成立させるなど、教育における政府の統制・管理を強化している。その後、年々私立学校の

ビルマの学校・教員数・生徒数（総人口約2200万人）

| | | 1960～1961 | | 1961～1962 | | 1962～1963 | |
|---|---|---|---|---|---|---|---|
| | | 国立 | 私立 | 国立 | 私立 | 国立 | 私立 |
| 高校 | 学校数 | 274 | 267 | 273 | 408 | 281 | 373 |
| | 教員数 | 6,295 | | 6,752 | | 7,293 | |
| | 生徒数 | 200,861 | 20,544 | 214,815 | 26,988 | 232,972 | 26,807 |
| 中学校 | 学校数 | 523 | 141 | 528 | 209 | 552 | 215 |
| | 教員数 | 5,449 | | 6,132 | | 6,276 | |
| | 生徒数 | 191,052 | 29,786 | 199,702 | 36,976 | 200,388 | 36,974 |
| 小学校 | 学校数 | 11,582 | 137 | 11,722 | 213 | 12,018 | 225 |
| | 教員数 | 19,830 | | 32,294 | | 32,734 | |
| | 生徒数 | 1,328,868 | 82,501 | 1,366,052 | 99,869 | 1,407,347 | 100,600 |

※私立学校教員数は、不明。1966年、私立学校はすべて国営化。

国営化が進められ、一九六六年には、ビルマ国内の学校は、筆者が勤務していた「在ビルマ日本国大使館付属日本人学校」などの性格の学校を除いて、すべて国営化されたと言われている。

最近におけるビルマの学校、教員数、生徒数は、上の表の通りである。

この他、一九六二年三月現在、師範学校8、国立農業中学校2、同高等学校2、国立農事専門学校1、工芸学校1、商工学校2、工業高校1、工業専門学校2、技芸学校2、などがある。

ビルマの文部省（教育省）〈Ministry of Education（Central Administration）〉について述べておくと、文部大臣（教育大臣）は現在、革命評議会のメンバーであるウ・ラ・ハン（U Hla Han）大佐が任命されており、以下、Secretary、Assist Secretary……と続く。文部省の機能として、教育局（Education Department）と、大学管理局（Universities Administration）の二つに大別される。以下、その機能を示しておく。

Ⅰ　教育局（Education Department）

①教育局長（Director of Education）

②副教育局長（Assist Directors）

③視学官（Inspectors of Schools, district-town）

④教科書委員会・委員長（Textbook Committee-Directors）

Ⅱ　大学管理局（Universities Administration）については、ビルマが当初、英領インドの一州であったため、ビルマの大学は一八七八年にカルカッタ大学予科として発足し、一八八四年、ラングーン・カレッジに発展し、一九二〇年、ビルマ最初の大学ラングーン・ユニバーシティの開設を見た。

大学管理局の組織は、

①局長（Director）の下に、

②局長補佐官（Deputy Director）

がある。一九六三年一〇月現在、総合大学としてはラングーン大学およびマンダレイ大学の二校があるが、学生運動の力を分散させるという現革命政府の思惑から、各学部を独立させ、Institute という形をとっている。そして今までのラングーン総合大学に当たるものは、ＲＡＳＵ、すなわち Rangoon Art & Scientific University、マンダレイ総合大学に当たるものは、ＭＡＳＵ、すなわち Mandalay Art & Scientific University であり、これらのＲＡＳＵ、ＭＡＳＵが中心となって、他の Institute が置かれている。それらの種類と修業年限は、

①ＲＡＳＵ　四年
②ラングーン教育大学（Educational Institute, Rangoon）五年
③ラングーン経済大学（Economics Institute, Rangoon）四年
④ラングーン工業大学（Engineering Institute, Rangoon）六年
⑤ラングーン第一医科大学（Medical Institute (No. 1), Rangoon）七年
⑥ラングーン第二医科大学（Medical Institute (No. 2), Mingaradon）ミンガラドン在　七年
⑦ラングーン歯科大学（Dental Institute, Rangoon）六年
⑧ラングーン獣医科大学（Veterinary Institute, Rangoon）六年
⑨ＭＡＳＵ　四年
⑩マンダレイ農業大学（Agricultural Institute, Mandalay）六年

⑪マンダレイ医科大学（Medical Institute, Mandalay）七年

である。

なお、教養学部だけのCollegeとしては、ラングーン大学管下には、

①モールメン・カレッジ（Maulemein College（Art & Science））四年

②バセイン・カレッジ（Bassein College（Art & Science））四年

の二校があり、マンダレイ大学管下には、

①タウンジー・カレッジ（Taunggyi College（Art & Science））二年

②マグエ・カレッジ（Magwe College（Art & Science））二年

③ミッチーナ・カレッジ（Myitkyina College（Art & Science））二年

の三校がある。これも、大学入学試験によって、文部省から各カレッジへ配分される。それ故、ラングーン在住の高校生でも、試験の結果によって、例えばイラワジ河下流のバセイン・カレッジに回される学生もおり、現に筆者がバセインへの船旅においても、そのような男子に遭遇し、友人となった若者もいる。

その他にも、大学入学試験（評価は五段階）で、スレスレでパスした者については、次のコースに進む場合もある。

①国立技芸学校（Government Technical Institute, Rangoon）

②営林学校（Forest School, Rangoon）

③教員養成学校（Teachers Training College, Rangoon（Mandalay, Maulemein & Meiktila））

小学校における教科書は、母国語のビルマ語による国定教科書であり、ラングーン大学も英語からビルマ語による講義に変わりつつあることは、革命政府の国語教育重視の姿勢を表している。

### (3) 僧院内での教育

ビルマの文盲率（非識字率）が低いことは、国内に数多く存在するパゴダ（pagoda）内での仏道修業、経文の読み書

きや算盤など、いわゆる寺子屋式の教育が大きな貢献をしている。このような僧院をよりどころとした青年教育が、ビルマの成人教育に大きく寄与しており、また女子も寺を中心としての社会教育を受けるので、他の東南アジア諸国に比して著しく文盲率を低め、文化的にも寺院の果たす役割は大きい。

### (4) その他

政府が特に腐心しているのは、奥地の少数民族の同化のための教育政策であり、開発の遅れている民族の子弟に対しては、施設の開設や奨学金制度などにより、教育の促進を図り、融和に努めている。また一方では各種族の言語も保存する政策はとっているが、共通語としてビルマ語を普及させるよう教育しているので、ビルマ語は全国でほぼ通用する。このように、反政府に立つ少数民族の自治を認めながらも、統一した文教政策を実行しようとする革命政府の努力が見られる。

## 7　今後の課題――むすびにかえて

前節では教育制度を中心に、現状の概観を試みた。教育の実態を充分に詳らかにすることができなかったが、仏教の影響がまだ多分に残存していると言えよう。

仏教に対する深い信仰は、現実の生活および教育観の基底となっているが、同時に国の諸政策の重要な背景ともなっている。国民的統合を助け、諸制度の定着を早める上で、仏教が直接間接に重要な役割を果たしていることも事実である。文盲率（非識字率）を低め、教育諸制度の整備を容易にしている背景として、仏教の持つ意味は大きい。青年前期に多くの若者が仏門に入り、そこでの修業を通して文字をおぼえる。国の初等教育制度は、この伝統を基盤にして普及が早かった。中等・高等教育制度は、もちろん大衆化していないが、ともかく制度的にはよく整備されている。初等教育の普及、中等・高等教育の整備の点で、ビルマは東南アジア諸国の中でも、有数の教育国になろうとしている。

開発論が明らかにするところによれば、教育の発展は工業化の必要条件である。人的能力を高めることが、工業化の諸要因として最も重要なものとされている。ところがビルマは相対的に教育の発展があるにもかかわらず、工業化の進展が遅い。この点について、教育投資の効果は、投資時点よりもずっと遅く表面化するという解釈が成立する。このいわゆる「ラッグ」（Lag）をビルマの事例に適用することも可能であろうが、他の観点によって説明を試みることも必要である。それは、本稿でもかなり詳細に述べたように、仏教を背景とする伝統の重さが工業化の阻害要因となっていることについての指摘である。仏教の伝統が教育の普及を可能にしたが、教育は伝統を否定する面をも含んでいる。とくに高等教育は仏教的伝統を基盤とせず、むしろ近代的知識による社会的有効性を追求するものである。一方では生活のすみずみにまで浸透した仏教を基盤にし、他方ではこの伝統を排除し近代化への指向性をもつという意味で、ビルマの教育は二面性をもっている。この教育における二面性は、現在のところ葛藤を醸し出していないが、それは伝統と近代の共存が均衡的安定を保っているからである。と同時に、社会＝経済的な停滞をもたらしている。社会の成熟に伴って、または政策の誘導によって、この二面の間に、葛藤関係が生じたときに、伝統墨守かそれとも近代への脱皮かのいずれかを選択する必要に迫られるであろう。それまでの間に、社会計画・教育計画の方向をどのように決めるかが、ビルマの工業化にとっての今後の最大の課題であると言えよう。

〈付記〉筆者は、一九六五年～一九六七年の二年間にわたって、ラングーンにある在ビルマ日本人学校の教師を勤めた。本稿は、特定のテーマでのインテンシィブな調査研究を基礎としていないが、事実についての筆者の観察も含まれている。

愛知県教育委員会編『教育愛知』一月号　特集「民族と教育」　一九七五(昭和50)年

# 東南アジアの民族性と教育
## ――ビルマを中心として

### 1　民政復活のビルマ

ビルマは一九七二年四月に軍政が十年ぶりに廃止され、民政が復活された。すなわち、一九六二年三月、ウ・ヌ政権の仏教国教化をめぐる問題等で国家危機に直面した際、時のネ・ウィン将軍を長とする軍部がクーデターを起こして以来、憲法は廃止され、もっぱら「ビルマ式社会主義国家」建設を目指す軍政が続いた。ネ・ウィン政権は、経済政策の不振などがありながらも、とにかく自国の独立独歩を重んじ、ようやく民政移管に自信を持ち、新憲法起草委員会で二年がかりで作り上げた草案を、前年十二月の国民投票において、有権者の九〇パーセント以上の支持を得たのである。新憲法制定に伴い、新しい国名、国旗、閣僚が決められた。

すなわち、従来の国名「ビルマ連邦」(Union of Burma) から「ビルマ連邦社会主義共和国」(Socialist Republic of The Union of Burma) に改変され、軍政時のネ・ウィン前革命評議会議長は、大統領（兼国家評議会議長）に、また新首相は、ウ・セイン・ウィンが、それぞれ選出された。民政復活と言っても、ネ・ウィン大統領が引き続き政権を担当することになるが、新憲法の下、ビルマ社会主義計画党を単一政党とし、ビルマ式社会主義路線をとる、独自の国づくりを推進していくことは疑いない。

## 2　ビルマ人の日常習慣と民族性

「ビルマ」という言葉から我々の持つイメージは、太陽と金色のパゴダ（仏塔）、ウ・タント前国連事務総長の母国、『ビルマの竪琴』、東南アジアの代表的な農業国家、仏教の盛んな国、更にはインパール作戦など第二次世界大戦の激戦地、といった程度であろうか。事実、最近までビルマ政府は、かたくなまでの厳正中立政策を採り、一般民間人、報道関係者の入国が極めて困難であったため、会田雄次氏が、『文芸春秋』六月号（昭和四十九年）の『アーロン収容所再訪』で、いみじくも指摘したように、「（ビルマは）何から何まで三十年前と寸分変らない。（中略）ビルマ人は全部小野田少尉なのだ。二千八百万人の小野田少尉なのだ」という、無菌培養的民族性が保たれたのであろう。大国のひも付きになることを極度に恐れたネ・ウィン政権の中立主義が、アメリカニズムに毒された我々の目には、ビルマ人が純朴で無欲な国民として映るのかもしれない。

しかしながら、それだけの理由ではない。もっとビルマの文化的、歴史的過程を考察してみる必要があろう。

ビルマは、インド、中国の二大文化圏に隣接し、古くか

らインド文化、中国文化の流入があったと考えられる。特に仏教はビルマ文化の基調をなすものであり、タイやラオスとともに小乗（南方上座部）仏教を信ずる国であるが、その教義や戒律から小乗、大乗をうんぬんするより、ビルマのそれは、国民仏教的な色合いをかなり帯びたもののようである。例えばビルマの祝日の大半は、仏教関係の諸行事タバウン祭日（二、三月の満月）、水祭り（四月）、仏教持戒開始日（七月の満月）、灯祭り（十月）、が占めている。

ビルマ国内を旅行して目につくのは、ちょっとした村落の中央部、または山や丘の上には、必ずと言ってよい程パゴダ（**pagoda** ビルマ語で「パヤー」）が建立されていることである。ニッパ椰子で葺かれた村人の住居とは対照的な豪華さである。国民総生産、国民所得とともに低位にありながらも、人口の約八四パーセントを占める仏教徒は、わずかな収入の中からかなりの額を寺院に寄進する。一国の政策が少々変動しようとも、揺るぎもしないたくましさを、仏教に見いだす。ウ・ヌ時代においても、社会の富の公平な分配を目指す社会主義と、人間の物欲・独占欲を止揚する仏教とは、決して矛盾しなかった、ネ・ウィン軍政においては、なおさらのことだ、と真顔で筆者に語り掛けてきたビルマ人も少なくはない。富を蓄えることの必要性を感じながらも、一方では物欲、金銭欲を蔑視することも極楽往生の道であることを彼らは信じて疑わない。黄色い衣の僧侶は、人々の厚い尊敬と崇拝を受け、民衆は厳しい戒律をよく守り、殺生を忌み嫌う。

四月の水祭りには、互いに水をかけ合って、無邪気に陽気に新年を祝う。からからに乾いた田畑に、やがて半年近く続く雨季に豊作を祈願する。十月の戒律の解けた灯祭りには、人々は夕方になるとパゴダに参拝し、参道近くで夜を徹して行われる芝居を楽しむ。仏教に対する深い畏敬の念と祭りへの参加は、この国の人々の生活に密着した宗教のあり方を示している。

その他の生活習慣――服装、食生活、住居、水浴、娯楽、スポーツ、芸術などについて、ビルマ人の特徴的な民族性を要約すると、次のようなことが言える。

（ⅰ）ビルマ文化は、中国文化の影響もあろうが、それ以上に西部のアラカン山脈を越えて渡来したインド文化の影響が極めて強い。中国とシャムの文化が融合され、現代のコマーシャリズムの波にもまれた隣国タイの文化とは、性格を異にする。タイのそれが洗練された都会的な様式美を持つのに対し、ビルマは泥臭い、しかもアーリアンのにおいすら感ぜられる。

(ii) 地理的、歴史的に考えても、ビルマ人の平均的な民族性として、陽性、オプティミスティック、大陸的、牧歌的という印象を列挙することができる。それが文化や伝統芸術にも深く根ざし、日本のいぶし銀のような繊細さ、といったものは望むべくもない。原色的で大味な特徴が有形無形に表われていると考えられる。

(iii) 独立後の、殊更にナショナリズムを強調しようとするビルマ政府、及びビルマ人の硬質な感情が、厳しい戒律の下で彼らの精神生活を支配する小乗仏教と相俟って、禁欲的で弾力の乏しい面を作り出し、それが日常習慣、思考様式ににじみ出ている。この点もタイ人の柔軟で変わり身の早い民族性と異にしている。

## 3 教育の動向

ビルマは、一九三五年の英国のビルマ統治法制定により、一九三七年四月を期してインドから分離し、英国の直轄植民地とされた。それから約十年後の一九四八年の独立まで、英国による統治が続けられ、教育行政、制度もその影響を受けた。一九六四年に新しい教育改革がなされ、現在、小学校は全国で一万六千六百、中学校は一千百、高校五百六十、大学十九で、生徒数も小・中・高で四百万人、大学生四万五千人と増え、一九七五年より小学校の義務教育化も予定されている。

ビルマの識字率は、六十六パーセントであり、東南アジアの中では、かなり高いほうである。このような教育の普及は、前述の政府の積極的な施策もあろうが、それ以上に、僧院内でのいわゆる「寺子屋」教育が大きな役割を果たしている。仏教徒の男子は、一生に一度は必ず剃髪し仏門に入るが、国内に数多く存在するパゴダ内での仏道修業に加えて、経文の読み書きや算盤を習う。このような僧院をよりどころとした教育は、成人教育にまで拡大され、女子もまた寺を中心としての社会教育を受けるので、他の東南アジア諸国に比して著しく非識字率を低めており、教育的にも寺の果たす役割は大きい。

ビルマの教育制度は、現在、五・四・二制をとっている。六歳〜十歳が小学校五か年、十一歳〜十四歳が中学校四か年、十五〜十六歳が高等学校二か年で、中学校までは義務教育とはなっていないが、ほぼ大多数の者が在学している。学校は、この国の性格上、すべて国営（国立）である。中学校の最終学年で実施される卒業試験は、全国同一問題であり、この成績いかんによって、どこの高校でも希望すれば入学できる、更にその時点で、文科系、理科系に分かれ、高校・大学まで一貫してその専門が生かされる仕組みになっている。

なお、僧院学校（ビルマ語で「ポンジー・チャウン」）でのカリキュラムは、世俗の学校のそれと極端な違いがないように編成されている。

大学については、ビルマが当初、英領インドの一州であったため、一八七八年カルカッタ大学予科として発足し、一八八四年ラングーン・カレッジに昇格し、一九二〇年、最初の大学としてラングーン・ユニバーシティの開設を見た。現在、総合大学としては、ラングーン大学とマンダレイ大学とがあるが、学部ごとに独立しており、更にバセイン、モールメン、ミチナ、タウンジーなどの主要都市にカレッジが設立されている。

教育目標、学習意欲については、一九六六年から大々的なキャンペーンを繰り広げて推進されている文盲（非識字）一掃運動に、政府は焦点を合わせている。国民も一生懸命学習することにより、ビルマ式社会主義国家建設の一翼を担う立派な社会人たり得ると信じているのである。そこらに発展途上国としての若々しい息吹きを感じとることができる。

在日ビルマ人留学生の相談相手になったり、文盲一掃運動のために学用品をカンパして送ったりしている日本ビルマ文化協会のような、民間の純粋な友好団体も、日本では芽生えつつある。「脱亜入欧」を合い言葉として明治以来、がむしゃらに進んできた日本も、同じアジアの国々にもっと目を向けてよい時期がきているのではないか、としきりに感ぜられる昨今である。

〈参考文献〉

(1)『拓植学研究』(一九七一、No.三・No.四)「ビルマの文化と教育——岩内健二
(2)大野徹『ビルマの現状』(日本ビルマ文化協会)
(3)外務省・情報文化局『世界の動き』(一九七四・一〇)

ビルマの小学校の教科書は、低学年において既に民族教育が取り入れられている。各部族の子供たちが一緒になって「ビルマ」を支えている教科書の表紙。

「海外経済協力強調運動」(日本商工会議所)投稿論文

一九九八(平成10)年

# 文化財保護と海外援助

## ——ミャンマーのバガン仏教遺蹟修復保存運動と私たちに出来ること

### 1　はじめに

昭和四〇年（一九六五年）四月、当時の羽田国際空港より、英国のＢＯＡＣ機で、乾季も終わりに近づいた酷暑のヤンゴン（旧ラングーン）のミンガラドン国際空港に、私はミャンマー（旧ビルマ）での第一歩を踏みしめた。隣国タイのバンコック日本人学校に次いで、世界で二番目に古いヤンゴン日本人学校で教鞭を取るのが、私の任務であった。前年六四年に同校は開設されたのであるが、「ビルマ式社会主義」の当時の余波を受けて、駐在日本人と児童生徒数が極端に劣っていたにもかかわらず、バンコック、香港、台北に伍して開校の運びに至ったのは、当時の大使や日本人会諸氏の大変な努力と熱意の成果であった。黎明および草創期のヤンゴン日本人学校に二年間在任し、ゼロからの学校作りに参画できたのは、望外の幸せであり、自身の重要な人生の節目でもあった。往時を回想すると、様々な思い出が去来する。英国独立後の初代米国大使であり、同時に故アウン・サン将軍の盟友でもあった故ウ・ソー・ニョンの邸宅を間借りした最初のカンベ通りの校舎。（この建物は、戦後の賠償事業として、シャン州のバルーチャン水力発電所を造った日本工営の技術者の宿舎でもあった。）複式学級とK君の一人ぼっちの感動的な小学校卒業式、白チョークに赤インクを染み込ませて作った教材教具の工夫、ガンジー・ホールのチャリティ日本舞踊のための連日の特訓、見本市船「さくら丸」の見学、社会主義政策と反中国人暴動による臨時休校、長期休業中を利用してのマンダレイ、モールメン、バガン、メイミョウ、タウンジー、インレ湖、アキャブ、バセイン等の地方都市旅行で接したミャンマーの豊かな自然や文化と、多くのすばらしいミャンマーの友人たち。

## 2　ミャンマーの人々の素顔

「ミャンマー」と言えば、日本では一般的にアウン・サン・スー・チー女史と軍事政権の対立が、近年のトップ・ニュースとして喧しいが、シュエ・ダゴン・パゴダや『ビルマの竪琴』に象徴されるように、温和な国民性と敬虔な仏教徒に代表される面が、この国の本来の姿なのである。九七年に、ミャンマーとラオスがアセアン（ASEAN）加盟を正式に承認され、両国は国際経済社会の仲間入りをした訳だが、とりわけ欧米先進国からは女史の人権問題が取り沙汰される。それも事実ではあるが、五千万人近い国民の生活や、民族・宗教問題等、もっと多面的なマス・メディアの取り上げ方がなされない限り、ミャンマーを正確に理解したことにはならない。私自身、二年間現地で生活し、以来五度も訪問している者の、当然すぎる感想である。針小棒大なマス・メディアに惑わされない事が肝要である。

## 3　ミャンマーとの親善友好活動

帰国後、名古屋市立高等学校で教職を続けるかたわら、ミャンマーとの親善友好活動を私は開始した。二年間の滞在を通じて、現地日本人会やミャンマーの方々から受けた恩返しの意味の裏に、先述したように温和なミャンマー人の国民性も、自身を活動に駆り立てた魅力の一要因であった。一九七〇年の大阪万国博覧会「ビルマ・デイ」を契機に、「日本ビルマ文化協会」を私共は結成した。この協会は、「非営利・非政治」を基本姿勢として、ミャンマーとの文化交流を通して、両国の親善友好を目的として、全国的な規模の会員数約千名で発足した。当初は、インパール作戦等に従軍した戦友会が会員の中心であったが、戦後五十年を経過し、会員数の減少はありながらも、戦後世代の加入もあり、現在は約六百名程度で活動を継続している。結成三十年近くになり、ミャンマーの国情も目まぐるしく動いた結果、当協会は、「日本ミャンマー文化協会」へと、更に九七年度の総会を以て、「日本ミャンマー友好協会」へと、再度定款の変更がなされた。従来の文化交流に加え、アセアン加盟に伴って著しい経済発展が期待されるミャンマーの経済面の情報収集等を盛り込んで、「友好協会」へと改称した結果、企業等の法人会員が数百社も入会し、協会の財政基盤も、やや安定してきている。会長の塚本幸一氏（ワコール会長・京都商工会議所名誉会頭）も、戦時中、ビルマで辛酸を嘗め、現地の民衆に世話になった戦友の一人である。

会員の多い関東・関西・東海地方の三地域に当協会の支部が創設され、私は東海支部事務局長（全国常務理事・兼任）として、愛知・岐阜・三重・静岡県を中心とした会員と交流を図っている。十三年前に設立された㈶名古屋国際センターを会場とし、原則として毎月一回の定例交流会を持ち、現在に至っている。日本人会員、ミャンマー人留学生や研修生、国際結婚をした人、更には両国以外の留学生や飛び入りの市民等、毎回平均五十名前後の参加者がある。ビルマ料理をワイワイお喋りをしながら作り、出席者全員で汗を流しながらの試食等、多くの出会いを大切に、今日まで約百五十回、延べ約七千八百名もの参加者を見るに至った。

定例交流会と並行して、手作りの「東海支部報」を、こつこつと発行し、二百号を以て一応終刊とした。事務局長を引き継いで約二十年、一カ月に一号のペースで、ミャンマーの情報や会員の動向等、私自身の公務多忙の合間を縫っての、定例交流会の運営と東海支部報の発行を、続行してきた。

このような永年の親善友好活動に対し、㈶愛知県国際交流協会（会長・愛知県知事）より、「国際交流推進功労者」表彰を、平成四年（一九九二年）には、当協会・東海支部が団体表彰を、更に平成六年（一九九四年）には、私自身が個人表彰を、受けることができた。いずれも、ミャンマーおよびミャンマー人をこよなく愛する善意の人々による「非営利・非政治」の自発的な親善友好活動と、永年にわたる地域の国際化への地道な寄与に対する顕彰であった。

## 4 バガン仏教遺蹟修復保存運動への取り組みについて

バガン（Bagan）は、ミャンマーのほぼ中央、エーヤワディ河（旧イラワジ河）の東岸に位置する古都である。バガンそのものの歴史は、二世紀までさかのぼるが、八七四年、三十四代目のピンピャー王が、この地に都を移し、四十一代目の一〇一七年まで、このビルマの古代王朝の流れは続く。四十二代目のアノーヤタ王の即位後、隣国のモン族王朝、タトンを征服し、ビルマ最初の統一王朝を築き、バガン王朝は栄華を極める。一二八七年、ナラティハパティ王の時代に、フビライ・ハーンの率いるタタール・モンゴル軍に侵攻されるまでの約二百年間の平和な時代に、五千を越すパゴダ（仏塔）や寺院が建立された。現在でも、約二千もの仏教遺蹟が中部ミャンマーの乾燥地帯の中で、風化と荒廃に任されている。国連からの世界文化遺産への検討もなされ、ユネスコから全遺蹟の詳細な資料も作成されており、インドネシアのボロブドゥール遺蹟や、カンボジアのアンコール・ワット遺蹟に比肩し得るミャンマーの文化遺産である。

一九九七年度の日本ミャンマー友好協会・総会において、「バガン仏教遺蹟修復保存基金」創設が決定された。文化財保護は、日本と相手国との友好の絆としてのみならず、海外援助・経済協力にとっても、計り知れない効果をもたらす。とりわけ、上座部仏教国のミャンマーの人は、貯蓄をすれば、パゴダや僧侶に喜捨して、来世の欣求浄土を願う考え方が浸透しており、資本主義社会の経済活動とは、次元を異にする側面を持つ。巨額の政府開発援助ＯＤＡを注ぎ込んでも、さほど現地では喜ばれず、日本からの機材も野ざらしなっているとか、国連からミャンマーが後発開発途上国（世界最貧国）認定を受けても、大して気にならないとか、四半世紀も軍人支配による社会主義路線にも国民は忍従し続けるとか、これらは全て国民性のなせる業であろう。そのようなミャンマーの人への遺蹟修復保存の申し出は、極めて歓迎すべき事業として、彼らの目に映ったのは相違ない。

一九九七年に、私はミャンマーを旅行し、日本国大使館や日本人学校以外にも、文化省考古局（長）、ホテル観光省、更に現地バガンの考古局出張所長を、表敬訪問した。同年十一月に、約三十名規模の、塚本幸一会長を団長とするミッション（日本ミャンマー友好協会主催の友好訪問団）に先がけての旅行であった。文化省考古局（長）のウ・ニュン・ハン（U Nyunt Han）氏も、この事業に大変喜び、十一月のミッションによる基金贈呈式には、文化大臣臨席の下、国内外のマス・メディアにも呼び掛けて、盛大に謝意を表したい旨の申し出があった。又、バガン事務所では、ウ・アウン・チャイン（U Aung Kyaing）考古局長自ら、炎天下を三時間もかけて修復必要なパゴダや僧院十カ所を同行・案内してくれた。ヤンゴンからの役人の決済書類処理の後、夕暮れの事務所内で、乏しい陽光を頼りに、修復保存リストを作成してくれた。

マンダレイでは、ウ・セイン・ミン（U Sein Myint）という、ミャンマーでは高名な、来日経験もある芸術家や、ウ・ウィン・マウン（U Win Maung）という、この方も高名な芸術家で、マンダレイ王城復元指導主任とも再会した。ヤンゴンに戻り、私の三十年来の師でもあり、「ビルマの父」とも言うべきウ・マウン・マウン・ティン（U Maung Maung Tin）先生に再会・指導を受け、今後のこの事業を推進していく上での示唆を受けた。先生は、ユネスコのリスト作りの監修もされたビルマ文学・歴史の最高の知識人として、「ミャンマーの人間国宝」級の人物として知られる。約四十年前

1960 年代のバガン、荒廃したアーナンダ・パゴダ。
21 世紀に入った現在、近くにホテルや大博物館も建てられ整備・修復が進み過ぎて、観光地の俗化が懸念される

に日本人のビルマ語研修生の世話をしたことが契機となり、日本のビルマ研究者は必ず先生に世話になる方として、大野徹氏『知られざるビルマ』や、会田雄次氏『アーロン収容所再訪』の著書にも紹介されている高齢の親日家でもある。先述の二人のマンダレイの芸術家や、文化省考古局長や教育大臣も、全て先生の教え子もしくは弟子であり、先生の存在意義や影響の偉大さは、計り知れない。

これらの国内第一級の芸術家・文化人が、政府サイドの要人と懇意であることを確認し、この八月の事前事務連絡旅行に確かな手応えを感じて帰国した。十一月のミッションを成功させ、文化財保護を通してのより良き両国の親善友好の促進と、海外援助のあり方を模索していく。一方、高校の授業においても、一部始終を生徒に伝え、国際理解教育・開発教育の重要性を考えさせる一助とするつもりでいる。

〈参考文献〉


（1）㈳日本ミャンマー友好協会報
（2）㈳日本ミャンマー友好協会・東海支部報
（3）『地球の歩き方（30）ミャンマー』（ダイヤモンド社）一九九一・一〇
（4）『ミャンマー』（近畿日本ツーリスト）
（5）池田正隆『ビルマ仏教』（法蔵館）一九九五・八
（6）岩内健二「『ビルマの竪琴』あれこれ」（名古屋フィルハーモニー交響楽団・第二一九回定期演奏会プログラム）一九九六・一〇
（7）「クロス・ロード」（国際協力事業団）
（8）『Inventory of Monument at Pagan, No. 1～No. 5』（ＵＮＥＳＣＯ）一九九二
（9）駐ミャンマー日本国大使館発行「Japan Now」（月刊誌）
（10）大野徹『知られざるビルマ』（芙蓉書房）一九七六・一一
（11）会田雄次『アーロン収容所再訪』（文芸春秋）一九七五・六

**BY THE JAPAN–MYANMAR FRIENDSHIP ASSOCIATION. 1998.**

| PERIOD<br>時代(世紀) | PORTIONS TO BE REPAIRED<br>修復部分 |
|---|---|
| 12TH, AD<br>12 世紀 | TOP, BUDDA IMAGES, PLINTH ENCLOSURE WALLS AND MURALPAINTINGS. 仏塔上部、仏像、台座、境内の壁と塀、壁画。 |
| 13TH, AD<br>13 世紀 | UPPER STOREY, FLOORING, CORNICES AND BUDDA IMAGES. 上層階室、床板、天井、仏像。 |
| 13TH, AD<br>13 世紀 | TOP PORTION, ARCH PEDIMENTS, BUDDA IMAGES, AND ENCLOSURE WALLS. 先端部分、三角形の切妻アーチ、仏像、境内の壁と塀。 |
| 13TH, AD<br>13 世紀 | UPPER STOREY, ARCHES, ARCH PEDIMENTS AND TOP PORTION. 上層階室、アーチ、三角形の切妻アーチ、先端部分。 |
| 14TH, AD<br>14 世紀 | INNER AND OUTER ENCLOSURE WALLS, ALL THE SMALL MONASTERIES, INSCRIPTION CAVE, AND WATER TANK. 境内・境外の壁と塀、小僧院全部・碑文のある洞窟・貯水槽。 |
| 12TH, AD<br>12 世紀 | INNER AND OUTER ENCLOSURE WALLS, ALL THE SMALL MONASTERIES, AND LIBRARY. 境内・境外の壁と塀、小僧院全部・書庫。 |
| 11TH, AD<br>11 世紀 | INNER AND OUTER ENCLOSURE WALLS, LECTURE–HALL, ORDINATION–HALL, AND PLINTH. 境内・境外の壁と塀、講堂、授戒室、台座。 |
| 12TH, AD<br>12 世紀 | UPPER PORTION, ARCH PEDIMENTS OF DOOR–WAYS, ARCHES AND BUDDA IMAGES. 上層階室、出入口の三角形の切妻アーチ、アーチ、仏像。 |
| 13TH, AD<br>13 世紀 | ENCLOSURE WALLS, SMALL MONASTERIES, AND MAIN MONASTERY. 境内壁と塀、小僧院とメインの僧院。 |
| 849, AD<br>849 年 | SOUTH SIDE AND NORTH SIDE TO EXCAVATE AND CONSERVATION WORKS TO BE DONE. 南北方部分の壁の掘り下げと保存作業。 |

**OFFICE LIST 1998.**

| |
|---|
| EMBASSY OF JAPAN, No. 100, NATMAUK ROAD, YANGON, MYANMAR. Tel 549644–8 |
| U SOE WIN, C/O EMBASSY OF MYANMAR, KITA-SHINAGAWA 4-8-26, SHINAGAWA-KU, TOKYO, JAPAN. Tel 03-3431-9291 〒140 |
| U NYUNT HAN（DIRECTOR GENERAL）DEPARTMENT OF ARCHAEOLOGY, 32-D, 6 1/2 MILE, PYAY ROAD, YANGON, MYANMAR. Tel（95-1）512136 |
| U AUNG KYAING（DIRECTOR）DEPARTMENT OF ARCHAEOLOGY, BAGAN, MYANMAR. Tel 062-70104 |
| U MAUNG MAUNG TIN（M. A）MYANMAR HISTORICAL COMMISSION, AMARA HALL, YANGON UNIVERSITY CAMPUS, YANGON, MYANMAR. Tel 526401 |
| U SEIN MYINT No42, SANGA UNIVERSITY ROAD, NAN SHEI Qr., MANDALAY. MYANMAR. Tel 02-26553 |
| U WIN MAUNG MANDALAY. MYANMAR. |
| JAPAN―MYANMAR FRIENDSHIP ASSOCIATION, 5F, KYOTO CHAMBER OF COMMERCE & INDUSTRY BLD., KARASUMA-DORI, NAKAGYO-KU, KYOTO, JAPAN. Tel 075-212-0246 Fax 075-212-0247 〒 604-0862（Mr. K. HOSHINA & Mr. K. OKA） |

## LIST OF THE BAGAN ANCIENT MONUMENTS PROPOSED TO REPAIR
(「日本ミャンマー友好協会」バガン仏教遺蹟保存計画リスト)

| SERIAL NUMBER 修復 通し番号 | MONU-MENT NUMBER 遺蹟番号 | NAME OF MONUMENT 遺蹟名(パゴダ名) | LOCATION 位置・場所 |
|---|---|---|---|
| 1 | 744 | THA–BEIK NMAUK<br>タ・ベイ・ンマウ | EAST OF SULAMANI<br>スーラマニ・パゴダの東方 |
| 2 | 803 | PYAT–THA DAR–GYI<br>ピャー・ター・ダー・ジー | SOUTH–EAST OF SULAMANI<br>スーラマニ・パゴダの東南方 |
| 3 | 842 | TA–WET temple<br>タ・ウェ寺院 | SOUTH OF SULAMANI<br>スーラマニ・パゴダの南方 |
| 4 | 843 | TAUNG–TA–WET temple<br>タウン・タ・ウェ寺院 | SOUTH OF SULAMANI<br>スーラマニ・パゴダの南方 |
| 5 | 684<br>\|<br>710 | SIN–PHYU–SHIN monastery complex<br>シン・ピュー・シン総合・修道僧院 | WEST OF MINNANTHU village<br>ミンナントゥ村の西方 |
| 6 | 447<br>\|<br>490 | LAY–MYET–HNAR monastery complex<br>レ・ミェッ・フナー総合・修道僧院 | NORTH OF MINNANTHU village ミンナントゥ村の南方 |
| 7 | 895<br>\|<br>946 | SU–TAUNG–PYI monastery complex<br>スー・タウン・ピィー総合・修道僧院 | WEST OF PWA–SAW village<br>プア・ソー村の西方 |
| 8 | 1185 | LAY–MYET–HNAR temple complex<br>スー・タウン・ピィー総合・修道僧院 | NORTH–EAST OF NAGAYONE temple プア・ソー村の西方 |
| 9 | 1704<br>\|<br>1736 | SHWE–NANYIN–TAW monastery complex シュエ・ナン・イン・ター総合・修道僧院 | SOUTH–EAST OF ANANDA temple プア・ソー村の西方 |
| 10 | | CITY–WALL OF BAGAN<br>バガンの城壁 | |

関係機関・連絡先

| |
|---|
| 駐ミャンマー・日本国大使館(ヤンゴン・ミャンマー) |
| 駐日本・ミャンマー連邦大使館ウ・ソー・ウィン大使(東京都・日本) |
| ミャンマー連邦・文化省・考古局ウ・ニョン・ハン総局長(ヤンゴン) |
| ミャンマー連邦・文化省・考古局ウ・アウン・チャイン局長(バガン事務所) |
| ミャンマー連邦・歴史委員会委員ウ・マウン・マウン・ティン教授(ヤンゴン大学内) |
| ミャンマー伝統工芸・芸術家文化省・アドバイザーウ・セイン・ミン氏(マンダレイ) |
| ミャンマー連邦・文化省・アドバイザーマンダレイ王城・修復主任ウ・ウィン・マウン氏(マンダレイ) |
| 社団法人・日本ミャンマー友好協会(京都市・日本)<br>会長:保科賢一氏　事務局長:岡 晃市氏 |

名古屋フィルハーモニー交響楽団・第二一九回定期演奏会プログラム「音楽雑記」　一九九六(平成8)年10月19日

# 『ビルマの竪琴』あれこれ

昭和四〇年（一九六五年）四月、当時の羽田国際空港より英国のＢＯＡＣ機で、乾季も終わりに近づいた酷暑のヤンゴン（旧ラングーン）のミンガラドン空港に、私はミャンマー（旧ビルマ）での第一歩を踏みしめた。ヤンゴンは隣国タイのバンコクに次いで前年六四年に開校された世界で二番目に古い日本人学校である。ビルマ式社会主義の余波を受けて、駐在日本人と児童生徒数が極端に劣っていたにもかかわらず、バンコク、香港、台北に伍して開校の運びに至ったのは、当時の大使や日本人会諸氏の大変な熱意と努力の成果であった。黎明および草創期のヤンゴン日本人学校に二年間在任し、ゼロからの学校作りに参画できたのは、望外の幸せ、自身の重要な人生の節目でもあった。

往時を回想すると、様々な思い出が去来する。英国独立後の初代米国大使であり、故アウン・サン将軍の盟友でもあった故ウ・ソー・ニョンの邸宅を間借りした最初のカンベ通りの校舎、複式学級とＫ君の一人ぼっちの感動的な小学校卒業式、白チョークに赤インクを染み込ませて作った教材教具の工夫、ガンジー・ホールでのチャリティ日本舞踊発表のための特訓、ジョービュー湖への遠足、社会主義政策と反中国人暴動による臨時休校、長期休業中を利用してのマンダレイ、モールメン、パガン、バセイン等の地方都市旅行で接し得たミャンマーの豊かな自然や文化と、多くの素晴らしいミャンマーの友人達……。

同校は九四年に、創立三十周年を迎えた。名古屋フィルハーモニー交響楽団と年齢をほぼ同じくする訳だが、学校も楽団も様々な紆余曲折を経て、今日に至っているのも、共通していると言えよう。

ミャンマーと言えば、アウン・サン・スー・チー女史と軍事政権との対立が近年のトップ・ニュースとして喧しいが、シュエ・ダゴン・パゴダや『ビルマの竪琴』に象徴されるように、温和な国民性と敬虔な仏教徒に代表される面が、この国の人々の本来の姿なのである。

インパール作戦等二十万人近い戦病死者を出した戦争と人類愛を描いた『ビルマの竪琴』を、原作者の竹山道雄氏は、実際には従軍していないとのことである。戦友から「歌う部隊」の存在からヒントを得て、あの小説を『赤とんぼ』に掲載したのである。日本人が小学唱歌として親しんできた「埴生の宿」や「庭の千草」、あるいは「蛍の光」を、敵味方がジャングルの中で歌い合って和解するためには、作品の舞台は、中国やフランス領インドシナではなく、ビルマでなければならなかった。しかしながら、映画化もなされたこの作品は、ミャンマーの人には、不評である。上座部仏教国の同国は（従来は日本等の大乗仏教と対比して、南方仏教のそれを、一段低い小乗仏教と分類していたが）、僧侶の守るべき戒律が極めて厳しい。結婚・飲酒・有髪は当然厳禁。他のささやかな歌舞音曲さえも厳しく避けるので、僧侶姿の水島上等兵が竪琴を奏でるのは、釈迦の教えを冒涜する破戒僧の所業なのである。

しかし一般民衆の生活は、音楽や舞踊に深く関わっている。前記の竪琴「サウン・ガウ」を始め、木琴のパッタラー、円形の太鼓サインワイン、竹製の縦笛パルエ等の諸楽器と舞踊を中心とした「アニェイン」という伝統芸術が十八世紀のコンバウン王朝に完成される。英国植民地化以降は、西洋流の現代舞踊も試みられている。男児の得度式や、新年を祝う水祭りには、芝居小屋で上演されるこの総合芸術を「ザ・ポエ」と言い、仏陀の教えやラーマナヤ説話等がモチーフとなっている。第二の都市、古都マンダレイでは国立音楽舞踊学校があり、優れた人材育成に取り組んでいる。各国の民族音楽の目を通して、従来の西洋音楽研究を見直すのも、一つのアプローチであろう。

（なごや国際交流団体協議会ＮＩＡ副会長）

第23回全国海外子女教育・国際理解教育研究大会〈第四分科会〉（佐賀市文化会館）一九九六（平成8）年8月1日

# 地域の国際化と国際理解教育

## ――特に名古屋市における草の根市民団体によるネット・ワークを通して

### 1　はじめに（国際交流活動の契機と名古屋の国際化の気運）

八〇年代頃から、教育における「国際化」や「情報化」が喧伝されて、その波が教育現場にさまざまな形態で取り入れられて久しい。それより約四半世紀以前の、昭和四〇年（一九六五年）にミャンマー（旧ビルマ）のヤンゴン（旧ラングーン）日本人学校に赴任した経験が、自身の国際交流活動の発端である。帰国後も、在名古屋のビルマ人留学生との交流や世話を継続し、一九七〇年の大阪万国博覧会「ナショナル・デイのビルマ・デイ」を契機として、日本ミャンマー文化協会が発足。外務省の社団法人格を取得した全国組織の非営利・非政治のボランティア団体の常務理事として両国の親善・友好活動と、留学生への支援と交流を開始して、今日に至っている。

一方、日本の高度経済成長と国際企業化、在外日本人及び在日外国人の急激な増加に伴い、名古屋にも「国際化」の気運が生じた。前述、日本ミャンマー文化協会のような草の根の国際交流団体が集まり、名古屋市等の行政組織にも働き掛けを行い、㈶名古屋国際センター（ＮＩＣ）が設立された。ＮＩＣを作らしめたのは、「なごや国際交流団体協議会

（ＮＩＡ）」という、約五十の種々様々な団体の連合体である。ＮＩＡとＮＩＣは、名古屋市における国際交流の拠点として、情報発信やネット・ワークの形成に寄与し、この十数年間、車の両輪のごとく相互補完しながら、地域の国際化を推進してきた。ＮＩＡは、国際交流を通じて国際理解の高揚を図り、広く国際平和に貢献する主旨を団体間の共通基盤としている。四十九団体が、それぞれ活動内容、規模、構成人員や財政事情等を異にしながらも、いずれも草の根の市民ボランティアにより、活動が推進されてはいる。が、他団体への後援や情報提供は行っても、干渉とか強制は一切なく、あくまで個々の独自性を最大限尊重するという基本姿勢で、今日に至っている。

## ２　国際交流活動の諸側面

### ⑴ なごや国際交流ふれあいフェスティバル

八四年のＮＩＣ設立以来、ＮＩＡとの共催による「なごや国際交流ふれあいフェスティバル」は、毎秋開催され、市民、外国人留学生を巻き込んだイベントとして、すっかり定着している。私自身は、第七回、第十一回、第十二回フェスティバル実行委員長として、ユネスコやユニセフ及び国際連合地域開発センター等の国連機関、外務省大臣官房国内広報課、ＮＨＫ国際局、㈶愛知県国際交流協会、国際協力事業団ＪＩＣＡ、国際留学生会館の後援協力を得、さらには県市教育委員会や校長会の了解も取り付けて、名古屋市内の小中高校にポスター、ちらし、プログラムを配布した。多くの青少年の参加もあり、一つの学校とか学級を超えた国際理解教育の幅を広げている。その内容は、世界の民族料理、国連創設五十周年シンポジウム、環境や水を考える展示、世界の民族音楽の夕べ、日本文化体験（花嫁花婿衣裳着付け・茶華道）、語学速習コーナー、ネット・ワーク・フォーラム、パソコン通信、バザーと輸入相談、海外旅行案内等のイベントや、パネル展示、国際交流パーティの多彩な行事で彩られ、さながら「国際交流団体の文化祭・発表会」の活況を呈している。会場は、ほとんど名古屋国際センター・ビルと別棟ホールを使用し、毎年数千人の来場者を得ているが、在校生や卒業生もボランティアとして多く協力してくれた。この種の活動が契機で、外国語系大学へ進学した同窓生や、ＮＩＡの一加盟団体である「アジア保健研修所」主催のマレーシアへのスタディ・ツアーに参加した卒業生等を見ると、間接的にせよ、国際理解教育の実を上げた好例であろう。

### ⑵ 中部圏国際交流及び全日本留学生ネット・ワーク・フォーラムの開催

九〇年代に入ると、地域の国際交流活動は、ますます広域化し、草の根的な深まりをより強く見せるようになる。「市民それぞれが自由に発想し、創意し、互いに連携と共有を深めよう」という趣旨の下、官民の枠を超えたフォーラムが名古屋において試行的に開催された。翌九一年の第二回は、「中部圏国際交流ネット・ワーク・フォーラム」がＮＩＡを中心として発足し、第三回は岐阜県大垣市において、全国からの参加者を得て開催され、ネット・ワークの輪を広げていった。

同時期に、日本全国四十七都道府県から、約千二百名の留学生を招いて、「全日本留学生ネット・ワーク・フォーラム'91」が、名古屋で開催された。三日間にわたり、記念講演、フォーラム、分科会、日本語スピーチ大会、バザー、パーティ等の盛り沢山の行事に、世界七十八カ国の留学生が集い、日本での留学生の抱える様々な問題が熱心に討議され、「留学生・名古屋アピール宣言」が採択され、閉幕した。このネット・ワーク・フォーラムには、ＮＩＣ等の五団体が協力し、飯島宗一ＮＩＡ会長が実行委員長として、その任に当たったが、ＮＩＡも主要構成団体として、ホーム・ステイやバザー等に活躍した。翌九二年の新春には、何人かの参加留学生が再びホスト・ファミリーに招かれて、日本の正月を共に楽しむ等、交流の輪は、広がりと深まりを示し始めている。

### ⑶ 世界寺子屋運動の推進

九〇年に「国際識字年」がスタートし、九一年一月より「世界寺子屋運動・名古屋市実行委員会」を結成。飯島宗一氏がやはり実行委員長となり、日本ユネスコ協会連盟、愛知県国際交流協会、ＮＩＣが推進母体となり、書き損じはがきを回収して、インド等の識字教育プロジェクトに、学校建設のための資金を送る活動を、日本の江戸時代の僧院での庶民教育に準えて、「世界寺子屋運動」としたものである。言葉を媒介としての意志伝達・通信手段である（書き損じはがきや、（未使用）切手を現金化し、学校（寺子屋）建設を通じて、発展途上国の識字教育とか、民衆や国家の経済・文化向上に資するというアイディアは、小中高校生の身近な国際交流活動、国際理解教育に格好の素材である。高校入試の面接試験においても、中学校時代に「書き損じはがきによる国際協力キャンペーン」に、ボランティアとして積極的に携わった経験を述べる生徒もあり、地域や学校での国際理解教育に一つの方向を示唆している実例であろう。

**(4) 二十一世紀のための友情計画への協力**

ＪＩＣＡは、八四年から「二十一世紀のための友情計画」事業として、東南アジアの青年達を招聘している。九三年六月に、シンガポールの青年教師二十人を、ＮＩＡの加盟団体、民際交流協会、ＡＬＯＥの会（海外生活経験女性の会）、中部フィリピン友好協会、日本ミャンマー文化協会、バラ十字会日本支部、ナゴヤ・イングリッシュ・フォーラム、ＣＣＥＡ、名古屋ステップ会等が中心となり、ＮＩＡ以外では、㈶豊田市国際交流協会、名古屋学院大学、中部シンガポール協会、愛知ユース・ホステル協会、㈶大垣国際交流協会、犬山市役所、瀬戸市役所、名古屋大学、名古屋市教育委員会等の官民各機関が実行委員会に加わった。ＮＩＡ自身が結成十周年を迎え、「地域の国際交流活性化のきっかけ」を意図した初めての受け入れであったが、前述の「中部圏国際交流ネット・ワーク・フォーラム」の実績が見事に生かされた。大垣市での学校訪問とホーム・ステイ、日本文化体験（有松絞り染め、小原村和紙作り、鵜飼い体験等）、見学（犬山城、明治村、トヨタ自動車工場、徳川美術館等）、瀬戸市での学校授業参観と児童との交流、そして最後に日本の教職員との合宿セミナー等、極めて密度の濃い二週間の研修を通して、草の根の民間国際交流を図った。これまでの、東京中心のＪＩＣＡのこの種の事業が、地方レベルにも及んだ協力活動であった。

**(5) 国際連合シンポジウムの開催**

九五年一月に、名古屋のＮＨＫセンター・ビルにおいて、国際連合地域開発センターの研究員を中心とした基調講演とパネル・ディスカッション「地域の国際化と国際連合」を、ＮＩＡ等の五団体で開催。地域レベルでの国際協力、市民のできる国際協力活動と地域との関わり等について、初めて意見交換し、学習を深めた。

国連地域開発センターは、設立以来二十余年にわたり、アジア、アフリカ地域の開発に関わる人材の育成を行ってきた。具体的には、国際的イベントの開催による地域への情報発信、研修生と地元との交流、地域社会国際化のためのプログラム作り（例：連続公開講座、中高校への巡回講義、NGO交流、自治体職員国際化研修）等が上げられる。今回は、第一回のシンポジウムとして、冒頭に梶秀樹所長の基調講演があった。博士の専門分野が都市防災のため、五日前の阪神大震災について、内容の言及があった。次いで、パネル・ディスカッションでは、センターの研究員（日本、中国、韓国、ザイール）の、それぞれの専門分野の研究発表と、岩倉市の国際交流実践者による草の根国際交流のあり方の意見交換がなされた。この種の研究会は、一過性に止めず、今後も継続して開催することを確認し、閉会した。

## 3　学校内における国際理解教育の推進

### (1) なごや国際交流ふれあいフェスティバルにおけるオープニングでの記念演奏

現在勤務している名古屋市立桜台高等学校は、万葉集で「桜田へ鶴（たづ）鳴き渡る年魚市潟（あゆちがた）塩干にけらし鶴鳴き渡る」（巻三・二七一／高市黒人）と詠まれ、「愛知県」名のルーツにもなった名古屋市南部の桜田の景勝地にあり、平成六年に創立七十周年を迎えた学校である。普通科二十七学級、ファッション文化科三学級、千二百余名の進学校であるが、自由な校風と大らかな地域性のせいもあり、温厚篤実で明朗な生徒が多い。部活動は、ハンド・ボール部が全国大会出場常連チームとして、知られているが、他に体操、被服科（ファッション・コンクール）、囲碁、吹奏楽等でも、活躍が目覚ましい。

九五年の第十二回なごや国際交流ふれあいフェスティバルは、十月一日（日）、名古屋国際センター別棟ホールでのオープニング・セレモニーで開会。桜台高校吹奏楽部が、愛知県大会で入賞を果たした曲目「バック・ドラフト」と「エルクンバンチェロ」で、若さいっぱいのダイナミックな記念演奏を行い、参加者に感動を与えた。また、センター・ビル四階の展示室では、校内の学校祭で使用したタージマハールの絵や民族衣裳も展示された。

### (2) 学校祭・クラス企画の「世界の民族衣裳と写真館」へのNIA加盟団体からの協力指導

ふれあいフェスティバルの約半月前に、実施された桜台高校・学校祭の文化祭・クラス企画で、二年生の一クラスが、「世界の民族衣裳と写真館」というテーマで、来場者に民族衣裳を着用させて、記念写真を無料で撮影するという試みがあった。FICO（Friends International Clubs' Organization）というNIA加盟の一団体の指導者が、インド・バングラデシュ・ヴェトナム等のパネル写真の展示と、学校祭当日は、終日、民族衣裳の解説と試着指導等、質の高い企画の運営と、来場者への異文化理解のために、善意の協力を提供してくれた。タージマハールの絵も、会場いっぱいに掲げられた生徒の手作り作品であった。

### (3) 国際協力事業団主催・高校教師海外研修報告

九五年七月二六日から十二日間、国際協力事業団JICA主催の高校教師海外研修に参加。副団長として、全国の高校教師十名と共に、エジプトとジョルダン（ヨルダン）両国の教育事情や、JICAの経済援助や協力隊員の活動視察の機会を得た。現地の人々と共に生き、指導や協力に携わっている専門家、シニアー協力者、青年海外協力隊員、現地事務所のJICA関係者等の活動視察を通して、日本のODAの実態と、現地日本人関係者の苦労と喜びを感じ取ることができた。帰国後も、授業や学校祭等の機会を利用して、報告と開発教育を実践すると共に、翌九六年二月と三月に開催された「東海・北陸地区高校国際教育連絡協議会」及び「愛知県高校国際教育研究協議会」に研究実践報告と、報告集への寄稿を行った。

### (4) 生徒会・学年末の文化行事の推進

九六年三月下旬の一日を使い、生徒会主催・文化行事を校内・体育館で開催し、国際理解への関心の高揚を図った。その内容を概述すると、次の諸点である。①モデルを生徒から募集した民族衣裳によるファッション・ショー。②インド舞踊観賞。③国連地域開発センター研究員でガーナの農学博士の講演。④ＮＩＡ理事によるスリランカからの報告。⑤韓国、イラン、ブルガリア等の留学生による自国紹介と日本の高校生へのメッセージ。⑥プレ企画として二週間前から社会科講義室での展示（インド、ヴェトナム、スリランカの子供の描いた絵画や識字に関する写真展示と国連地域開発センターの活動紹介パネル写真展示）。⑦民族料理のレシピー作成と調理実習、及び文化行事後の当日来校外国人との交流試食。

## 4　まとめに代えて

以上、第二章において、名古屋市の国際交流活動の諸側面を紹介し、第三章において、勤務校での国際理解教育活動としての成果を報告した。名古屋市が国際交流活動を推進するのに適正な規模の都市であるのも、その成果をもたらした一因ではあろうが、国際交流活動実践者と学校の教職員や生徒との協力関係が円滑であったのも、好結果につながった要因であろうと、評価される。異文化理解の土壌が、学校現場で次第に培われていくのを見るのは、大変喜ばしい。

それらの多種多様の活動実践の促進のために、県市国際交流協会等と連携を図り、各組織間の情報交換を、地域や学校にフィード・バックしていく。様々な案内やイベントも、各学校、ホーム・ルーム、部活動に還元し、実践のための手助けを行う。「国際化」の概念も、複雑多岐化する中で日本人自身が自国の文化や歴史を正しく学ぶ姿勢を持ち続け、偏見を排除した地球人的な視野からの共生が理解でき、実践できる生徒を育てることが肝要であろう。

(財)名古屋国際センター発行『月刊NICニュース』107号「今月の市民団体」一九九三(平成5)年2月

# 日本ミャンマー文化協会・東海支部

(社)日本ミャンマー文化協会は、外務省認可の全国組織（本部・大阪）である。第二次世界大戦でビルマへ従軍した人達を中心に、二十年ほど前に、両国の文化交流をめざして発足した。東海支部には、愛知、岐阜、三重、静岡を中心に、約百五十名の会員がいて、ミャンマーとの文化交流・情報交換や、ミャンマー留学生との交流・支援を続けている。ミャンマーに関心のある人は、だれでも会に参加することができる。東海支部長の丹羽宏さんは、父親が戦死した国に関心を持ったのが、事務局長の岩内健二さんは、現地の日本人学校で教えた経験が、それぞれきっかけだそうだ。

東海支部は、毎月一回、名古屋国際センター内で月例交流会を開いている。「月例会には、約五十から六十名が参加します。文化交流として、必ずビルマ料理を食べてから、ミャンマー語や風俗・習慣などの勉強をします。新しい参加者を紹介し、ミャンマーの祝日やメンバーの慶事を、皆で祝ったりすることもあります。」会員は、すべて日本人だが、会にはミャンマー人も積極的に参加し、この頃は日本人、ミャンマー人がほぼ同数だそうだ。時には、他の国の人達も飛び入り参加して、習慣の違いなどに話が弾むことも。「お腹がふくれれば、だれでも和やかになります。味わうことも、大切な文化理解の一つですしね」と岩内さん。十二月は、ミャンマーの高僧を迎えて話を聞いた。ミャンマーでは、僧侶はとても尊敬されている。ミャンマー人が自宅から色々な料理を持ち込み、豪華な食卓になった。「一口でも食べてもらって功徳を積むことが喜びなのですね。仏教が皆の心のよりどころになっていることが実感できて、このような機会を設けて良かったと思いました。」

また、「会の運営では、若い人へのバトンタッチが悩みの種です。会に来るミャンマー人には、留学生が多いですから、日本の若い人達に積極的に参加してほしくて、ミャンマーの生活を体験してもらうツアーを企画したりしていますが、「珍しい経験をした」で終わってしまうようなのです。現状では、ミャンマー語に習熟しても、それを実際に役立てていくことは難しいですしね」と丹羽さん。これは他の二国間友好団体にも共通する悩みかもしれない。「現在の情勢では、帰国した人たちと連絡を取るにも苦労していますが、個人の親睦の輪が広がり、相互に交流を続けていくのが夢です」と岩内さん。着実な活動を続けてきた同支部は、昨年（一九九二年度）、「愛知県国際交流推進功労者」として、㈶愛知県国際交流協会から団体表彰された。

〈問合せ先〉日本ミャンマー文化協会・東海支部
〒四五五　名古屋市港区稲永一－一〇－二
TEL（〇五二）三八一－二三九四

名古屋国際センターでの日本ミャンマー友好協会・東海支部、1999 年 12 月定例交流会風景。名古屋大学大学院生キン・ソー・ミンさん（前列中央）の送別会

〈追記1〉二〇〇〇年四月現在の問合せ先は、左記に変更されている。

**（問合せ先）日本ミャンマー友好協会・東海支部**
**〒四五四―〇九三二　名古屋市中川区中島新町三―七―一〇　岩内健二　TEL（〇五二）三六三―二三五八**

〈追記2〉一九九四年（平成六年）一〇月一四日、岩内健二は「愛知県国際交流推進功労者」として、㈶愛知県国際交流協会（会長：愛知県知事）から、個人表彰された。受賞の理由は、左記の通りである。

**㈳日本ミャンマー文化協会・東海支部の常務理事として、多年にわたり在日留学生との交流活動や、ミャンマーへの援助活動などで、友好活動を積極的に推進するほか、『なごや国際交流ふれあいフェスティバル・実行委員会』の実行委員長を、三度務めるなど、地域の国際化に貢献。**

〈追記3〉二〇〇一年（平成一三年）七月六日、㈳日本ミャンマー友好協会は、外務大臣表彰を受けた。同協会の受賞コメントは、左記の通りである。

**昭和五〇年の設立以来、同国児童・生徒への文房具や福祉機関への車椅子の寄贈活動、パガン仏教遺跡修復支援活動、児童絵画の日本における展覧会等文化交流活動の実施、ミャンマーに進出する日本企業関係者に対する情報提供を行ってきた。特に、同団体が発行した『ビルマ語辞典』は貴重な書物として広く活用されており、日本とミャンマーの相互理解と友好親善に、多大な貢献をなされた。**

第一法規出版発行『学遊』十一月号「学遊ネットワーク」(国際理解教育前線ルポ)　一九九四(平成6)年11月20日発行

# 創立三十年の軌跡

## ――ヤンゴン日本人学校

### 1　はじめに

「ミャンマー(旧ビルマ)」と聞き、平均的日本人の何パーセントが、その実情を具体的に紹介できるであろうか。「金色に輝くパゴダの仏教国」「ビルマの竪琴」「稲作農業とチーク材の国」といった程度のイメージしかなかった国ではある。最近は、八八年の民主化要求デモと弾圧、ノーベル平和賞のアウン・サン・スー・チー女史の軟禁と、軍事政権の政治犯への人権弾圧、と、芳しい印象はむしろ少ない。

### 2　親日的なミャンマーの民衆

日本人の無関心さに比して、ミャンマー人の日本に対する好感・憧憬は、極めて大きい。古くは一九三〇年代からビルマ建国の父と言われるアウン・サン将軍やネ・ウィン氏を秘かに日本に潜伏させ、独立のために軍事教練を施した「南機関」の軍人と独立の志士との現在にまで至る友情、戦後驚異的な経済発展を成し遂げた日本に対する畏敬の念など、現代日本人が忘れかけている純朴な親近感を、彼らはわれわれに抱いている。ヤンゴン(旧ラングーン)外国語学院では、他のフランス語やロシア語等に比して、日本語熱は群を抜いてミャンマー青年の間で高い。敗戦後の捕虜日本兵に対しての、ビルマ民衆の親愛的行動を表した会田雄次氏の『アーロン収容所』にも、その親日ぶりはよく描写されている。

## 3 ヤンゴン日本人学校赴任の思い出

昭和四十年(一九六五年)四月、当時の羽田国際空港より英国のBOAC機で、乾季も終わりに近づいた酷暑のヤンゴン空港(ミンガラドン空港)に、私はミャンマーでの第一歩を踏みしめた。児童生徒二十名以下の本校は、前年、大使や日本人会長の熱意と努力で、バンコクに次いで、世界で二番目に古い学校として創設されていた。三十年前の黎明および草創期の学校作りに参画できたのは、望外の幸せであり、同時に自身の人生の重要な節目であった。

往時を回想すると、さまざまな思い出が去来する。最初のカンベ通りの校舎、少ない子どもとのふれあいと複式授業、最初の小学校卒業生のK君の一人ぼっちの感動的な式典、ビルマ式社会主義政策と中国人暴動の余波を受けての窮屈な生活、白チョークにインクを染み込ませて作った乏しい教材教具の工夫、日本見本市船見学と望郷の念など、懐かしい出来事が走馬灯のように蘇る。

## 4 創立三十周年を祝う

「(平成六年)六月三日に行われた『日本人学校創立三十周年年式典』の仕事に微力ながらも携わることができた経験は、生涯忘れることのできない体験でした。昭和三十七年に補習校から発足し、三十九年六月に世界で二番目の学校として開校、その後三回の移転を行い、タンタマン通りに現在のヤンゴン日本人学校が誕生した。この間の移転や施設設備の充実に関わる努力、幾度となく訪れた暴動や騒動に対しても、学校を守り続けた（先輩・関係者の）責任感に本当に敬服します。」（日本人会誌「パダウ」平成六年六月、菊地教諭の投稿文）

六月三日の創立記念日には、ヤンゴン日本人学校運営委員会主催により、校庭特設会場で記念式典、記念事業の紹介、懇親会（器楽演奏、合唱、ビルマ舞踊等）が執り行われ、三十年の歩みを回顧し、盛大に祝賀した。

## 5　開かれた学校作り

本校は、大使館や日本人会との密接な関係を三十年来持ち続けている。一九六五年当時も「ビルマ式社会主義」政策の下、学校も政府に接収された時、「在ビルマ日本国大使館附属日本人学校」という、大使館の一施設として治外法権下でしか存立し得なかった事情がある。創立当初から日本人会と深くかかわりを持ちつつ、学校は運営されてきた。校舎A棟の裏手には、日本人会の建物があり、図書室、視聴覚室、集会所などが整備されている。日本人会の行事やレクレーション等を提供する文化センターとしての役割や、暴動等の緊急事態発生時の避難場所等、ヤンゴン日本人学校の果たす存在意義は極めて大きい。

## 6　地域に根ざした教育と国際理解

特別活動、道徳教育、学校行事等の諸分野で、地域に根ざした国際理解教育が実践されているのも、本校指導方針の特徴の一つであろう。具体的には、社会科副読本『ミャンマー』の発刊と利用指導。同国の地理・産業・交通・歴史・文化・宗教・言語など、子どもたちが生活しているミャンマー自身への理解は、母国日本への深い意識、正しい理解のためにも必要不可欠な側面であろう。さらにフィールド・ワーク（マーケットでの買い物、体験乗車、JICA援助施設見学）、現地校との交流、インパール作戦などで亡くなった先人を祀る日本人墓地への墓参清掃奉仕と平和教育など、ヤンゴン日本人学校の教職員と子どもたちが一丸となって、積極的に取り組んでいる。これらの指導に際しては、ローカル・スタッフ、いわゆる現地採用の教職員の協力が大きな要素であるのは、当然なことであろう。

## 7 危機管理マニュアルの作成と実践

ミャンマーに限らず、世界各国の日本人学校や補習校には、内戦や治安の悪化等で、児童生徒や教職員の生命に脅威が生じることが少なくない。ヤンゴン日本人学校三十年の歴史にも、過去いくつかの政情不安に遭遇した。それらを拾ってみる。

・六七年、反中国人暴動のための臨時休校。
・七四年、米の増配給スト騒動。臨時休校。
・七四年、ウ・タント国連事務総長の遺体埋葬暴動。臨時休校。
・八八年、民主化要求デモと戒厳令発令、軍の発砲事件と無政府状態。長期臨時休校。

特に、最後の八八年の政情不安を最大の事件とし、日本人学校関係者は正確な情報収集、スクール・バスの安全運行、重要書類の大使館への非常搬入、邦人の帰国措置と、適切な処理により、無事に難局を乗り切った。その苦労や

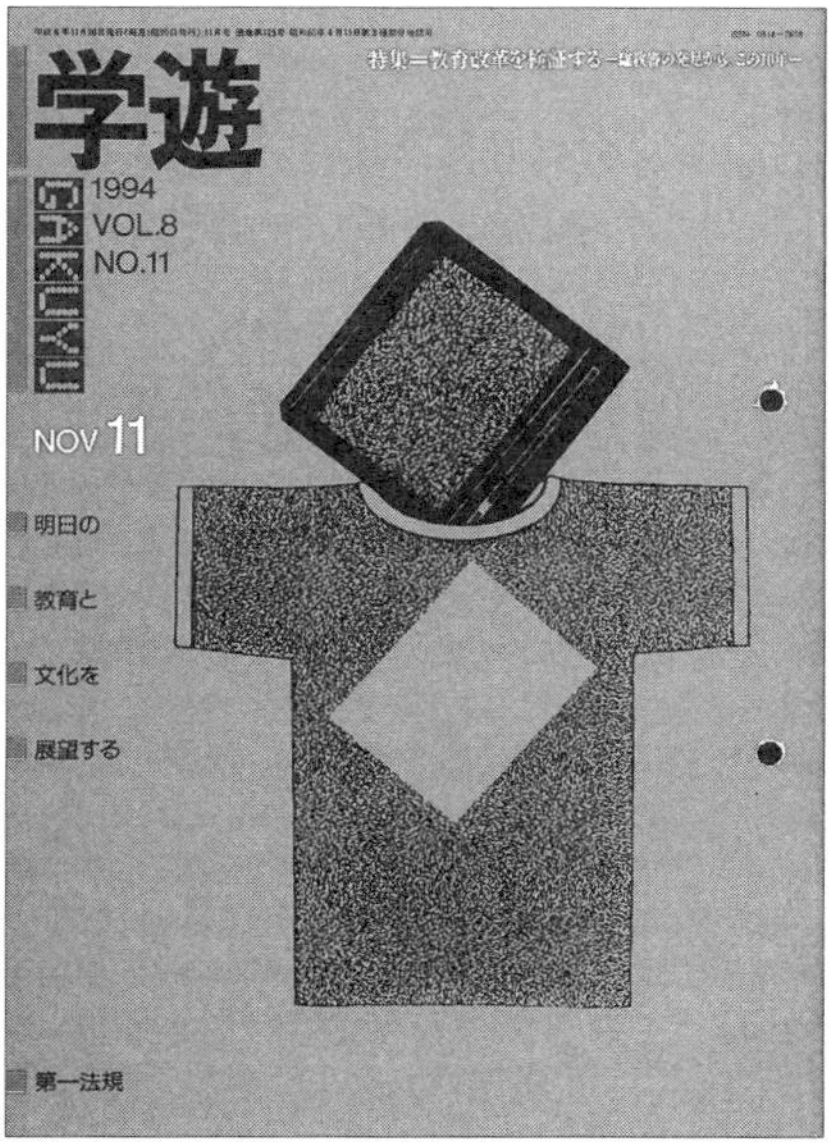

努力に、心より敬意と謝意を表したい。

## 8　帰国後の適応あれこれ

マンツーマンに近い手厚い個別指導が本校では可能であるが、帰国後の日本の集団生活になじめない、いわゆる「帰国子女」問題は、最近は少なくなっている、と聞く。前述の異文化理解、情報化、国際化への指導の努力の成果であろうか。しかし教材費など、現地の父母負担も重く、国庫補助の増額を、ヤンゴン日本人学校の現教職員は、強く訴えていた。

三十年は、『論語』では「而立」の年齢に相当する。その年輪にふさわしい本校の発展、充実、飛翔を望む昨今である。

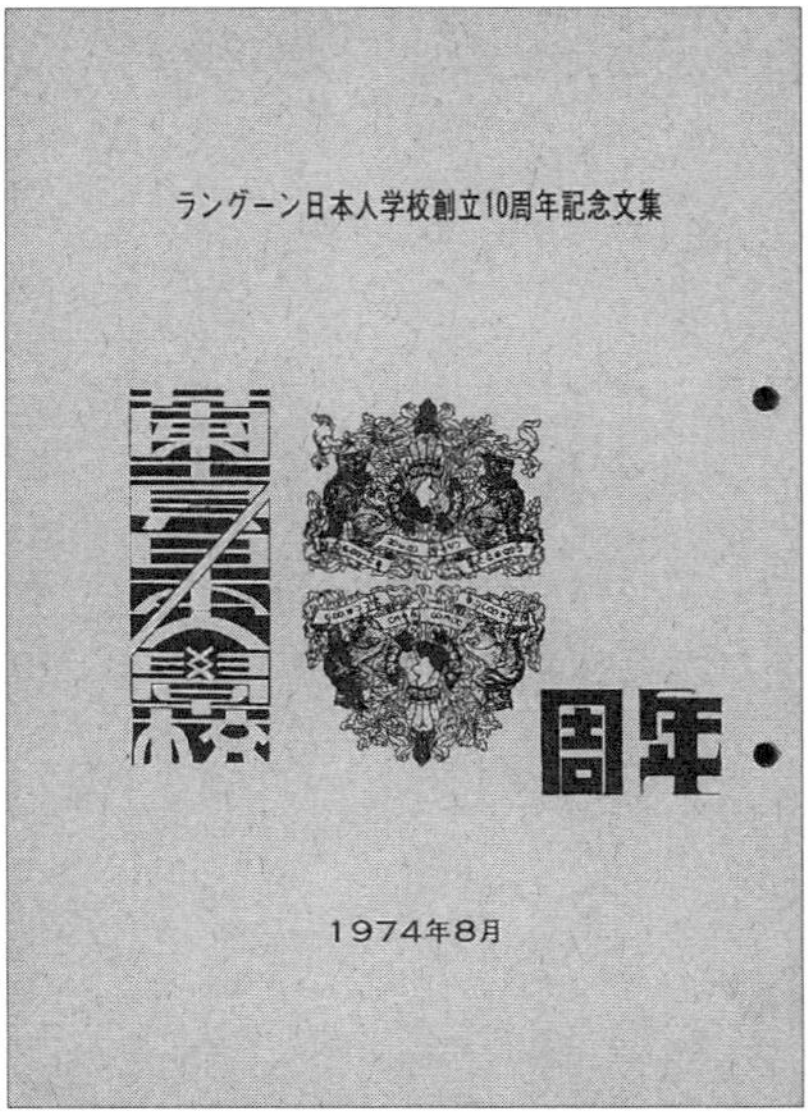


次稿・表紙

『ラングーン日本人学校創立十周年記念文集』

# 第一回同窓会開催までの歩み

一九七四(昭和49)年8月

去る(昭和48年)8月19日(日)、東京「虎ノ門共済会館」でのラングーン日本人学校創立十周年記念・第一回同窓会が、七十名ものご出席を得て、盛会裡に幕を閉じたことは、誠に喜ばしい限りです。

私は、同窓会開催までの実際の事務的なお世話をいたしました関係で、その経過報告をもう一度、述べたいと思います。

日本人学校の旧職員の全員が今までのところ愛知県に居り、その集まりを私たちは「ビルマ会」と称して、帰国後も年に一回ずつ会合を持ち、ビルマの思い出話に花を咲かせておりました。そして今春帰国された小松博一先生ご一家歓迎の「ビルマ会」を5月13日に開きました際、学校創立十周年目を記念して、東京で一度集まろうという話が出たのが、そもそもの発端であります。(もっとも、その気運は前年あたりからありましたが。)そこで、実質的な学校創設の中心であった小林敏次先生を代表として旧職員全員が発起人になり、他に小学部第一回卒業生の菊池淳君と、小林先生のご長女の延子さんにも発起人として名前を連ねてもらい、いよいよ準備を開始した次第です。

私たちは、何よりも先ず名簿を作らなければと思い、各自の在任中の教え子を思い出しながら名表を作成し、趣意書を添えて五月下旬に皆様に発送しました。名簿の空欄を埋めるために、皆様がご返事しやすいようにと、各年次の連絡先発起人を決め、相互に連絡を取り合いながら、芋蔓《いもづる》式に会員の消息をつかんでいこうという訳です。また、歴代大使や東京在住の方については、外務省の佐久間平喜氏に調べていただきましたが、それと並行して小松先生を通して現地の森川昌樹校長先生から、保存されていた指導要録の記載事項、例えば本籍、保護者名と勤務先、在学期間、年齢、日本の転校先などや、他に学校要覧、文集、学校日誌なども調べていただき、かなり詳しくまとまった名簿が出来上がったのが七月下旬でありました。一方、東京の会場を佐久間氏に探していただき、いよいよ同窓会の正式な案内状を発送、出欠の集約を始めました。それらを整理して、8月5日（同窓会の二週間前）に、名古屋で発起人会を開き、会の基礎固めに必要な諸準備――小林先生より出された会則原案の検討、役員の予備人選、同窓会当日の役割分担――を進め、脇田香先生にポスターを作っていただいたりしました。役員については、本来なら会員（同窓生）で構成されるのが本旨でありますが、この会の性格上、会員が成長するまでもうしばらく旧教職員や保護者、旧教育委員に役員として加わっていただくようお願いしました。そのあたりの事情は、ご理解いただけると思います。

同窓会当日は、畑中貫一先生の名司会により、和やかな中に、お互いの再会を懐かしむことができましたし、鈴木孝現大使や森川先生からのご丁寧なお祝いメッセージなども披露されました。

帰国してから、このような同窓会が早く開けたらなあと思いながら、なかなかその機が熟さず、ようやく開催まで漕ぎ着けることができましたのも、ひとえに皆様方のおかげと感謝しております。5月に発起人会をスタートさせて三か月余、宛名書きや印刷の作業などで、日曜日を何回もつぶしたこともありましたが、我ながらよく続いたものだと感心しております。青年時代に教師として二年間過ごしたという強烈な経験は、以後の自分の人生に多くの影響を与えていることは否めません。私は、七年前の音楽教室での退任式に、「大好きなビルマ、お世話になった日本人学校の皆様のために、帰国後も何かお役に立つことがあればしたい。いや、しなければならないと思っている」という意味のお別れの挨拶を申し上げましたが、今回、その一端でも果たすことが出来たと思います。すっかり成長された子どもさんを見るにつけ、あるいは当時の幼稚園児と同じ年齢の父親となった現在の自分を顧みるにつけ、感慨無量の一日でありました。

最後に、皆様方のご協力に感謝いたし、同窓会の発展を心よりお祈りいたします。

『ヤンゴン日本人学校創立三十周年記念誌・三十年の歩み』

一九九四(平成6)年3月31日

# 黎明期の日本人学校

一九六五(昭和40)年4月、羽田空港より英国のBOAC機で、乾季も終りに近づいた酷暑のミンガラドン空港に、私はビルマでの第一歩を踏みしめた。前年に東京オリンピックの成功と東海道新幹線の開通という国家的行事に象徴される、日本の高度経済成長と国際化に伴い、海外勤務の日本人の著しい増加が、日本人学校開校の機運をもたらした。ラングーン(ヤンゴン)日本人学校は、バンコクや香港の学校と共に、最も早期に開校された一つである。前者二校に比して、私共の学校は児童生徒数や駐在日本人数が極端に劣っていたにもかかわらず、開校の運びに至ったのは、当時の小田部大使以下、大使館の方々、あるいはニチメンの森田日本人会長以下、日本人会の方々の大変な努力と熱意の成果であった。初代の小林敏次先生が、ゼロの状態から日本人学校を創設され、その二年目に私は赴任し、黎明および草創期の学校作りに参画できたのは、望外の幸せであり、自身の人生の重要な節目であった。

往時を回想すると、さまざまな思い出が去来する。故ウ・ソー・ニョンの邸宅を借りた最初のカンベ・ロードの校舎。幼稚園部も含めてわずか十数名の子どもと過ごした複式学級の授業、最初の小学部卒業生菊池淳君の一人ぼっちの感動的な式典、ジョービュー湖や動物園での遠足と写生、社会主義政策と反中国人暴動の余波を受けての窮屈な生活、白チョークにインクを染み込ませて作った乏しい教材教具の工夫、ダウンタウンの地下便所を地下鉄と錯覚したりした社会科の市内見学、ガンジー・ホールや日本見本市船での出演や見学会等、懐かしい出来事が、走馬燈のように脳裏に蘇る。長期休業中にマンダレイ、モールメン、バセイン等の地方都市を旅し、ビルマの豊かな自然と文化に接し得たのも、貴重な体験であった。帰国後、名古屋市立の高校教師として、四半世紀以上も経った現在でも、自身の教職生活の原点は、あのラングーン日本人学校にあると断じても過言ではない。当時の日記は原稿千余枚、スライド写真約二千点、観光旅行者としてビルマ再訪四回、という数字も、ビルマおよび日本人学校への、自身の熱い思いの表れであろうか。

一九七〇年の大阪万国博覧会「ビルマ・デイ」を契機に結成された㈳日本ビルマ文化協会(後に、「日本ミャンマー文化協会」、さらに「日本ミャンマー友好協会」と改称）の理事として私は、両国の親善友好、在日ミャンマー人の支援と交流のためのボランティア活動を継続して、現在に至っている。当時お世話になった日本やビルマの方々への、せめてもの恩返しとしての行為である。日本人学校の発展、ビルマの発展を、願わずにはいられない昨今である。

ヤンゴン日本人学校・創立30周年記念誌『30年の歩み』の表紙に４回移転した校舎写真が掲載（１番下は筆者が赴任した最初のカンベ校舎）

カンベ校舎

ゆうかんさろん

◆ビルマ

高校の生徒指導部長というのは、ひどく気骨が折れる、忙しい。名古屋市立西陵商の国語の先生、岩内健二さん(40)は、昨年その職務に就いて、学校以外のいろいろな役を辞めた。ただ、日本ビルマ文化協会の仕事だけは続けている。

「私のライフワークですから」。校務の合間をぬってビルマの留学・研修生の世話や親善交流の活動に奔走だ。

ビルマとのつきあいは十七年前、トランク二つでラングーンに着いたあの日から始まった。機外のタラップに足を踏み出したとたん、どっと体を包み込んだビルマの熱気を今も忘れることができない。

二十三歳の春。大学を出て高校教員に採用が内定していた。それが「青春特有の羽ばたく心」で国の海外派遣教員募集に願書を出したところ合格。派遣された先がラングーン日本人学校だった。

「ビルマには全くの無知でした。余りに日本と違いすぎる。初め、ビルマは私によそよそしく、時には耐え難いこともありました。でも、二年の任期が終わるころには〝ビルマ・メロメロ〟に変わって」

ビルマのことならメロメロになるほど好き。そうまでさせたのは「おおらかで温和」なビルマの人々だった。

とりわけ、マンダレー大学の先生だったモン・モン・ティンさんには「肉親も及ばぬ世話と指導」を受け、ビルマの心に触れた。帰国後、三度にわたるビルマ旅行、文通を通じ、敬愛は深まるばかり。岩内さんにとって、モン・モン・ティンさんはビルマそのものであり「父」「恩師」である。モン・モン・ティンさんも「わが愛する息子」と呼び「コ・ティン・カイン」のビルマ名をつけてくれた。強く美しい、の意味という。

岩内さんは最近、ビルマ時代の日記を一千枚の原稿にまとめた。「還暦を過ぎたモン・モン・ティン先生にささげる感謝の記録。そして私とビルマを結んだ青春の記念碑として」

出版のメドは、まだついていない。しかし話を聞いてモン・モン・ティンさんとビルマ学の権威、大野徹・大阪外語大教授が、いち早く推薦文を書き送ってきた。（敬）

〝わが父〟モン・モン・ティンさんの便りを手にビルマを語る岩内さん＝中日新聞本社で

中日新聞・夕刊「ゆうかんさろん」〈一九八二（昭和57）年4月30日〉

平成６年度国際交流推進功労者表彰式（於アイリス愛知）。鈴木礼治愛知県知事（当時、前列中央）の左２人が筆者夫妻〈1994（平成６）年 10 月 14 日〉

まとめに代えて——

# ウ・マウン・マウン・ティン先生の死

二十一世紀に入った直後の6月初旬に、NGO団体「㈳ミャンマー協会」代表の北坂昌隆氏より、私達の敬愛して止まないウ・マウン・マウン・ティン先生の訃報に接した。享年八十四歳。北坂昌隆氏は、ミャンマーの人々の生活向上と発展のために、医療・教育・水産・作物栽培・土壌改良・服飾デザインや漆工芸などの伝統産業の開発等々、ミャンマーの人々のためにどのような自助努力への手助けが可能であるかを、基本的なコンセプトとして活動しておられる方である。氏が、いろいろなミャンマーの有識者・政府関係者とのネット・ワークを広げる中に、先生の存在を知り、更に私との師弟関係に達するのである。昭和40年以前の、マンダレイでのビルマ語研修生として先生が面倒を見た大阪外国語大学生の立石氏が、先生にとって「日本の第一番目の息子」とするなら、さしずめ私は第二、そして北坂氏は第三の息子に相当する。（「最近は、第三の方が第二の息子よりも、先生に可愛がられて、少し嫉妬すら感じますよ」などと、北坂氏と冗談を交わしたのも、今では虚しい。）

二年前に先生が体調を崩された時、ミャンマーに駐在されていた北坂氏は、先生の安アパートに泊まり込んで、先生の「下の世話」も含んだ献身的な看病ぶりを後で聞き知り、とても私にはできそうもないと感嘆したのだが、氏は「私は小さい時からお爺ちゃん子で、なんにも抵抗感はありませんでしたよ。アバ（ミャンマー語で「爺さん」の愛称を指す）のお世話なんて可愛いものです」と、一笑に付された。氏のコンセプトが、先生の価値観とぴったりと合致して、どこへでも気軽に北坂氏を伴ってミャンマー国内での協力を惜しまなかった。三十年前の「ビルマ式社会主義」政策の中心のネ・ウィン革命評議会議長が、ラングーンからマンダレイへ出掛けた際には、当時マンダレイ在住のウ・マウン・マウン・ティン先生を呼んで、主に上ビルマの歴史・文学の講話、つまり「ご進講」を大変楽しみにしており、ゲスト・ハウスで進講の写真を、先生から見せていただいた記憶がある。（庭の芝生の椅子に膝を組んで座っているネ・ウィン議長の前で、小黒板を持ち出して、先生が指示棒で説明している写真であった。）その後、ネ・ウィン氏が先生をラングーン（ヤンゴン）に呼び寄せた由だが、その厚遇ぶりにふさわしくない安アパートに恬淡と暮らして居られる無欲・清貧の先生ではあった。先生の誕生日の度に、ミャンマー・テレビに紹介される程の、「人間国宝的」人物であるので、二年前のご病気の時は、時の権力者キン・ニュン第一書記の命令一下、国立病院の数十人の医師・看護婦団が手術・看病に当ったと聞く。書記は、背後に控えているネ・ウィンの存在を憚っての措置であろうと、もっぱらの世評であった。

とにかく教育大臣であろうが、文化庁長官であろうが、ほとんどの著名人が先生の教え子とか知人の子とか、またその弟子とか言うのであるから、先生と全国どこへ行っても「セヤ（先生）」とか「セヤ・ジー（大先生）」と言って、皆が慕い近づいて来る。若者や女性に対しても、全く変わらないで接する先生なので、北坂氏と三人でバガンを旅した時も、村の男子学生が先生に教えを乞いに来た後、帰り掛けに椅子に座っている先生に対し、土下座・三拝していた学生の姿が、今でも印象的である。

マンダレイに出掛けて、先生の世話になった大半の日本人は、「知的な観光ガイド」程度で、先生をすぐ象牙や宝石類の買い物等に引きずり回すのだが、北坂氏も私も、そのような方面は一切興味がなく、訪れたパゴダの由来や歴史をメモしたり、たどたどしくミャンマー語の意味や読み方を尋ねて手帳に書き込んだり、あるいは普通のルートでは手に入らない僧衣の試着を先生に頼んだりする姿勢が、先生の目には好もしく映ったのかもしれない。だから『地球の歩き方』には決して記載されていないパゴダや僧院の内部にも、先生のお蔭で入り込むこともできた。マンダレイの西北モンユワーのモニエン・パゴダを訪問した際、行き掛けに買い求めた氷柱を藁に包み、昼食時にその氷を砕いてビールに入れて路上で乾杯し合った日の、先生の嬉しそうな表情が今でも目に浮かぶ。（後から考えると、よく下痢をしなかったものだが、ビルマ滞在一年を経過していて、体もすっかり現地慣れしていたのであろう。）この時に先生は、私に「コ・ティン・カイン」というビルマ名を付けて下さった、永遠に記憶に残る旅行であった。

日本でミャンマー（ビルマ）研究の「大家」と呼ばれる学者や専門家・大使館員のほとんどは、先生のお世話になっているはずだが、現地や先生からの評判は散々である。先生を都合の良い場合のみ利用して、農村に数日間滞在しただけのお茶を濁した程度の生活で、フィールド・ワークと称して論文を書き、日本で博士号を取っている教授などに話題が及ぶと、「まだミスター・イワウチの方が余程ましだ」と先生に言わしめる程の悪評である。要は、どれだけミャンマーに入りこみ、ミャンマーの人々や文化に愛情と洞察力を持っているかを、先生は鋭く見抜いておられるのである。「大家」の日本での「立派な業績」と、現地ミャンマーでの評価は、必ずしも一致しないことを銘記しておきたい。

衛生・医療・保健・気候などの点で、日本より劣悪な条件のミャンマーで、八十四歳も生存されたのは、驚異的である。生涯独身で、青年時代は第二次世界大戦中、マンダレイで戦禍に遭い、人間ドックのようなメディカル・チェックを受ける訳でもなし、ラム酒などの強いアルコールと肉類が大好物の先生の生活習慣での八十四歳は、平均寿命も低いミャンマーにおいては、本当に驚異的な生命力・長寿と言って良かろう。ご逝去される数か月前には、さすがに立ち居振る舞いも少し異常があったとの、北坂氏の弁だが、生涯変わらず頭脳明晰で、理路整然とした表現力・比類のない記

北坂昌隆氏（右より２人目）と共にウ・マウン・マウン・ティン先生（その左）の仲介でミャンマー教育省を訪問。晩年の先生との交流の一コマ（1998年12月24日）

憶力は、死の数か月前まで衰えることはなかった。私達が安アパートに挨拶に伺うと、先生はいかにも嬉しそうに、「先ず座れ」と言う。汚い床に腰を下ろして、先生に拝礼すると、やおらその辺りのウィスキーかラム酒らしいものを取り寄せて、壜のまま「呑め」と言う。さらに「コ・ティン・カインに十年前にもらったプレゼントの時計は、右の棚の上から三段目の下の方にあるから、出せ」と、同居している甥に指示する。すると、私も忘れていた時計が、間違いなく目の前に姿を現す、といった状態である。先生の記憶プログラムに、私の十年前のプレゼントがしっかりとイン・プットされており、その明晰な記憶力に驚嘆せざるを得ない。甥と言っても、六十歳を過ぎた老人で、彼も独身ではあるが、この偉大な「伯父」を、食事から全ての面で陰になり日向になり面倒を見ておられた方である。無論、先生の臨終にも遭遇したのである。二〇〇一年5月31日（木）、心臓発作を先生が起こされ病院へ運ぶ途中、急逝されたとのことである。先生の壮年時代と比して、晩年はかなり肥満化傾向が顕著で、歩行も我々の介護が必要なぐらいであったので、秘かに心配はしていた。心臓病と聞いて、やはりその危惧は的中していたようだ。

私にとっての「ビルマ」の大半は、ウ・マウン・マウン・ティン先生の存在なくしては語れない。帰国後も、ミャンマーに愛着を持ち、在日ミャンマー人留学生のお世話をしたり交流を続けたのも、あるいはたびたびミャンマーを再訪したのも、先生あってこそであったと、今では実感している。帰国後三十五年間、名古屋市立高等学校に奉職しながらのミャンマーとの交流は、取りも直さず「国際理解教育」の実践活動として、推進しやすかったのは、幸いであった。私が他の職業人であったなら、これほど自由には活動できなかったであろう。二十一世紀を迎え、私自身も「還暦」の六十歳定年を目前に控え、退官後は、ミャンマーとの交流に専念できるのを楽しみとしていた矢先の先生のご逝去は、本当に残念極まりない。が、先生のご遺志を継いでいかねばという気持ちは、8月13日に先生宅へ弔問・供花・拝礼した時、改めて決意した。しかしながらともかく、この『ビルマ日記』は一応、ウ・マウン・マウン・ティン先生のご逝去を以て、一区切りとしたい。

あとがき——

# ウ・マウン・マウン・ティン先生からのメッセージとともに

ビルマの首都ラングーンの日本人学校での二年間の勤務を終え、帰国してからすでに三十五年になろうとしている。一九六五（昭和40）年4月から、一九六七（昭和42）年3月まで、私は創設二年目の同校に、外務省嘱託の文部省海外派遣教員として、現地に駐する日本人の子女の教育に携わったのである。当時、この種の日本人学校は、バンコック、香港等、世界中に数える程しかなく、日本の教育関係の法律も十分整備されていない状態で、教員の身分待遇や帰国子女の日本での転編入等、さまざまな面で不安定なものであった。

当時のビルマは、ウ・ヌ政権から、ネ・ウィン将軍によるクーデターを経て、革命評議会の指導の下、「ビルマ式社会主義」国家建設を標榜し、建国の意気盛んなるものがあった。教育の面においても、軍事政権の理念の下、学校・大学が次々と国営化される中で、このラングーン日本人学校も、「在ビルマ日本国大使館附属日本人子女教育施設」という、いかめしい名称を掲げ、日本大使館という治外法権の庇護の下で、かろうじて学校運営を続けざるを得ない状況であった。

私自身は、すでに名古屋市内の愛知県立高等学校教員に就職が内定していたが、この募集に合格するや、未知の世界に勇躍して飛び立って行った。当時の日本は、国鉄東海道新幹線の運行開始、東京オリンピックの開催等という国家行事の成功をバネにして、経済大国として国際化を迎える直前であった。だから、一ドルが三六〇円という、一般国民の海外旅行も、まだまだ物珍しい時代であった。私は、「ビルマ」という国に対しては全く無知の状態で、トランク二個を携えて、羽田の国際空港から離日したのである。年二十三歳の春であった。テレビ等のマス・メディアのお蔭で、世界の動きがリアル・タイムでお茶の間に入って来たり、インターネットを使って世界中と情報交換を行う現代と比較すると、文字通り「昔日の感」を持たざるを得ない。

海外日本人学校教師、と言うと、聞こえは良さそうだが、教師として或いは人間としては、全く未熟な私であった。が、二年間一日も欠勤せずに、その任を果たす事が出来たのも、実質的な学校創設者の小林敏次教頭先生、その後任の畑中貫一教頭先生を始め、同僚の脇田香先生、歴代校長の小田部謙一・小室和秀・高瀬侍郎各大使、官民で構成されている教育委員諸氏、大使館スタッフ、日本人会の方々の、多くの人の、偏に温かいご指導とご後援の賜物である。しかしながら、日記を通して当時を振り返ってみると、全く冷や汗ものの毎日であった。

ビルマの友人も、数え切れないくらい、たくさん作る事ができた。第二次世界大戦では、インパール作戦等、多くの迷惑や損害・惨禍を、日本はこの国に与えてきた。私自身は、もちろん軍人としてこの国に迷惑はかけてはいないのだが、彼らビルマ人が同じ日本人として私を見る根底には、複雑な感懐もあったと思うが、少なくとも表面的には、温かく友好的に接してくれた。この国の大多数を占める仏教の「他人を許す」という価値観も与ってはいるのだろうが。とりわけ、マンダレイのウ・マウン・マウン・ティン先生［U Maung Maung Tin］は、友人と言うよりもむしろ、私のビルマにおける「恩師」であり、「父親」でもある方である。肉親にも及ばない程のご厚情をいただいて現在に至っている。先生は、国内でも著名な歴史学者でもあり、日本のビルマ研究家にとっては、必ずお世話になる親日的な人物である。それは、序文をお寄せいただいた大野徹教授の名著『知られざるビルマ』（芙蓉書房・昭和51年刊）や、会田雄次京都大学教授の『アーロン収容所再訪』（文芸春秋・昭和50年刊）等の、ビルマを紹介した書物には、必ず登場される事でも、明らかである。私は、先生から「コ・ティン・カイン［Ko Tin Khaing］」（［Ko］は、親しい人や同等の者への愛称）というビルマ名をいただいた訳であるが、この先生抜きにしては、ビルマの思い出を語る事はできない。

ビルマは、娯楽の少ない国であり、在住日本人の多くは、余暇をゴルフに費やしていたが、私は、国内外旅行に専ら長期休業等を利用し、限られた二年間であちらこちらを見て回る事に努めた。ペグー、マンダレイ、サガイン、メイミョウ、タウンジー、インレー湖、モールメン、ムドン、タボイ、パガン、プロム、バセイン、シッタン、アキャブ等、治安の関係で旅行許可の下りなかった北（上）ビルマ以外の主要な地域は、ほとんど訪れる事ができた。また、カンボジアのプノンペンやアンコール・ワット、タイのバンコック、香港、マカオ、台北等の東南アジア諸国を、一ドル三六〇円の頃の青年時代にたずねる事ができたのも、望外の幸せとしなければならない。

ＢＯＡＣ機がラングーン空港に着陸し、タラップを下りる時に私を襲った、ムーッとしたあの独特のビルマの熱気・香りを、私は終生忘れ得ない。日本とは、民俗・風土すべてに相違のあり過ぎるビルマは、当初は、私にはよそよそしく耐えがたいものでもあった。しかし、日が経つにつれ、温和なビルマ人の生活ぶりや豊かな自然に、次第に惹かれ始める自身を見出して行った。帰国半年前頃は、帰国の待ち遠しさよりも、ビルマ離別の愛惜の方がはるかにまさって募るのを禁じ得なかった。会田雄次氏や戦友会の旧軍人が、よく口にする「ビルマ・メロメロ」「ビル・キチ（ビルマ気狂い）」の一人に、いつの間にか自分も変身して行ったのである。私がお付き合いした旧軍人の中には、ビルマ以外の中国やフランス領インドシナ従軍経験者も多くいたが、「〇〇メロメロ」とか「〇〇キチ」という言い方は、あまり聞いた事がない。ビルマは、それほど表現し難い魅力を持っている国なのであろうが、やはりその魅力は、ビルマの国民性が、第一の要因である事は、間違いない。

以来、帰国後も、私は日本ミャンマー友好協会の一員として、在日ミャンマー人留学生のお世話を続けて、今日に至っている。またその二年間で書き蓄めた千枚近くの日記と、二千枚程のスライド写真、そしてもちろん多くの友人達は、私の大切なビルマの財産となった。今読み返してみると、未熟で稚拙な表現と、過ぎ去ったほろ苦い過去の記録ではあるが、いわば私の青春の記念碑として、勇を鼓してまとめてみた。快く原稿をお寄せ下さった大阪外国語大学・大野徹教授とウ・マウン・マウン・ティン先生に、厚く感謝申し上げる次第である。

なお、ウ・マウン・マウン・ティン先生は、私の「還暦」、六十歳の定年退官直前の、二〇〇一年5月31日（木）に、心臓発作でヤンゴンにて永眠された。享年八十四歳。「生きとし生ける者」、必ず死は免れ得ないとは言うものの、残念極まりない。先生のご冥福を衷心よりお祈りしつつ、一応この『ビルマ日記』を、ここで終えることにする。

二〇〇一（平成13）年8月13日（月）　記

〈追記〉

この「あとがき」の四年後に、ようやく上梓に至った。発行に際しては、㈳日本ミャンマー友好協会・池田正隆会長代行と杉本良巳理事、三重県の鈴鹿国際大学・小林路義教授と氷見潔教授、中日新聞社元編集局・渡辺敬夫氏、さらには㈱あるむ・川角信夫氏、鈴木忠弘氏と編集担当の後藤幸一氏には特にお世話になった。改めて深謝申し上げる。

二〇〇五（平成17）年9月1日（木）　記

## A MESSAGE

I am asked by Mr. Kenji Iwauchi (岩内健二君), almost my loving son from Japan, to write a message for his book "Burma Diary 1965–67". So I am very pleased to write about our friendship. I first met Mr. Kenji Iwauchi as a school teacher for the young students of the Japanese Embassy in Rangoon in 1965, at one evening with other Japanese friends. By that time, 1963–64, one Japanese young man, Mr. Noriuki Tateishi (立石のりゆき氏), was studying Burmese under me in the Mandalay University, through him I made friends with many Japanese people in Rangoon and Japan and all of them are very good to me since then.

My friendship with Japanese started during the Second World War, when I first met with one military officer named Major Hagura (羽倉少佐？), in the village of Nyaung-pin-sin, 8 miles from Sagaing. At that time we had been evacuated from Mandalay. Major Hagura took great interest in me at our first meeting and invited me by giving his address in Sagaing. I went to the militaty headquarters of Major Hagura at Sagaing and he kindly gave some Japanese food to me. Since that time I took Major Hagura as my-god father; by that time I had lost my dear father while staying in the village just before the British retreat. Major Hagura had an amicable character. He looked calm, quiet and kind hearted. He spoke a little English so we could make our conversation fairly understandable. After some months I went back to Mandalay, there I first studied the Japanese languag in the Military Language School under Mr. Takahashi (高橋氏). When the war was over, my memory of Major Hagura and the Japanese soldiers in my village singing and dancing by moon-light night, was still fresh in my mind.

So when I met young Mr. Tateishi, I was very much excited. Tateishi was very studious. He read Burmese prose, 50 pages a day, besides reading the Burmese daily newspapers. I was very happy with the people taking interest in the studies of Burmese literature, language, history and culture. Amongst them Mr. Kenji Iwauchi is my most loving young friend, taking great interest in the Burmese Art and Culture. Although he had very little time to study Burmese with a proper teacher he could read and write Burmese fairly well. He was a self-made scholar.

He came to Mandalay whenever he got a chance to study Burmese life. Every time I was always with him as his guide and teacher; later he took me as his loving father as I always took care of him as my loving son; I gave him a Burmese name as Tin Khaing (ティン・カイン); so also names were given to Noriuki Tateishi-as Ko Thein Shein; and to Mr. Shiro Yabu (薮司郎氏) as Ko Hla Aye.

I still remember all our long trips to Pagan-Nyaung Oo, by taxi car from Mandalay; and later visits by airplane. He enjoyed taking Mandalay Beer together with me on the green grass near by the Kaung-hmu-daw pagoda. We went to the Biggest Bronze Bell of Mingun and also visited the Amarapura Mahagandhayone Monastrey. Mr. Kenji Iwauchi was very happy with me. He liked Mo-Hin-Ga, Burmese thin noodles made of rice mixed with soup-like curry fish and banana stump. He also collected all kinds of Burmese dresses—even the eight requisites of the monks, and many things Burmese. He had also introduced me with some of the war veterans of Japan. Since then I have many Japanese friends: helping them with what they needed and in return they were very kind to me. So we had good relations between our two countries.

I always hope Mr. Kenji Iwauchi, his wife and their sons will always be happy and healthy. I may see them soon either in Japan or Burma in the near future. I wish all readers of the diary be satisfied with all he has recorded about Burma.

***U Maung Maung Tin*** (M.A.) 1981.

## メッセージ

「岩内健二君」は、ほとんど私の愛する日本の息子と言って良いのだが、彼から『ビルマ日記 1965–1967』の、メッセージを書いて欲しいという依頼があった。それで、無論私は私と彼との友情について、喜んで書こうと引き受けた。1965 年のある夕刻、他の日本人の友人達と一緒だった時に、初めて岩内健二君に会ったが、彼はラングーンの日本大使館のこども（子弟）の教師であった。それまでに、1963 年から 64 年にかけて、私はマンダレイ大学に籍を置きながら、一人の日本の青年でビルマ語を学んでいた立石のりゆき氏を預かっていた。彼を通して、私はラングーンや日本の沢山の日本と友人になることもできたし、それ以来、日本の人は皆、私によくしてくれるようになった。

私の日本との親善友好は、第二次世界大戦にさかのぼる。その頃、私は一人の日本陸軍の羽倉少佐（？）に、サガインから 8 マイル程離れた「ニャウン・ピン・シン」という村で出会ったことである。その時分、私達は（戦禍を逃れ）、マンダレイからここへ疎開していた。羽倉少佐は、私と最初会った時、私にひどく興味を示して、サガインにある官舎に招待して下さった。私は、サガインの軍司令部に赴いたところ、少佐は私に日本の食物でもてなしてくれた。それ以来、羽倉少佐を私のマスター（＝ゴッド・ファーザー）として仕えるようになった。それ以前の、英国軍が退却する直前、村に居た時に大切な私の父親を亡くしていたのである。羽倉少佐は、温和・友好的な人柄で、物静かで親切な兵士であった。彼は英語を少し話せたので、お互いの意思疎通は充分可能だった。数か月後、私はマンダレイに戻って、高橋氏（先生？）の下にある軍の学校で日本語を勉強し始めた。戦争が終っても、羽倉少佐や日本兵達が、月光の下で終夜、歌ったり踊ったりしていたあの村の思い出は、今でも私の脳裏に鮮明に焼き付いている。

私が立石君に会った時は、すごく嬉しく興奮した。彼はよく勉強し、一日にビルマの散文を 50 ページも読み、さらにはビルマの日刊新聞を読む程であった。ビルマの文学や語学、歴史や文化の勉強に興味を持っている人との付き合いは、大変幸せである。その中でも、とりわけ岩内健二君は、私の一番好きな日本の青年である。彼はビルマの美術や文化に興味を持ち、日本人学校教師の仕事でビルマ語を学ぶ時間があまりなかったにもかかわらず、彼はかなりの程度まで読み書きができた、独学の人だった。

岩内君は、マンダレイにやって来ると、いつもビルマの生活を学ぼうとしていた。だからいつも私は、彼と行動を共にし、彼のガイドと先生役を引き受けた。後には、私が彼を自分の息子のように世話をするようになり、彼もまた私を父親のように慕ってくれるようになった。そして立石のりゆき君に「テイン・シェイン君」（Ko Thein Shein）を、藪司郎氏に「フラ・エー君」（Ko Hla Aye）というビルマ名を付けたように、「ティン・カイン」（Tin Khaing）という名前を付けてあげた。

私は岩内君と以前、マンダレイからパガン（→ニャン・ウー）までの長距離をタクシー（＝ジープ）で出掛けた旅、後日は飛行機で訪れた旅を、よく覚えている。ある時には、（マンダレイ郊外の）カウン・フム・ドー・パゴダの近くの芝生の上で、マンダレイ・ビールで楽しく乾杯したり、またある時は、ミンゴンの世界最大のブロンズの鐘や、アマラプラの「マハガンダヨン」僧院を訪れたりもした。岩内君は、私と一緒で大変楽しそうであった。彼は魚とバナナの混じったスープを盛って米から作ったビルマの「モヒンガー」がすごく好きだった。また彼は、ビルマの民族衣裳やビルマの民芸品、とりわけ僧侶の八つの必需品の一つである僧衣も収集していた。彼はまた、何人かの日本軍退役兵士を紹介してくれたりした。以来、私は日本の数多くの友人ができた。彼らの必要な事を助けてあげたりし、代わりに彼らも私に対して、大変親切にしてくれたりしている。それ故、私達（ビルマと日本）両国間には、良好な関係を持つことができたと思っている。

私は、岩内健二君や、その奥さん・息子達がいつまでも幸福で健康であることを常に祈っている。近い将来において、日本かビルマのどちらかで、ご家族にお会いできるかもしれない。この『ビルマ日記 1965–1967』の読者の皆さんは、岩内健二君がビルマについて書き著した内容に、満足されんことを願っている。

1981（昭和 56）年　**ウ・マウン・マウン・ティン**（文学修士）

になろう。同じ素材を与えても、同じ感動を受ける者はいないはずであるのに、なぜこうも類型的な詩が多いのであろうか。私は、それは前述した国語教育の4つの柱のアンバランス、4つの柱の非相互関連性に求めたい。そして、私をも含めた教師自身の指導の不十分さにも、その原因を求めたい。例えば、教師自身があまりにも大人の目を持って、詩の感想を押しつけている場合がある。既成の批評や文学的評価を児童に押しつけ過ぎるために、児童の感動の芽は摘み取られ鑑賞能力が固定化されてしまうのである。どうしてもっと素直に児童の感動・児童の澄んだ目を尊重しないのか。それは暗に「この詩は、こういう感じがする。だからこういう感じのする詩を作る時には、このように作りなさい。」と強制すらしていると思われるのである。

数年前、私が「戦場」という映画を観て、深い感動を受けたことがある。「深い感動」というよりも、自分自身の精神構造の一面が崩れ落ちて行くような虚脱感を覚えた。映画の中で、ロシアの兵士が銃弾に撃たれて、幸運にも失神したまま藁舟に乗って葦の漂う湖水へ流れて行った、その光景がやけに脳裏にこびり付いて離れなかった。私はその光景に、何とも言えない厳粛な気分と、そして同時に深い虚脱感を禁じ得なかった。その映画を観終えると同時に、次の詩をなんら躊躇することなく、作ることが出来た。

「粘膜の痛く」
1年数カ月前の地鳴りの音に　私はフト目を上げた
私は永遠と刹那の中間に居るのだろうか　？
私の視界はサンゴの青みだけだった
忘れもしない　私はあの銃弾の乱れ飛ぶ荒野で
　あの肉片も砕いてしまった戦車の前で
　得も言われない気だるさをかんじたのを……（中略）
粘膜の疼きのみが私の眠りを解放してくれる
藁舟に横たえられ　湖を流れて行く私には　モーゼのような終着駅はない……(中略)
再び私が眠りから覚めた時　私の視野には肉親・友人・同胞・恋人の顔が映っていた
腸の内部がいつまでも回転しているような気だるさを感じながら　私は身を起こした

随分昔のことなので、映画の細かい内容も、詩の細部もほとんど忘れてしまった。私の詩は、1920年代に活躍したフランスのポール・モーランの影響をかなり強く受けているため、感覚的過ぎると反省している。しかしそれ以来、これほど充実感を持って詩を作ることが出来た瞬間は、なかったのである。

国語の指導者は（特に「書く」ことを指導する者は)、少なくとも文学者たり得よう(文学者ではない)、あるいは詩人たり得ようと指向している教師でなくてはならない、と私は常日頃考えている。野辺に咲く一片の可憐な菫を見て、なんの感慨も催さない詩心のない国語教師に、果たして真の文学教育が行えるであろうか。

もちろん感動のみでは詩は作れぬであろう。一塊の鉱石を珠玉にするためには、人間の手が加えられなければならない。そこには、様々な技術上の模索が施される。叙事詩にするか、叙景から入るか、叙情で歌い切るか。定型詩にまとめ上げるか、自由な形式で詠み進むか。そしてリズムを加え、押韻や音節、反復や倒置や省略法も考慮して、自分の感動を、小学生が詩を通して歌い上げることが出来たなら、どんなに素晴らしいことであろう。

以上、私の極めて自己中心的な国語教育雑感になってしまった。随分背伸びしている部分がないでもないが、とにかくここに、現在の自分の「一つの思索の現実」があると考えている。

国語教育研究会でのご批判やご意見を望みつつ、この「雑感」を終えることにする。

## 「国語教育・文学教育・詩の鑑賞指導と創作指導」雑感

1965(昭和 40)年 7 月 28 日㈬

国語教育は、4つの大きな柱、すなわち「読むこと・聞くこと・話すこと・書くこと」から成っていることについては、言うまでもない。しかしながら、私の教育に対する浅い経験や狭い見識からも、「書く」ことが、他の三者に比して、著しく立ち遅れていることを痛感せずにはいられない。もちろん国語(教育)というものが、児童生徒の日々の生活全体に深い影響を及ぼす教科であるし、国語だけ孤立したものとして指導するべきものでもない。社会科・算数・理科、その他の教科と関連させながら、国語の指導は推し進められるべきであり、それによってこそ一層の教育効果を期待することができるのである。同様に、国語の領域においても、4つの柱の相互関連性が必要になってくる。又、一つの単元を例に取り上げても、それが「読む」ことだけをねらいとしたものではなく、他の活動を目標として構成されている場合が多いであろう。「書く」ことの中には、作文と書写とローマ字学習が入る訳であるが、私がここで問題にしているのは、作文の指導である。「作文」というと、とかくおっくうがる児童が実に多い。漢字の練習とか、説明文の読解などに熱意を示す児童も、こと作文となると、途端に消極的になる。例えば短文作りでも、なかなか例文が作れない。出来上がった短文も、新鮮味のない、類型的な作品が多い。長い作文においては、なおさらである。文章を作ることが面倒だとか、題材が見つからないという理由を持っている者が、作文ぎらいの児童の中には多い。文字はいい加減であるし、段落ごとの意味がとれていない。そして、もっといけないのは、その内容がいかにも羅列的・類型的であるという事実である。先日、小学6年生に、児童の生活文の読解指導を行った後に、各自に、自分の日常生活に取材した文章を作らせたが、いずれもほとんど変わりばえしないものや、教科書の模倣が多かった。この「書く」ことの指導の立ち遅れの責任は、他に転嫁されるものではなく、他の3つの柱の助けも借りて、解決されなければならない。

私は、これらの4つの大きな柱、「読む・聞く・話す・書く」は、すべて文学教育に連なっているのではないかという「文学(教育)至上主義」に立ちたい。専門の有識者からすれば、甘い極論かも知れないが、とにかく私は、これら4つの柱の頂点に立つのが文学教育ではなかろうか、と考えている。そしてその頂点に到達するためには、特に「読むこと」「書くこと」の指導が、大きなウエイトを占める。

「文学教育」と、一口に言っても、それ自身が非常に難しい奥行きの広い分野であるだけに、今ここで結論付けるほどの資料も余裕もない。「文学とは何か?」という第一命題が解決されない以上、文学教育論に進展できない状態にもある。しかしながら、「文学とは何か」は、「人間は一体なんぞや」「人生いかに生くべきか」という、人文科学的な提示と相照応するのではないかと思う。その点では、サルトルにせよ伊藤整にせよ、あるいは小林秀雄にせよ共通している。

文学が、人間の生そのものと連結している時、その中で詩の果たす役割は大きい。私は、文学の諸ジャンルの中で、詩が最高の機能をを有するという信念を持っている。詩は、人間の内面からほとばしり出るものであり、最も顕著な自己観照をもたらす。(もっとも私は、詩歌といっても短歌・俳句は、そのカテゴリーにはやや入りにくい。戦後、桑原武夫が、因習的でいたずらに修辞趣味の多い歌壇や俳壇を痛烈に批判した『第二芸術論』に、私は賛成する者であるから。)詩は、三つの要素、すなわち素材・感動・リズムから成る。多くの児童に同じ素材を与えると、それを見る目の相異・その生活体験の相異・その発想の相異により、出来上がった詩は、おのずと個性的ものした作品とも言えよう。

またこの詩は、第1連の二つの「ながめよう」、第2連の「思いうかべよう」、第3連と第4連の「思おう」が、意志を表す助動詞「う」「よう」で終わっている。リズムを整える脚韻の役目を果たすと同時に、作者の意志を表し、また読者も同じ気持ちに誘い込む呼び掛けのような効果を収めている。その他、「て(で)」「る」にも脚韻が感じられる。

**「詩について」**

◎詩の読み方・味わい方

・ことばの持つ感じ(詩感)を味わう。
・行と行との味わい。飛躍の意味。
・詩全体の構成。句と句の照応。主に漢詩に見られる起承転結。
・倒置・省略・比喩など、その他種々の表現方法に注意する。
・音数・韻(頭韻・脚韻)・繰り返し(リフレイン)にも留意する。
・情景や感情、それらと作者の位置を読み取る。
・詩の主題、作者(詩人)が何をうたおうとしているのかを考える。　etc.

◎詩の種類(分類)

内容による分類:叙事詩・叙景詩・叙情(抒情)詩
形式による分類:定型詩・自由詩・散文詩
用語による分類:文語詩・口語詩
目的による分類:一般の詩・童謡・劇詩

◎小学校で学習する近代詩人と作品について・中学校で学習する近代詩と漢詩について(省略)

## Ⅲ　研究授業の反省

◎「準備」を変更した。すなわち、詩を予め書いておく小黒板は、不必要だと思ったので、用意しなかった。地図帳の代わりに地球儀を用いた。

◎時間に追われた。語句の指導に、意外に時間を要した結果であろうか。

◎学習活動3の、詩の読後感の話し合いが、最も反省すべき点である。私自身、「話し合い」の指導は、苦手中の苦手で、今回の授業もきっと失敗するであろうという予感が的中した。児童が緊張し過ぎていたせいもあろうが、指導者(私)の発問の不的確さ、不明瞭さが、その失敗の大きな要因であった。

◎詩の読み方の工夫の話し合いも急ぎ過ぎで、指導に押しつけ過ぎた。

・経験を広め心情を豊かにする物語・伝記・詩・脚本などを読む。(例:「自由な海」)
「書くこと」……主旨のはっきりとした文章、必要に応じた文章を書けるようにする。推敲。書式に従って書く。

(活動内容)
・記録を書く。　・手紙を書く。　・感想を書く。
・詩などを書く。　・物語のあらすじを書く。
・経験を広め心情を豊かにする物語・伝記・詩・脚本などを読む。(例:「自由な海」)
・その他に、書写とローマ字指導も含む。
◎聞くこと、話すことに関しては、低学年から十分に指導し、小学校の第6学年を終了するまでには、どのような地域においても、全国に通用することばで、一応聞いたり話したりすることができるようにする。読むことの指導、書くことの指導は、学年が上になるにつれ、次第に比重を増して、第6学年で一応のまとまりをつける。

## II　詩『自由な海』(丸山 薫 作) についての考察

◎出典……河出書房「日本児童文学全集」(詩・童謡　編)
◎作者……丸山薫（1899年・明治32年生まれ）詩人。大分県に生まれた。東京高等商船学校を中退し、旧制第三高等学校を経て、東京大学国文学科に学ぶ。初め、第九次「新思潮」や「椎の木」に詩や小説を発表していたが、昭和7年、処女詩集『帆・ランプ・鴎』を出版するや、その絵画的・心象的な異風の作品によって、詩壇の異常な注目を集めた。昭和8年、堀辰雄・三好達治との共同編集で、詩誌「四季」を創刊。以来、活発な創作活動を続け、次々と詩集を出した。『鶴の葬式』(昭和10年)、『幼年』(同年)、『一日集』(昭和11年)、『物象詩集』(昭和16年)、『涙した神』(昭和17年)、『点鐘鳴るところ』(昭和18年) など。
　彼は最初の頃の詩材には、海洋に関するものが多く、「海洋詩人」と呼ばれたが、そうした海洋への憧れは、彼の精神の根底にある。あらゆる物象の根元、存在の根元へのノスタルジアに通じるものであった。戦後の主な詩集には、『北国』(昭和21年)、『水の精神』(昭和22年)、『仙境』(昭和23年)、『青春不在』(昭和27年) などがある。現代詩人会員。
◎『自由な海』は、鑑賞詩である。わざわざ詩を書写させたのは、教科書を汚さないためと、一字一句を丹念に写しとることによって、4つの連に分かれていること、脚韻に気付かせること、作者の心情の高まりに気付かせるためである。いわば素朴で直観的な印象批評から、それらを具体的・分析的な批評にまで高めるための便宜的な予備作業なのである。それ故本時のは、次時の前段階に当たるので、いわゆる「授業のヤマ」は、本時では望むべくもない。また、黙読→感想の話し合い→語句の学習→詩の書写→朗読の工夫→朗読、と、児童の学習活動は少々多すぎるきらいもあるが、色々な作業を通して、この詩の読みを深めていこうとする意図から、あえてこのような学習指導案を作成してみたのである。単に、この詩を「読む」だけでなく、読むこと、聞くこと、話すこと（感想の発表・話し合い)、書くことの総合的な指導を目指して、案を作ってみた。
　この詩は、目前の海景色から、更に大きな海にまで思いを馳せ、世界の様々な国の違った考えを自由につないでくれる海、その上を自由に行き来できる船や明るい海風のことを思い、自由な明るい海への強い憧れの気持ちを表している。この海への強い憧憬が詩の底流を成している。作者・丸山薫が海洋詩人と言われる一端を示

**板書予定事項**

自由な海

この詩の感そう
○作者は海のことを考えている
○海は広くて大きいと思っている
○世界は海でつながっている
○・・・・・・・・
○・・・・・・・・

ことばしらべ
水平線
地平線
まぶた
へだてる・・ひきはなす
とおざける
マスト・・・ほばしら
なびかす・・
海風・・・
陸風・・・

この詩の読みかたは
○上あがり？　それとも？

←板書時期　学習活動２　学習活動３　学習活動４　学習活動６

## 小学校・国語教育研究会資料

1965(昭和40)年7月23日㈮　授業後・於：職員室

### Ⅰ　「小学校学習指導要領」より

◎小学校国語教育の目標

１．日常生活に必要な国語の能力を養い、思考力を伸ばし、心情を豊かにして、言語生活の向上を図る。

２．経験を深め、知識や情報を求め、また楽しみを得るために、正しく話を聞き、文章を読む態度や技能を養う。

３．経験したこと、感じたこと、考えたことをまとめ、また人に伝えるために、正しく分かりやすく話をし、文章に書く態度や技能を養う。

４．聞き、話し、読み、書く能力を、一層確実にするために、国語に対する関心や自覚を持つようにする。

◎第5学年の目標（⑴から⑼まである）のうち、

⑷　調べるために読むことができ、また味わって読むことができるようにする。

⑺　文章を書く技能を伸ばし、かなり自由に書くことができるようにする。

⑼　文章を書く必要性を意識し、それに応ずることができるようにする。

◎第5学年の内容（「聞くこと」「話すこと」は、省略。）

「読むこと」……味わって読む。書き手の意図や文章の主題の把握。読書のしかたの反省と、その向上。

（活動内容）

・児童の日常生活に取材した日記または手紙、記録または報告・感想などを読む。

・知識や情報を与える説明・解説・報道などを読む。（例：「くじらを追って」）

(2)　展開

| 学習活動 | 指導上の留意点 | 時間 |
|---|---|---|
| 1．この単元を概観する。 | ○単元全体を通して見て、最後に詩を作るという意識を持たせる。 | 2分 |
| 2．「自由な海」の詩を静かに繰り返し読む。 | ○机間巡視により、読めない漢字や語句の個人指導をする。 | 5分 |
| 3．詩を読んだ感想を話し合う<br>・どういうことが書いてあるか。<br>・読んで、どう思ったか。etc. | ○できることなら、教師対児童の話し合いだけでなく、児童同士でも話し合わせるようにしたい。<br>○素朴な印象発表も大事に取り上げてやるようにする。<br>・「作者は海のことを考えている。」<br>・「海は広くて大きいと思っている。」<br>・「世界は海でつながっている。」などの程度の声があれば良い。それ故、板書事項は当然、羅列的になってくる。板書事項のノート写しは、今させない。 | 10分 |
| 4．漢字・語句の学習を行う。 | ○児童からの質問があれば、皆で答えさせ、教師からも答えてやる。ない場合は教師が問題を提示してやる。<br>・「違った国々の考えを自由につないでいる、広い大洋。」(地図帳も使用)<br>・「明るい海、風。」などの表現は、教師が解説する。 | 5分 |
| 5．先生から用紙を受け取り、詩を書写する。 | ○詩の書写用紙を配布。この用紙を利用して、次時には、さらに詩をこまかく分析していくことを知らせる。<br>○書写の際（あるいは、それ以前でも良いが)、この詩が4つの連に分かれていることに気付かせる。句読点に注意もさせる。 | 10分 |
| 6．この詩を朗読する際、抑揚などで、どういう工夫をすれば良いか、話し合う。 | ○作者の心情の高まりを、全員朗読に反映させるため。「なぜか？」といった突っ込んだ理由の指導は、次時に行う。 | 5分 |
| 7．詩を工夫して朗読する。(全員) | ○1回ないし2回。 | 3分 |
| 8．本時のまとめ。<br>・板書事項をノートに写す<br>・次時予告を先生から受ける。 | ○板書事項をノートさせて、本時の授業の流れを確認させる。<br>○次時は、書写した用紙を使って、もっと深く詩を鑑賞していこうと予告する。 | 5分 |

7．評価
◎この詩に対する素朴な感想が持てたか。
◎素朴な感想に基づいて、工夫して詩が読めるようになったか。
◎「次時で、この詩をさらに深く読み味わっていこう。」という態度が養われたか。
8．反省
9．ご高評

# Ⅵ　ラングーン日本人学校・学習指導の記録抜粋〈指導実践・教科研究会記録〉

## 小学校・第５学年　国語科学習指導案

1965（昭和40）年7月22日㈭　第2時

指導者　岩内　健二 ㊞

1．単元　詩「自由な海」（丸山　薫　作）

2．単元設定理由

◎日本の小学校で、この単元が指導されるのは、7月上～下旬で、それは夏休み直前に当たっている。時期的に見て、この単元を今、指導することは、望ましいことである。

◎この単元は、海についての詩と、紀行的な記録文と、4編の児童詩とから成っている。これらを読み味あわせて、子どもたちの海への関心や理解を深めさせ、広い視野を持たせることをねらいとしている。同時に「自由な海」では、詩人の詩を読み味あわせて、詩の読解鑑賞の力をつけ、心情を豊かにすること、「くじらを追って」では、冒険物語などを読み始める時期にもある本校児童の興味に訴えながら、記録文の読解に慣れさせることを、目標とした題材である。

◎なお、海を取り上げた単元としては、3年Ⅰ「海」がある。

詩の系列としては、1年からの数編の児童詩を受け、4年Ⅱ「機関車」に続き、さらに5年Ⅱ「木の中の人」「月の光」6年Ⅱ「秋の流いき」へと、つながっている。

見学・紀行的な記録文としては、3年Ⅰ「すいぞくかん」、4年Ⅱ「交通博物館を見る」などを受け、6年Ⅰ「北極経由でヨーロッパへ」へと続いている。

3．単元の目標

◎詩を読み味わって、作者の心情を読み取ることができるようにする。

◎捕鯨について書かれた記録文を読ませる。

◎感想を持って詩や記録文が読めるようになり、それをまとめることができるようにする。（前二者の総合。）

◎さらにそれらを、詩の創作指導、作文構想指導へと発展させる。

4．指導計画（13時間完了）

⑴「自由な海」を読む。2時間

○詩を読んで、素朴な感想が持てるようにする。（1時間）　本時

○作者の心情の高まりを、詩表現に見出だせるようにする。詩の朗読の練習と発表。（1時間）

⑵「くじらを追って」を読む。6時間

⑶ ⑴と⑵の学習のまとめとテスト実施。1時間

⑷「詩を書こう」の指導。（詩の鑑賞と創作指導。）4時間

5．準備

◎地図帳・詩を書写する用紙・小黒板。（詩全文を予め書いておく。）

6．本時の指導（13時間完了中の第1時間目。）

⑴ 目標

○「自由な海」の詩を読んで、素朴な感想が持てるようにする。

○詩を書写させ、この詩が4つの連に分かれていることに気付かせる。

児童・生徒用図書類

| | | | |
|---|---|---|---|
| 辞書・年鑑・図鑑 | 67 冊 | 音楽科関係図書 | 8 冊 |
| 国語科関係図書 | 14 冊 | 芸術科関係図書 | 2 冊 |
| 社会科関係図書 | 20 冊 | 家庭科関係図書 | 1 冊 |
| 数学科関係図書 | 31 冊 | 英語科関係図書 | 21 冊 |
| 理科関係図書 | 29 冊 | 文学・伝記類 | 304 冊 |

教師用図書類

各教科用指導書・各教科文部省指導要領の展開・文部省道徳の指導資料・教育年鑑・図鑑、その他

## (5) 本校児童・生徒の現状（学力・体力）

学力テストの結果

| | | | | |
|---|---|---|---|---|
| 学力偏差値平均 | 国語 67.2 | 社会 64.1 | 算数 69.5 | 理科 64.0 |

| 各段階別百分率 | 1 | 2 | 3 | 4 | 5 |
|---|---|---|---|---|---|
| 国　語 | 0 | 0 | 0 | 18.2 | 81.8 |
| 社　会 | 0 | 0 | 0 | 54.6 | 45.4 |
| 算　数 | 0 | 0 | 0 | 18.2 | 81.8 |
| 理　科 | 0 | 0 | 0 | 45.5 | 54.5 |

（田代式小学校項目別診断学力テスト・および中学校学力診断テストによる。）

体力テストの結果

| 本校平均 | 小 2 男子 | 小 5 女子 | 小 6 男子 | 中 2 男子 | 中 2 女子 |
|---|---|---|---|---|---|
| 50 メートル走 | 10.6 秒 | 9.4 秒 | 8.3 秒 | 7.6 秒 | 8.7 秒 |
| 立ち幅跳び | 158.5 cm | 155.0 cm | 183.0 cm | 238.0 cm | 176.0 cm |
| ソフトボール投 | 22.8 m | 13.3 m | 34.5 m | 46.0 m | 18.3 m |
| 懸　垂 | 7.6 回 | 26.0 秒 | 14 回 | 12.0 回 | 34.0 秒 |
| 垂直跳び | 26.5 cm | 27.7 cm | 39.0 cm | 47.5 cm | 37.7 cm |

## (6) 入学案内（昭和 41 年度）

◎「在ビルマ日本国大使館附属日本人学校」（c/o JAPANESE EMBASSY, TEL 50554）
◎本校の目的……本校は、ラングーンおよびその近郊に在住する日本国籍を有する子女に対し、日本国憲法・教育基本法・学校教育法および文部省学習指導要領に準拠し、現地の状況に即して初等・中等教育および幼児教育を行うことを、目的とする。
◎入学資格……上記目的に該当する学齢の児童・生徒および２年保育以上の幼児。
◎経費……入学入園金＝（200 チャット Ks）
月謝＝小学部と中学部（150 チャット Ks）・幼稚部（100 チャット Ks）

## (4) 教材・教具および図書類

### 小学部・教科書

| | | |
|---|---|---|
| 国語 | 新しい国語（1～6年）<br>新しい書写（1～6年）<br>新しい書写（4～6年）毛筆 | 東京書籍 |
| 社会 | 新しい社会（1～6年）<br>新しい社会科地図帳 | 東京書籍 |
| 算数 | 新しい算数（1～6年） | 東京書籍 |
| 理科 | 新しい理科（1～6年） | 東京書籍 |
| 音楽 | 新しい音楽（1～6年） | 東京書籍 |
| 図工 | 新しい図画工作（1～6年） | 東京書籍 |
| 家庭 | 新しい家庭（5～6年） | 東京書籍 |
| 体育 | 小学体育（1～6年） | 暁教育図書 |

### 小学部・ドリルブック

| | |
|---|---|
| 100回テスト(国社算理)(1～6年) | 教学研究社 |
| ニュー・テスト(国社算理)(1～6年) | 文理書院 |
| 精選テスト（国社算理）（4～5年） | 受験研究社 |
| 自由自在（国社算理）（6年） | 受験研究社 |

### 中学部・教科書

| | | |
|---|---|---|
| 国語 | 新しい国語（1～3年）<br>新しい書写（1～3年） | 東京書籍 |
| 社会 | 新しい社会（1～3年）<br>中学社会科地図 | 東京書籍<br>帝国書院 |
| 数学 | 新しい数学（1～3年） | 東京書籍 |
| 理科 | 新しい科学（1～3年） | 東京書籍 |
| 音楽 | 新しい音楽（1～3年） | 東京書籍 |
| 美術 | 新しい美術（1～3年） | 東京書籍 |
| 技家 | 技術・家庭（1～3年） | 開隆堂 |
| 保体 | 新しい保健体育（1～3年） | 東京書籍 |
| 英語 | NEW PRINCE（1～3年） | 開隆堂 |

### 中学部・ドリルブック

| | |
|---|---|
| ステップテスト(国社数理英)(1～3年) | 文理書院 |
| ニュー・エース(国社数理英)(1～3年) | 向上社 |
| 学研マシン・ブック(英)(1～3年) | 学習研究社 |

### 主要な教材・教具類

| | |
|---|---|
| 国語 | 毛筆用塗板・かなづかい表・教育用漢字表 |
| 社会 | 地図類（日本・各地方別・世界・各大陸別）・スライド |
| 算数 | 教授用三角定規・分度器・コンパス・模型時計・大型算盤・巻き尺・方眼塗板・リットル桝・円柱体積説明器・角柱・体積説明器・立方体体積説明器・立体断面模型 |
| 理科 | 温度計・虫めがね・磁石・三脚・試験官立て・滑車・亜鉛板・棒状温度計・金属膨張器・混色器・三球儀・顕微鏡・銅板・解剖器・滑車模型・輪軸模型・水ポンプ模型・光学実験器・乾湿温度計・上皿てんびん・理科掛け図・試験管・ビーカー・フラスコ・ガラス棒 |
| 音楽 | ピアノ・電蓄・五線塗板・レコード・タンブリン・トライアングル・カスタネット・鉄琴 |
| 図工 | はさみ・画板 |
| 体育 | 跳び箱・マット・平均台・走高跳台・体重計・卓球台・固定鉄棒施設・砂場施設・検査表・救急薬品箱 |
| 技家 | 料理秤 |
| 事務 | 謄写版セット・裁断器・鳩目パンチ・ホッチキス・グラフ用紙・画用紙・色画紙・パス類・色研ワーク・硯筆墨類・用紙類・スライド類・掛け図類 |

## (3) 校地平面図と教室配置図等

校舎の全景

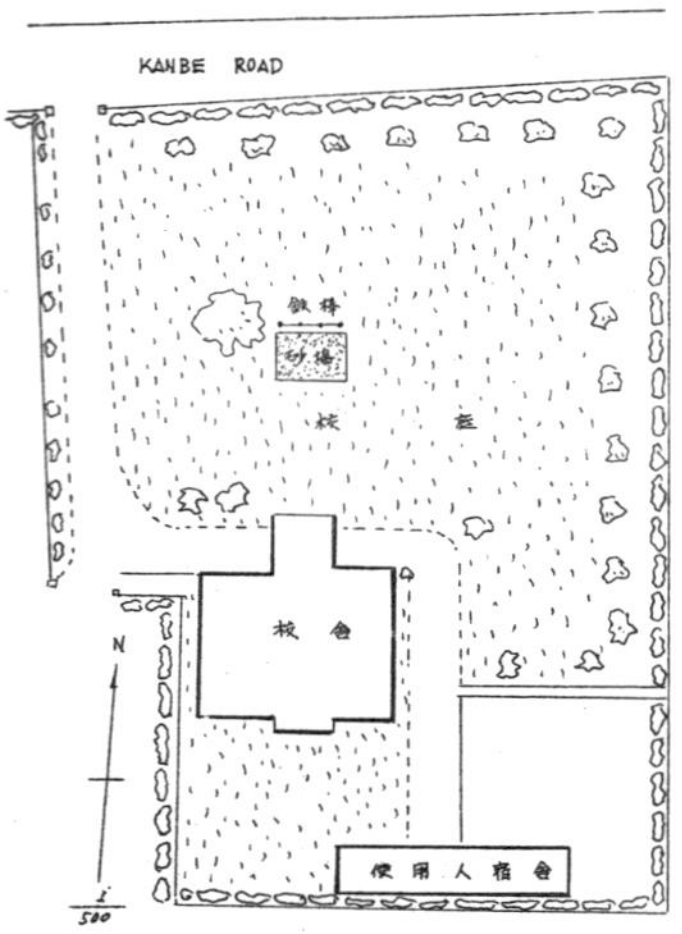


校地平面図

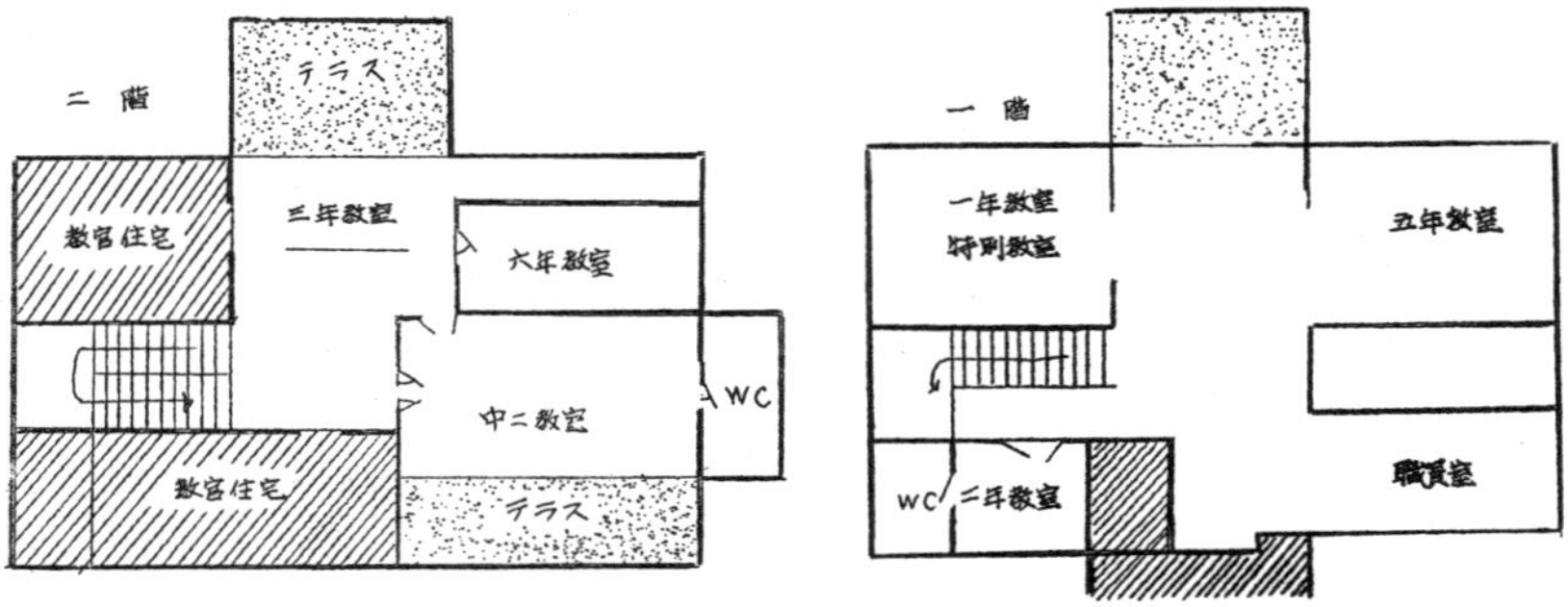


教室配置図

⑥年間行事計画

| 学期 | 月 | 行事内容 | 学校職員 |
|---|---|---|---|
| | 4 | 珠算練習会 | 新年度計画立案 |
| 第1学期 | 5 | 入学式<br>第1学期始業式 | 学校経営方針について<br>年間指導計画について |
| | 6 | 児童生徒会役員選挙<br>身体測定 | 学習指導および生活指導案作成 |
| | 7 | 7月の満月<br>アウン・サン殉難日 | 国語科研究会<br>社会科研究会 |
| | 8 | | 算数（数学）科研究会<br>図工（美術）科研究会 |
| | 9 | 第1学期終業式 | 特別教育活動研究会<br>第1学期末考査 |
| 第2学期 | 10 | 第2学期始業式<br>10月の灯祭り　国連デー | 学校行事等研究会 |
| | 11 | 文化の日　11月の灯祭り<br>国民の日　レントゲン撮影 | 理科研究会<br>音楽科研究会 |
| | 12 | 遠足<br>第2学期終業式 | 第2学期末考査 |
| 第3学期 | 1 | 第3学期始業式<br>写生会　体力テスト | 体育科研究会 |
| | 2 | 連邦記念日<br>文化祭　視力検査 | 道徳教育研究会 |
| | 3 | 農民の日　学力テスト<br>卒業式・第3学期終業式 | 学力テスト |

毎月1日（1日が日曜日の場合は2日）に、参観日を設ける。
毎月20日前後に体重測定を、学期毎に身長測定を行う。
原則として、毎月1回、PTAを行う。
毎週金曜日に、職員会議を開催する。
児童・生徒会や部活動等は、次のように組織される。

役員――――会長（1名）、書記（1名）。
部活動――┬図書部……学校図書の整理、貸し出し、読書調査等。
　　　　　├新聞部……学校新聞の編集、作成、掲示。
　　　　　└美化部……清掃・美化、保健。
クラブ活動――全員で学期毎にクラブを変えて実施する。
飼育当番―――ウサギ、小鳥の世話。2人1組の週番制で行う。

少人数のため、特別に学級会活動の時間は設けない。必要に応じて開催する。
部活動は、毎週月曜日の第6時間目に実施する。
クラブ活動は、毎週水曜日の第6時間目に実施する。

## ②時間割表

小学1年

| | 月 | 火 | 水 | 木 | 金 | 土 |
|---|---|---|---|---|---|---|
| 1 | 算 | 国 | 国 | 算 | 国 | 道 |
| 2 | 国 | 社 | 算 | 国 | 理 | 算 |
| 3 | 音 | 図 | 国 | 音 | 図 | 国 |
| 4 | 体 | 理 | 社 | 体 | 国 | 体 |
| 5 | | | | | | |
| 6 | | | | | | |

小学6年

| | 月 | 火 | 水 | 木 | 金 | 土 |
|---|---|---|---|---|---|---|
| 1 | 国 | 算 | 理 | 国 | 社 | 道 |
| 2 | 算 | 国 | 国 | 算 | 国 | 国 |
| 3 | 社 | 社 | 社 | 理 | 算 | 理 |
| 4 | 家 | 算 | 体 | 社 | 体 | 算 |
| 5 | 理 | 音 | 算 | 国 | 図 | |
| 6 | 特 | 体 | 特 | 音 | 図 | |

中学2年

| | 月 | 火 | 水 | 木 | 金 | 土 |
|---|---|---|---|---|---|---|
| 1 | 社 | 理 | 国 | 社 | 数 | 道 |
| 2 | 数 | 数 | 社 | 数 | 社 | 英 |
| 3 | 国 | 国 | 理 | 英 | 国 | 音 |
| 4 | 理 | 英 | 体 | 国 | 体 | 数 |
| 5 | 英 | 社 | 英 | 美 | 理 | |
| 6 | 特 | 音 | 家 | 美 | 英 | |

## ③日課表

| 職員朝礼 | 朝会 | 第一時限 | | 第二時限 | | 第三時限 | 間食 | 第四時限 | | 第五時限 | | 第六時限 |
|---|---|---|---|---|---|---|---|---|---|---|---|---|

七：五〇　七：五五　八：〇〇　八：四五　八：五五　九：四〇　九：五〇　一〇：三五　一一：〇五　一一：四〇　一二：〇〇　一二：四五　一二：五五　一三：四〇

中学部は、1単位50分授業とする。
従って上記日課表で行うが、放課時間は5分間とする。
暑い土地でもあるので、早く始業して早く下校するようにさせる。

## ④学期制

| 学　期 | 期　間 |
|---|---|
| 第1学期 | 5月25日～9月25日 |
| 第2学期 | 10月4日～12月21日 |
| 第3学期 | 1月5日～3月15日 |

## ⑤学校の休日

7月13日　7月の満月
7月19日　アウン・サン殉難日
10月10日　10月の灯祭り
11月3日　文化の日
11月8日　11月の灯祭り
11月18日　国民の日
2月12日　連邦記念日
3月2日　農民の日

| 学期休み | 期　間 |
|---|---|
| 第1学期休み | 9月27日～10月2日 |
| 第2学期休み | 12月22日～1月4日 |
| 第3学期休み | 3月16日～5月19日 |

## V　ラングーン日本人学校・その他の概要　〈1965（昭和 40）年当時〉

### (1)　校務分掌表

- 教育委員会
  - 校　長 ―― 教　頭
    - 教務
      - 教務部
      - 学級担任
        - （幼稚部）
        - 小学部
        - 中学部
      - 教科研究部
        - 国語
        - 社会
        - 算数（数学）
        - 理科
        - 音楽
        - 図工（美術）
        - 家庭（技家）
        - 体育（保体）
        - 英語
      - 道徳教育 研究部
      - 特別教育 研究部
      - 学校行事 研究部
    - 校務
      - 庶　務
      - 会　計
      - 備品・営繕
      - 図　書
      - 消耗品
      - 来　賓
- ＰＴＡ

### (2)　教育課程と指導内容
### （週授業時数・時間割表・日課表・学期制・学校の休日・年間行事計画）

①週授業時数

| 小学部 | 国語 | 社会 | 算数 | 理科 | 音楽 | 図工 | 家庭 | 体育 | 道徳 | 特活 | | 合計 |
|---|---|---|---|---|---|---|---|---|---|---|---|---|
| 小学 1 年 | 8 | 2 | 4 | 2 | 2 | 2 | | 3 | 1 | | | 24 |
| 小学 2 年 | 9 | 2 | 5 | 2 | 2 | 2 | | 3 | 1 | | | 26 |
| 小学 3 年 | 8 | 3 | 5 | 3 | 2 | 2 | | 3 | 1 | | | 27 |
| 小学 4 年 | 7 | 5 | 7 | 4 | 2 | 2 | 1 | 3 | 1 | 2 | | 34 |
| 小学 6 年 | 7 | 5 | 7 | 4 | 2 | 2 | 1 | 3 | 1 | 2 | | 34 |
| 中学部 | 国語 | 社会 | 数学 | 理科 | 音楽 | 美術 | 保体 | 技家 | 英語 | 道徳 | 特活 | 合計 |
| 中学 2 年 | 5 | 5 | 5 | 4 | 2 | 2 | 2 | 1 | 6 | 1 | 1 | 34 |

年間授業日数は、36 週以上とする。
学年末および学年始めに、合計 3 週間程度の短縮授業を行う。

9月22日 ビルマの国名・都市名の変更に伴い、文部省告示第129号により、学校の所在地・校名の変更がなされ、「所在地：ミャンマー、学校名：ヤンゴン日本人学校」に改称される。

**【1990(平成2)年8月〜2001(平成13)年現在】**

4か所目の「タンタマン・ロード」に校舎を移転。現在に至る。

**【1992(平成4)年】**

4月10日 日本人学校・日本人会アネックス・ホール完成。

**【1994(平成6)年】**

6月3日 ラングーン（ヤンゴン）日本人学校・創立30周年記念式典を挙行。

**【1999(平成11)年】**

6月9日 ラングーン（ヤンゴン）日本人学校・創立35周年記念講演会開催。

9月21日 橋本龍太郎内閣総理大臣、ミャンマーを訪問。学校視察。

参考引用

次の①から④を基に補筆修正して作成。

①1966（昭和41）年3月発行「在ビルマ日本国大使館附属日本人学校 学校要覧」（昭和40年度版）

②1974（昭和49）年8月発行『ラングーン日本人学校創立10周年記念文集』

③1994（平成6）年3月31日発行「ヤンゴン日本人学校・創立30周年記念誌『30年の歩み』」

④「ヤンゴン日本人学校『学校要覧』2001」

## ヤンゴン日本人学校校歌

一

パゴダが光る　緑が映える
豊かな流れ　ヤンゴン河
ここに学ぶ　わたしたち
大事にしよう　小さな出会い
ああ　われらの　ヤンゴン校

二

みのりの雨　やすらな仏陀
さやかな流れ　ヤンゴン河
ここに集う　わたしたち
作ろうよ　心のアルバム
ああ　われらの　ヤンゴン校

白石 昭 作詞・中部 泰典 作曲
1975(昭和50)年12月14日制定

【1967(昭和42)年】

1月1日(日)　**日本国大使公邸にて新年祝賀式。**

1月14日(土)　**第3学期始業式。**

1月31日(火)　**吉田外務事務官と城倉文部事務官、視察に来校。**

2月15日(水)　**上ビルマからペスト流行の波が下ビルマへ広がりつつあるという大使館の連絡で校内消毒を実施。**

2月19日(日)　**第3回・文化祭を実施。**

3月15日(水)　**第3学期終業式・岩内健二教官・脇田香教官の退任式。**

3月16日(木)　**岩内健二教官・脇田香教官の退任に伴い、ビルマを出国。**

4月22日　派遣教員の伊藤政広教官・安井克彦教官（愛知県出身）、着任。

5月6日　昭和42年度・入学式・始業式。

5月15日　幼稚部助手としてマウン・マウン・レイ教官を現地採用。

6月28日　反中国人暴動勃発で、市内治安悪化のため、臨時休校。

7月17日　休校を解除。再開。

9月21日　佐藤栄作内閣総理大臣、ビルマを訪問。学校視察。

【1968(昭和43)年】
7月8日　ミルク給食開始。

【1970(昭和45)年】
7月11日　エアコン工事完了。
12月18日　スクール・バスによる登下校開始。

【1972(昭和47)年】
4月1日　学校名を「ラングーン日本人学校」と改称。

【1973(昭和48)年】
8月19日　ラングーン日本人学校創立10周年記念・第1回同窓会を東京「虎ノ門共済会館」で開催。出席70名。

【1974(昭和49)年】
11月6日　田中角栄内閣総理大臣、ビルマを訪問。学校視察。
12月9日　ウ・タント国連事務総長葬儀に伴う暴動のため、外出禁止令・戒厳令。6日間、臨時休校。

【1975(昭和50)年】
12月14日　校歌決まる。白石昭氏作詞、中部泰典氏作曲。

【1977(昭和52)年】
8月10日　福田赳夫内閣総理大臣、ビルマを訪問。学校視察。

【1978(昭和53)年4月～1980(昭和55)年7月】

2か所目の「ルイス・ロード」に校舎を移転。


【1980(昭和55)年8月～1990(平成2)年8月】

3か所目の「インヤ・ロード」に校舎を移転。

【1983(昭和58)年】
6月3日　開校20周年記念式典。

【1988(昭和63)年】
9月8日　ビルマ民主化要求暴動による政情不安・治安悪化のため、在留日本人子女に対し、退去勧告が出される。
9月10日　ラングーン日本人学校、無期限休校。

【1989(平成元)年】
2月6日　約5か月ぶりに、日本人学校再開校。

就任。教頭に小林敏次文部教官。
6月5日 授業開始。(小学部2学級。中学部1学級。)
6月19日 現地採用講師、上田和子・葉山光枝教官を採用。
7月2日 電話開通。50554番。
8月31日 東京オリンピック聖火を、学校付近で送迎。
12月31日 鉄棒3基及び砂場1か所を設置。

【1965(昭和40)年】
2月26日 第1回・文化祭を実施。
3月20日 昭和39年度終業式。
4月27日 派遣教員・脇田香教官着任。(愛知県出身)
5月1日(土) 派遣教員・岩内健二教官着任。(愛知県出身)
5月7日(金) 校舎改築、第2期工事実施。
5月25日(火) 昭和40年度入学式・第1学期始業式(小学部5学級。中学部1学級。)
6月25日(金) ライオンズ・クラブのチャリティ・ショーに参加・出演(器楽合奏・日本舞踊)
9月12日(日) 川島正次郎自由民主党副総裁ら国会議員4名が学校視察。
9月25日(土) 第1学期終業式。
10月4日(月) 第2学期始業式。
12月4日(土) 日本産業見本市船「さくら丸」見学。
12月15日(水) 遠足。(ラングーン水源池の貯水場)
12月21日(火) 第2学期終業式・小田部謙一校長(大使)送別式。

【1966(昭和41)年】

1月5日(水) 第3学期始業式・小田部謙一校長(大使)退任に伴い、小室和秀臨時校長(参事官)就任。

1月15日(土) 写生会。(ラングーン動物園)

2月18日(金) アメリカ宇宙科学展見学。米国の宇宙飛行士、グレン中佐とも交流。

2月25日(金) 第2回・文化祭を実施。

3月5日(土) 高瀬侍郎大使、着任。第2代校長に就任。

3月15日(火) 昭和40年度卒業式ならびに第3学期終業式。本校初の小学校卒業生を送り出す。

3月23日(水) 小林敏次教頭ならびに小林せつ、上田和子・葉山光枝教官退任。

4月30日(土) 畑中貫一文部教官(愛知教育大学附属岡崎小学校)夫妻着任。第2代教頭に就任。

5月19日(木) 昭和41年度入学式・第1学期始業式。(幼稚部1学級を増設。)

5月22日(日) 雨天体操場(ブランコ・すべり台の遊具施設)を設置。

7月7日(木) 七夕祭りを開催。

7月9日(土) 父母懇談会開催。2日後から、各家庭訪問を開始する。

8月15日(月) 終戦記念日。森田日本人会長や大使館関係者とタモエ日本人墓地を参拝する。

9月10日(土) ビルマ外国語学院・日本語学科学生と、日本人学校の児童生徒との初めての交流会を、学校にて開催。

9月24日(土) 第1学期終業式。

10月3日(月) 第2学期始業式。幼稚部用の鉄棒・平均台の設置。

10月10日(月) 「体育の日」(東京オリンピック開会式)に因んで体力測定を実施。

12月6日(火) 遠足。(ラングーン市内遊覧とアウン・サン・パークでのリクレーション。)

12月11日(日) 校舎内の老朽配線取り替え工事。

12月26日(月) クリスマス発表会。日本船「みたか丸」見学。

12月30日(金) 第2学期終業式。

11月　NLD、憲法制定国民議会にボイコットを決定。
12月　ASEAN首脳会議に出席。

参考引用

1996（平成８）年10月31日発行・雑誌『Asia 21』秋号「ミャンマー特集」を基に補筆修正。

## Ⅲ　ラングーン日本人学校概要　〈1965（昭和40）年当時〉

①学校名……「在ビルマ日本国大使館附属日本人学校」（通称:「ラングーン日本人学校」。後に国名・都市名の変更に伴い、「ヤンゴン日本人学校」となる。）

②教育目標……ラングーン及びその近辺に在住する日本国籍を有する子女に対し、日本国憲法・教育基本法・学校教育法及び文部省学習指導要領に準拠し、現地の実情に即して初等中等教育を施すことを目的とする。海外の特殊な環境にある小規模の学校のため、種々の隘路があるが、国内と同程度の教育を行いつつ、特殊な環境を利用し国際親善への理解を深め、平和で民主的な日本国民の基礎を養う。以上の目的を達成するために、以下の目標達成に努力する。

(1)　健康で心身の豊かな子を養う。
(2)　真理を求め正しいことをどこまでも守りぬく子を養う。
(3)　創造的で発展的な生活態度を持つ子を養う。
(4)　あたたかい人間性を持ち協力の精神に富む子を養う。
(5)　勤労を尊び実践力のある子を養う。

③指導上の留意点

(1)　小規模学校・少人数学級であるので、学習指導・生活指導全般にわたって、個性を尊重し、個人指導の徹底をはかる。
(2)　少人数のため、集団的な意識や訓練に欠けやすいので、規律を守り、学校社会の一員であるという意識を高めさせる。
(3)　学力偏重に陥らず教科・道徳・特別教育活動・学校行事など、人間形成の上からバランスの取れた教育を行う。
(4)　校内の諸施設や各種備品を有効に活用すると共に、現地における教育素材を適切に利用する。
(5)　現地での教材教具などの入手が極めて困難なため、それらを大切に取り扱うと共に、不足する物品については創意工夫を凝らして作成するよう努める。
(6)　現地では医療施設など不完全なため、健康・安全教育には、特に留意する。

## Ⅳ　ラングーン日本人学校沿革史　〈曜日のある太字は、筆者の在任期間内〉

【1964（昭和39）年１月～1978（昭和53）年３月】

**最初の校地「カンベ・ロード」に校舎を設置。**

【1964（昭和39）年】

１月　日本人学校について、国の予算が認められる。
５月４日　小林敏次文部教官（愛知教育大学附属名古屋小学校）夫妻着任。
５月20日　No.3, Kanbe Road（カンベ通り３番地）に校地・校舎を決定し、改築工事に着手。
６月３日　開校式。小田部謙一大使、「在ビルマ日本国大使館附属日本人学校」初代校長に

第二次世界大戦中に旧日本軍が発行したビルマ紙幣（一〇〇ルピー軍票）

1945年3月　アウン・サン将軍とビルマ国軍、抗日戦争を開始。
1947年7月　アウン・サン将軍と6人の指導者、会議中に暗殺される。
1948年1月　イギリスより完全独立。ウ・ヌー内閣成立。
1958年10月　国軍司令官ネ・ウィン将軍が選挙管理内閣を創設。
1960年2月　総選挙の結果、ウ・ヌー率いるピーダウンズ党勝利。
1962年3月　ネ・ウィン将軍、クーデターで政権掌握。革命評議会樹立。「ビルマ式社会主義」政策発表。
1963年2月　銀行国有化。これを皮切りに主に外資系や非ビルマ人資本が全面国有化される。
1967年2月　反中国人暴動勃発。後に全土に戒厳令。
1974年1月　「ビルマ社会主義」憲法発布。3月に民政移管され、初代首相にセイン・ウィン、大統領にネ・ウィン。
1976年3月　ネ・ウィン大統領暗殺未遂事件。ティン・ウー国防相逮捕。（大将、国民民主連盟NLD現書記長）
1981年11月　ネ・ウィン大統領辞任。サン・ユ新大統領就任。
1985–87年　輸出の不振、石油生産の減少、国営企業不振などの要因で経済状況悪化。
1988年3月　学生による反政府暴動が始まる。
7–8月　民主化運動が全国規模に広がる。アウン・サン・スー・チー女史が民主化運動のリーダーに頭角を現す。
9月　騒乱状態が全国に飛び火する。
1988年9月　ビルマ国軍が戒厳令を発令し全権を掌握。国家法秩序回復評議会SLORK議長にソウ・マウン就任。
1989年7月　アウン・サン・スー・チー女史、自宅軟禁される。
1990年5月　複数政党制による総選挙が実施され、NLDが議席の80%を獲得。
7月　軍事政権、政権移譲に応じず、政党指導者への弾圧を開始。
1991年10月　アウン・サン・スー・チー女史に、ノーベル平和賞。
1992年4月　ソウ・マウン議長辞任。タン・シュエ議長就任後、柔軟路線の展開。
9月　戒厳令・夜間外出禁止令が全面解除される。
1993年1月　憲法制定国民議会がスタート。
1994年9月　軍事政権とアウン・サン・スー・チー女史が10月にかけて2回にわたって会談。
12月　中国の李鵬首相が来訪。
1995年1月　カレン民族連合KNU、仏教徒派の造反により軍事基地陥落。
7月　アウン・サン・スー・チー女史、自宅軟禁解除。

## I　ビルマの概要　〈1965(昭和40)年当時〉

①国名……「ビルマ連邦社会主義共和国」［Socialist Republic of the Union of Burma］
②総面積……67万8千平方キロ。（日本の約1.8倍）西にインド・バングラデシュ、北に中華人民共和国、東にラオス・タイと国境を接する。南はベンガル湾・アンダマン海に面する。
③人口……約3千万人。ビルマ族が主要民族であるが、モン族・シャン族・カレン族・カチン族など多民族国家。
④首都……ラングーン。（人口約2百万人）他の主要都市は、マンダレイ、モールメンなど。
⑤独立……1948年1月4日、イギリスの植民地より独立。
⑥言語……公用語はビルマ語。英語も広く通用する。
⑦宗教……約85％が仏教。（上座部仏教）他にヒンドゥー教・イスラム教・キリスト教の他、ビルマ固有のナッツ信仰（アニミズム）など。
⑧政体……立憲共和制。ビルマ社会主義計画党のみの単一政党。
⑨元首……ネ・ウィン革命評議会議長［U Ne Win］
⑩一人当りGNP……141米ドル。
⑪主要産業……農業（米作）と林業（チーク材）だが、石油・鉱物資源に恵まれる。
⑫輸出入……約3億ドルの入超。そのうちの1億8千万ドルが日本からの入超。輸出入ともに、日本が最も大切な相手国。
⑬度量衡……ポンド・ヤード法。
⑭気候……ラングーンの暑季は3月から5月。雨季は6月から10月。乾季は11月から2月まで。年平均30℃近い気温。

## II　ビルマ小史

| | |
|---|---|
| 1044年 | アノーヤタ王・パガンに王朝樹立。（ビルマ一族による最初の統一王朝） |
| 1287年 | 蒙古のフビライ・ハーンによってパガン王朝滅亡。13–16世紀、シャン・ビルマ・モン各民族による群雄割拠戦国期。 |
| 1531年 | タビンシュエティ王がタウングー王朝樹立。 |
| 1752年 | アランパヤー王がモン族を打ち破りコンバウン王朝樹立。（王都：マンダレイ） |
| 1824–26年 | 第一次イギリス・ビルマ戦争。（ヤカイン地方とタニンタリイ半島部がイギリスに割譲） |
| 1852年 | 第二次イギリス・ビルマ戦争。（ラングーンを含む南ビルマが割譲） |
| 1886年 | 第三次イギリス・ビルマ戦争。（全土がイギリスの植民地となる。コンバウン王朝滅亡） |
| 1908年 | 青年仏教徒教会（YMBA）設立。最初の民族主義運動。 |
| 1920年 | 英国系石油会社の労働者ストライキ。最初の反イギリス運動。 |
| 1930年 | サヤサン暴動。農民による反インド・反イギリス暴動。 |
| 1935年 | それまで英国植民地インドの一州であったビルマがインドより分離。 |
| 1940年 | 日本陸軍の諜報機関・南機関により、アウン・サンら30人の志士、日本で軍事訓練。 |
| 1941年11月 | バンコクでビルマ独立義勇軍（BIA）結成。ビルマ国軍の母体となる。 |
| 1943年8月 | 日本軍政下、ビルマが独立を宣言。（首相：バー・モウ、国防相：アウン・サン） |

# 付　章

# ビルマ日記（1965–1967）関連資料

## 岩内 健二（いわうち　けんじ）

**【略歴】**


1941（昭和16）年　愛知県名古屋市に生まれる。

1965（昭和40）年　愛知学芸大学（現・愛知教育大学）国語科卒業ならびに同大学学芸専攻科（教育専攻）修了。現地日本人会の招きで「在ビルマ日本国大使館附属日本人学校（現・ヤンゴン日本人学校）」教師として、2年間ラングーン（現ミャンマーの首都ヤンゴン）に赴任。

1967（昭和42）年　帰国後、名古屋市立高等学校教員として35年間勤務。

1970（昭和45）年　大阪万国博覧会のナショナルデー（ビルマデー）を契機に結成された「日本ビルマ文化協会（現・㈳日本ミャンマー友好協会）」に設立当初から参加し、同協会の常務理事や東海支部事務局長・支部長を30余年にわたって歴任。

2002（平成14）年　定年退職後、三重県の鈴鹿国際大学・客員研究員。


**【執筆・研究発表・表彰等】**


1985（昭和60）年　旺文社『詳解国語辞典』をはじめ学習研究社『新古語辞典』、旺文社『全訳古語辞典』に執筆協力。

1992（平成４）年　全国海外子女教育研究大会をはじめ愛知県高等学校国際研究大会等、８回にわたって国際理解教育分野で研究発表。

1998（平成10）年　ミャンマー連邦ウ・タン・アウン教育大臣より「名誉証（感謝状）」を受ける。

2005（平成17）年　『鈴鹿国際大学紀要』No.11に「ミャンマーを巡る諸情勢と日本の役割」を執筆。


**【現住所】**

〒454–0932　愛知県名古屋市中川区中島新町3–710　　TEL 052（363）2358



**ビルマ日記（1965－1967）――金色に輝く仏陀の国に赴任して**

2005年10月15日　発行

著者＝岩内 健二

発行＝株式会社 あるむ

〒460-0012 名古屋市中区千代田3-1-12　第三記念橋ビル
Tel.052-332-0861　Fax.052-332-0862
http://www.arm-p.co.jp　E-mail: arm@a.email.ne.jp

ISBN4-901095-61-7　C0095